基金资助：浙江大学国家制度研究院专项项目（YQZD2004）
十三五国家重点研发计划重点专项："经济发达地区传承中华建筑文脉的绿色建筑体系"（2017YFC0702504）

乡村人居环境营建丛书
浙江大学乡村人居环境研究中心
王　竹　主编

"韧性乡村"认知框架和营建策略
——基于小农现代转型背景

徐丹华　著

东南大学出版社
SOUTHEAST UNIVERSITY PRESS
·南京·

内 容 提 要

在"乡村振兴"战略与我国"大国小农"的现实背景下,乡村营建出现了小农现代转型的迫切需求与社会、经济、环境格局不断变动的新趋势。本研究从韧性视角出发,选取应对变化能力较为薄弱、小农问题最为突出的农业型乡村作为研究对象,基于小农现代转型背景探索"韧性乡村"的认知框架和营建策略。以复杂适应系统为认识论基础,通过韧性理论的分析与评估工具,从历时性和共时性层面识别乡村营建要素特征与系统韧性的关联机制,建构"韧性乡村"的认知框架;据此从主体、产业与空间三个向度提出"韧性乡村"的营建策略与方法;并以浙江遂昌县古坪村为实证研究载体,为农业型乡村的"韧性乡村"营建提供借鉴。

图书在版编目(CIP)数据

"韧性乡村"认知框架和营建策略:基于小农现代转型背景/徐丹华著. —南京:东南大学出版社,2021.1

(乡村人居环境营建丛书)
ISBN 978-7-5641-9348-5

Ⅰ.①韧… Ⅱ.①徐… Ⅲ.①现代农业—农业发展—研究—中国 Ⅳ.①F323

中国版本图书馆 CIP 数据核字(2020)第 265970 号

"韧性乡村"认知框架和营建策略——基于小农现代转型背景

著　　者:徐丹华
责任编辑:宋华莉
编辑邮箱:52145104@qq.com
出版发行:东南大学出版社
出 版 人:江建中
社　　址:南京市四牌楼2号(210096)
网　　址:http://www.seupress.com
印　　刷:南京玉河印刷厂
开　　本:787 mm×1 092 mm　1/16　印张:12　字数:278千字
版 印 次:2021年1月第1版　2021年1月第1次印刷
书　　号:ISBN 978-7-5641-9348-5
定　　价:56.00元
经　　销:全国各地新华书店
发行热线:025-83790519　83791830

本社图书若有印装质量问题,请直接与营销部联系。电话(传真):025-83791830

序

  这本书源自徐丹华 2019 年完成的博士学位论文《小农现代转型背景下的"韧性乡村"认知框架和营建策略》。她自 2014 年浙江大学建筑学专业本科毕业后保送来我这里攻读博士学位。5 年来,她一直跟随乡村人居环境营建研究团队开展科研和实践工作。在浙江、广东等地一系列的乡村考察与规划实践中,她深入了解乡村问题,具有扎实的田野调研能力;参与国家自然科学基金重点项目、科技部支撑项目等课题研究,培养了她发现科学问题的能力和解析思辨能力;在深度研究"小美农业"和"团结大乡建"等内容与问题时,她对农业型乡村小农产业发展与乡村营建之间的关系尤为敏感。因此,在与她多次交流讨论之后,便很自然地确立了以小农现代转型为背景、应对乡村风险的"韧性乡村"作为其研究方向。

  "乡村振兴"战略是城乡关系转型的重要目标,政府、企业、科技乃至市民力量等多元主体都介入到乡村的营建中,催生了一股乡建热潮。一方面,这些力量促进了乡村生态景观的恢复、地方风貌的再造、当地民俗的延续,为乡村带来了新鲜活力;而另一方面,乡村也往往面临着资本下乡攫取利益而村民却受益有限的风险,乡村营建演变成了城市人的"乡愁"之地。在这样的局面下,更需要带着对乡村真实的关注而进行冷静的思考。当下的乡村营建,在全球化背景下的地域文化失语、快速建造下的生态环境退化以及外力控制下的目标迷失等困境中,最为严峻的便是农民自身的主体意识缺位的问题,这也是乡村脆弱性的根源。对小农群体的关注、对农村产业的关注,便是对乡建真实的思考。如果在乡村营建这一落地性的乡村振兴实施中,结合小农群体再组织化的现代转型趋势,以此为主体、融入多方力量形成"团结大乡建"的格局,便有可能塑造一个能够应对外部风险、脆弱性与敏感性得到降低、韧性获得提高的乡村人居环境。因此,乡村人居环境营造需要超越单纯的"物质空间建设",应该形成融主体、产业、空间为一体的"乡村营建"体系。

  乡村作为一个集产业形态、社会形态、空间形态、文化形态为一体的异质同构体,是一个复杂的社会—生态—生产系统。本书作者选取脱胎于复杂适应系统的韧性视角,在当前"乡村振兴"战略背景下,针对我国小农现代转型新趋势下的迫切需求,探求推动乡村经济社会发展的人居环境营建策略与方法,因此,该研究成果具有重要的研究价值与现实意义。

王竹
2020 年 2 月于求是园

前　言

在"乡村振兴"战略下,乡村发展进入了物质空间建设与"软环境"综合提升的新时期。在我国"大国小农"格局将长期存在的现实背景下,一方面,农业农村被提升到优先发展的战略地位,基于大国小农的现实,产生了对原子化小农进行再组织化、现代转型的迫切需求;另一方面,在外部城镇化、市场化、环境变化等不确定扰动与内部多元主体利益关系复杂化的作用下,乡村的社会、经济、环境等格局不断面临着变动与风险的挑战,亟须相关理论研究的支持,而"韧性"科学作为一项复杂系统应对外界变化、各类风险的重要理论工具,正方兴未艾。

因此,基于乡村出现的新需求和新趋势,本书从韧性视角出发,选取应对变化能力较为薄弱、小农问题最为突出的农业型乡村作为研究对象,提出研究问题"基于小农现代转型背景,如何认知、如何营建应对复杂动态风险的韧性乡村",按照"理论逻辑搭建—关联机制解析—认知框架诠释—营建策略建构"的研究路径,以复杂适应系统为认识论基础,基于韧性理论的分析工具,识别影响乡村系统韧性的关键要素与作用机制,建构"韧性乡村"的认知框架,据此提出"韧性乡村"的营建策略和方法,并以浙江遂昌县古坪村为实证研究载体,为农业型乡村的"韧性乡村"营建提供借鉴。主要研究内容为:

第一章,绪论。介绍研究背景,基于乡村振兴战略下乡村发展的新诉求及韧性理论的新应对工具,提出研究问题"基于小农现代转型背景,如何认知、如何营建应对复杂动态风险的韧性乡村",确立研究目的与意义、相关概念、研究方法、技术路线等基础性内容。

第二章,乡村人居环境研究的相关研究动态。从应对风险、以问题为导向的视角梳理国内外乡村研究的脉络,归纳乡村政策与实践的动态与趋势,挖掘既有研究与实践的启发与不足之处。

第三章,"韧性乡村"的理论基础。基于对系统论的梳理解读、韧性城市和韧性乡村的文献回顾,借助空间营建的向度解析与韧性评估方法,确立"韧性乡村"认知框架的研究展开逻辑。

第四章,乡村营建要素特征与乡村系统韧性的关联机制解析。从历时性与共时性层面分别选择乡村演化的四个时期以及乡村的三种主要产业类型,在微观上从"主体—产业—空间"的空间营建三向度进行解析,在宏观上利用"社会—经济—环境"的韧性乡村评估方法进行韧性程度的判断与对比,以建立乡村营建各要素特征与韧性的关联机制,并提出当下乡村产业分异中农业型乡村的韧性发展路径问题。

第五章,"韧性乡村"的认知框架诠释。基于复杂适应系统的认识论基础和韧性理论的工具,在乡村演化过程中识别系统开放性、村民组织化、主体话语权、产业与空间复杂性等要素与系统韧性的作用机制,归纳出先决条件、决定要素和表观特征等"韧性乡村"的认知框架与相应内涵。

第六章,"韧性乡村"的营建策略建构。从主体层面、产业层面、空间层面提出塑造社会韧性、经济韧性和环境韧性的营建策略,并建立"韧性乡村"情景规划方法和实施原则。

第七章,案例实证。以亲身参与的农业型乡村浙江遂昌古坪村为研究对象,基于"韧性乡村"的认知框架和营建策略,针对古坪村提出适应性的韧性营建策略,为同类乡村提供借鉴价值。

第八章,结语。对本研究进行归纳总结,分析其中的不足之处,思考其中值得拓展研究的可能性。

本书在理论层面,基于现代转型小农的主体适应性,通过乡村营建要素特征与系统的韧性状态关联,提出了"韧性乡村"的认知框架;在方法层面,从韧性的视角建构乡村人居环境在主体、产业与空间向度的营建策略与方法,对乡村应对各类不确定风险、实现可持续发展具有一定的研究价值与现实意义。

浙江大学乡村人居环境研究中心

农村人居环境的建设是我国新时期经济、社会和环境的发展程度与水平的重要标志,对其可持续发展适宜性途径的理论与方法研究已成为学科的前沿。按照中央统筹城乡发展的总体要求,围绕积极稳妥推进城镇化,提升农村发展质量和水平的战略任务,为贯彻落实《国家中长期科学和技术发展规划纲要(2006—2020年)》的要求,为加强农村建设和城镇化发展的科技自主创新能力,为建设乡村人居环境提供技术支持,2011年,浙江大学建筑工程学院成立了乡村人居环境研究中心(以下简称"中心")。

"中心"主任由王竹教授担任,副主任及各专业方向负责人由李王鸣教授、葛坚教授、贺勇教授、毛义华教授等担任。"中心"长期立足于乡村人居环境建设的社会、经济与环境现状,整合了相关专业领域的优势创新力量,将自然地理、经济发展与人居系统纳入统一视野。截至目前,"中心"已完成120多个农村调研与规划设计项目;出版专著15部,发表论文300余篇;培养博士50人,硕士230余人;为地方培训8 000余人次。

"中心"在重大科研项目和重大工程建设项目联合攻关中的合作与沟通,积极促进了多学科的交叉与协作,实现信息和知识的共享,从而使每个成员的综合能力和视野得到全面拓展;建立了实用、高效的科技人才培养和科学评价机制,并与国家和地区的重大科研计划、人才培养实现对接,努力造就一批国内外一流水平的科学家和科技领军人才,注重培养一批奋发向上、勇于探索、勤于实践的青年科技英才。建立一支在乡村人居环境建设理论与方法领域方面具有国内外影响力的人才队伍,力争在地区乃至全国农村人居环境建设领域处于领先地位。

"中心"按照国家和地方城镇化与村镇建设的战略需求和发展目标,整体部署、统筹规划,重点攻克一批重大关键技术与共性技术,强化村镇建设与城镇化发展科技能力建设,开展重大科技工程和应用示范。

"中心"从6个方向开展系统的研究,通过产学研的互相结合,将最新研究成果运用于乡村人居环境建设实践中。(1)村庄建设规划途径与技术体系研究;(2)乡村社区建设及其保障体系;(3)乡村建筑风貌以及营造技术体系;(4)乡村适宜性绿色建筑技术体系;(5)乡村人居健康保障与环境治理;(6)农村特色产业与服务业研究。

"中心"承担有两个国家自然科学基金重点项目——"长江三角洲地区低碳乡村人居环境营建体系研究""中国城市化格局、过程及其机理研究";四个国家自然科学基金面上项目——"长江三角洲绿色住居机理与适宜性模式研究""基于村民主体视角的乡村建造模式研究""长江三角洲湿地类型基本人居生态单元适宜性模式及其评价体系研究""基于绿色基础设施评价的长三角地区中小城市增长边界研究";五个国家科技部支撑计划课题——"长三角农村乡土特色保护与传承关键技术研究与示范""浙江省杭嘉湖地区乡村现代化进程中的空间模式及其风貌特征""建筑用能系统评价优化与自保温体系研究及示范""江南民居适宜节能技术集成设计方法及工程示范""村镇旅游资源开发与生态化关键技术研究与示范"等。

目　录

1 绪论 ······· 1
　1.1 背景:"乡村振兴"战略下的乡村建设新趋势 ······· 1
　　1.1.1 "大国小农"格局的现实背景 ······· 1
　　1.1.2 小农现代转型的迫切需求 ······· 2
　　1.1.3 乡村不断受到动态风险的挑战 ······· 3
　1.2 基本概念的界定 ······· 4
　1.3 研究目的与意义 ······· 7
　　1.3.1 定位:研究问题的提出 ······· 7
　　1.3.2 研究目的 ······· 7
　　1.3.3 研究意义 ······· 8
　1.4 研究框架 ······· 8
　　1.4.1 研究方法 ······· 8
　　1.4.2 技术路线 ······· 9
　　1.4.3 论述框架 ······· 9
　1.5 研究特点与可能的创新点 ······· 11

2 国内外相关研究解析 ······· 12
　2.1 响应危机、以问题为导向的乡村人居环境理论演进 ······· 12
　　2.1.1 国外乡村理论研究动态 ······· 12
　　2.1.2 国内乡村研究发展趋势 ······· 17
　2.2 促进农业农村现代化的政策与实践评析 ······· 21
　　2.2.1 国外相关政策与实践启示 ······· 21
　　2.2.2 国内乡村政策与营建实践 ······· 26
　2.3 本章小结 ······· 32

3 "韧性乡村"的理论基础 ······· 33
　3.1 乡村作为复杂适应系统的基础认知 ······· 33
　　3.1.1 传统概念下的系统论 ······· 33
　　3.1.2 复杂适应系统 ······· 35
　　3.1.3 乡村作为复杂适应性系统的基础认知 ······· 36

3.2 韧性城市和韧性乡村 ·· 38
   3.2.1 韧性城市：从防灾到应对多元化风险 ·· 38
   3.2.2 韧性乡村：从突变扰动到渐变扰动 ·· 42
3.3 分析工具与研究逻辑搭建 ·· 46
   3.3.1 "韧性乡村"评估方法 ··· 46
   3.3.2 乡村营建的三向度：空间、产业、主体 ·· 50
   3.3.3 "路径、构成、维度"的研究逻辑 ·· 52
3.4 本章小结 ··· 53

4 外部扰动下乡村营建要素特征的动态演化与韧性状态评估 ····················· 54
4.1 传统自治时期：重农思想下的乡村自组织（先秦—1949） ······························· 54
   4.1.1 土地、赋役与基层管理的制度演进 ·· 54
   4.1.2 重农思想下的人口自组织活力 ·· 56
   4.1.3 家庭组织化、兼业化的生产行为 ·· 58
   4.1.4 乡里共同体下的村落建设 ··· 59
   4.1.5 乡村主体不断适应的韧性系统 ·· 61
4.2 二元限制时期：国家意志下的乡村他组织（1949—1978） ······························ 62
   4.2.1 乡村开放性的制度限制 ·· 62
   4.2.2 他组织压力下的逆城镇化 ··· 63
   4.2.3 集体化的农工分化 ·· 65
   4.2.4 节俭单一化的空间建设模式 ·· 66
   4.2.5 半开放系统的韧性僵化 ·· 68
4.3 快速变革时期：市场导向下的乡村原子化（1978—2002） ······························ 69
   4.3.1 转型期下的村庄自治 ··· 69
   4.3.2 单向流入城市的乡村人口 ··· 71
   4.3.3 城镇化中的产业发展起落 ··· 72
   4.3.4 设计初步介入下的自主建设浪潮 ··· 75
   4.3.5 主体原子化的韧性危机 ·· 78
4.4 重构转型时期：乡村产业分异下的韧性异化（2003—2017） ·························· 79
   4.4.1 以城带乡的城乡统筹制度新阶段 ··· 79
   4.4.2 农业型乡村：弱势化与空废化 ··· 81
   4.4.3 工贸型乡村：大小共同体下的就地城镇化和空间城镇化 ·· 82
   4.4.4 旅游型乡村：外源式与内生式的分异 ·· 83
4.5 "乡村振兴"战略时期（2017至今）：何为农业型乡村的韧性发展路径 ············ 86
4.6 本章小结 ··· 87

5 "韧性乡村"认知框架的要素识别与机制解析 ··· 89
5.1 系统韧性建构的先决条件：开放性 ··· 89
5.1.1 开放性的衡量指标和影响因素 ··· 89
5.1.2 当前时期的乡村系统开放性 ··· 91
5.2 韧性演化的决定要素：主体组织化与话语权 ··· 92
5.2.1 主体组织化 ··· 92
5.2.2 主体话语权 ··· 95
5.3 韧性演化的表观特征：产业与空间的复杂性 ··· 98
5.3.1 主体适应力作用下产业与空间的演化机制 ··· 98
5.3.2 产业与空间复杂性对系统韧性的反馈机制 ··· 101
5.4 本章小结 ··· 101

6 "韧性乡村"的营建策略与方法 ··· 103
6.1 主体：赋权转型小农的乡建共同体建构 ··· 103
6.1.1 融合内外部动力的乡建共同体 ··· 103
6.1.2 转型小农的主体话语权赋权 ··· 109
6.2 产业：多元复合产业链的深化与延伸 ··· 113
6.2.1 产业链内涵 ··· 113
6.2.2 深化：组织化和品质化的农业生产 ··· 114
6.2.3 延伸：灵活多元的产业格局 ··· 114
6.3 空间：综合韧性目标下的适应更新 ··· 117
6.3.1 作为生态基底的空间营建 ··· 117
6.3.2 协同产业发展、村民交往的"乡村性"支撑 ··· 118
6.3.3 利于社区认同的空间设计 ··· 123
6.4 基于情景规划的"韧性乡村"营建方法 ··· 128
6.4.1 应对不确定性的情景规划内涵 ··· 128
6.4.2 "韧性乡村"的情景规划营建方法 ··· 129
6.4.3 营建策略实施的原则 ··· 130
6.5 本章小结 ··· 132

7 实证研究：遂昌古坪村的"韧性乡村"实证营建 ··· 134
7.1 案例选取与研究视角 ··· 134
7.1.1 案例选取背景 ··· 134
7.1.2 研究目标 ··· 134
7.2 要素特征提取与发展定位 ··· 135

7.2.1 古坪村要素特征的田野调查 ·············· 135
7.2.2 发展风险与定位 ·············· 141
7.3 "团结大乡建"共同体的主体动力 ·············· 142
7.3.1 共同体建构 ·············· 142
7.3.2 政治话语赋权：公共参与机制 ·············· 143
7.3.3 资本话语赋权：法人乡建模式 ·············· 144
7.3.4 知识话语赋权："小美"公益助农平台 ·············· 145
7.4 多情景的产业策划 ·············· 147
7.4.1 产业链复合化：产业多元联动 ·············· 147
7.4.2 两种发展情景界定 ·············· 148
7.4.3 时间动态性：时节适应补足 ·············· 150
7.5 适应性更新的空间韧性营建 ·············· 151
7.5.1 生态安全格局：环境保护与宜居生活的协调 ·············· 151
7.5.2 画里浙南乡村：景观与文化的多重乡村性体验 ·············· 152
7.5.3 主客共享空间：日常生活空间的激活 ·············· 154
7.6 本章小结 ·············· 155

8 结语 ·············· 156
8.1 总结与启示 ·············· 156
8.1.1 研究总结 ·············· 156
8.1.2 研究启示 ·············· 157
8.2 不足与展望 ·············· 158

参考文献 ·············· 160
附录　社会网络分析法 ·············· 176
致谢 ·············· 179

1 绪论

1.1 背景:"乡村振兴"战略下的乡村建设新趋势

2017年党的十九大提出"乡村振兴"战略,农业农村首次被提升到优先发展的战略地位,乡村建设进入了历史新时期。2018年中共中央、国务院正式印发的《乡村振兴战略规划(2018—2022年)》中提出"产业兴旺、生态宜居、乡风文明、治理有效、生活富裕"的总体要求,对乡村发展路径提出了物质空间建设与"软环境"综合提升的新要求。由此,针对我国既有乡村格局的现实困境与新时期出现的新诉求,乡村人居环境研究需予以充分应对。

1.1.1 "大国小农"格局的现实背景

我国的农业格局为"大国小农"特征,即国土面积广阔、户均经营面积微小,这一小农经济格局是历史的必然性,是农业现代化的难点,并将长期存在。这是"乡村振兴"战略必须直面的现实背景。

第一,由于农业从业人口数量众多,我国普遍农户经营规模仅为小微规模。我国国土面积辽阔,但复杂地形下可利用土地占比并不多,截至2017年年底我国可耕地仅占国土面积的13.9%,为20.23亿亩;而同期,城镇化率达到58.52%,仍有5.8亿人口居住在乡村,其中农业劳动力达2亿人,因此农业家庭户均耕地面积仅为10亩(约0.7公顷),这一经营规模难以与欧美发达国家相比,而与日韩东亚国家相近。美国家庭农场平均经营规模为170公顷,是我国的242倍多;欧盟国家的家庭农场平均经营规模是18公顷,是我国的25倍多[1];日本与韩国家庭平均经营规模在1~1.5公顷间,是我国的1.4~2倍多。

第二,可耕地大量呈现为细碎化地形,难以利用大型机械化手段开展现代农业。除东北平原、华北平原、长江中下游平原、关中平原外,我国绝大部分地区为丘陵山地地貌,占陆地面积的73.4%[2],地形的高差变化导致即使土地流转集中后也呈现为小规模地块,难以采用机械化生产达成规模农业效应。

第三,我国农业经营主体仍以小农家庭承包为主。在土地流转制度的不断完善下,我国已产生了大量规模经营的龙头企业、适度规模的家庭农场与合作社等新型经营主体。据国家统计局2017年的农业普查公布显示(表1-1),全国已有113万家规模经营企业、398万户

---

[1] 杜鹰. 小农生产与农业现代化[J]. 中国农村经济, 2018(10): 2-6.
[2] 钟祥浩, 刘淑珍. 中国山地分类研究[J]. 山地学报, 2014, 32(2): 129-140.

家庭农场,但占比97.13%、数量达2亿余户的农业经营主体仍为小规模经营的家庭承包户①。

表1-1 我国农业经营主体情况表

经营类型	经营主体	土地规模	数量	比例/%	特征
农业经营户	农户(家庭承包)	小微型	20 345万户	97.13	量大面广,耕种面积小,平均约10亩
	家庭农场	中型(适度规模)	398万户	1.90	以农民家庭成员为主要劳动力,利用家庭承包土地或流转土地,从事规模化、集约化、商品化农业生产
农业经营单位	合作社	中小型	91万家	0.43	入社农民具有相对独立性,又能通过合作制度控制成本、降低个体对市场的竞争风险
	公司等经营单位	大型	113万家	0.54	目前适用于农业产业链的上下游,即农机、加工和贸易等领域

(来源:作者自绘;数据参考:国家统计局2017年第三次全国农业普查主要数据公报)

第四,我国的小农经济格局还将长期存在。小农格局的消解有赖于乡村人口就业向非农产业转移的城镇化来实现农业从业人口的减少、平均经营规模的提升,需要一定过程。如果将户均拥有100亩的家庭农场视为脱离小农经济,以20亿亩可耕地计算,需要从目前的2亿经营农户减少到1 000万个家庭农场,这无疑需要一个漫长的时期②。

1.1.2 小农现代转型的迫切需求

鉴于"大国小农"背景,学术界已逐渐达成共识,我国的农业现代化道路并非是完全大规模的激进之路,而是在秉持小农立场前提下的渐进之路③。农村经济学者贺雪峰等指出,我国的农业现代化路径应超越"大规模与小规模之争"的论断④,而需基于小农经济的现实性与必要性推动小农的现代转型。

小农经济在当前的社会转型期依然具有重要的必要性。首先,小农规模经营具有生态的可持续性,农户通过劳动密集投入与低外部投入的方式优化资源配置,以获得最大限度的收入,比需要持续投入农药化肥的规模集约化经营,具有更高的土地产出率和可持续性。其次,家庭经营在生产领域依然具备竞争力,规模农业面对农业的自然风险、高劳动力成本、监管难度而难以维持利润,转而只能在农业的上下游环节谋求资本增值,而家庭经营具有精准把握农时的能力、对抗农业风险的自救能力、无监督雇工压力而保证了土地产出。最后,小

---

① 陈江.家庭经营为基础、统分结合的农村基本经营制度的反思与重构[J].西华师范大学学报(哲学社会科学版),2016(4):89-94.
② 贺雪峰.农业现代化首先应是小农的现代化[J].中国农村科技,2015(6):21.
③ 贺雪峰,印子."小农经济"与农业现代化的路径选择:兼评农业现代化激进主义[J].政治经济学评论,2015,6(2):45-65.
④ 许惠娇,叶敬忠.农业的"规模"之争与"适度"之困[J].南京农业大学学报(社会科学版),2017,17(5):68-78.

农经济是城镇化过程中的稳定器和蓄水池①,小农土地的保有,对未能进城的村民以及未能在城市站稳脚跟而选择返乡的村民提供了就业和社会保障的作用。

但当前小农经济呈现原子化与松散化,亟须开展现代转型。一方面,随着精英外流和空心化加剧,熟人社会的人情关系纽带疏离,村民间的组织关系缺乏团结的联结,农业型乡村社会逐步陷入了原子化困境:社会关系的破碎化、集体行动能力的弱化甚至丧失②。另一方面,在现行"以家庭联产承包经营为基础,统分结合的双层经营"的制度体制中,"统分结合"在实际操作中主要体现为单层的农户"分"的承包经营,未能有效发挥出集体经营组织"统"的作用,集体经济组织功能的弱化,无法集聚土地资源规模,也就无法与市场进行集中、有效的对接。

小农的再组织化是实现小农现代转型的关键,在"原始小农—自然小农—商品小农—现代小农"的小农现代化进程中,我国小农现代转型目前正处于从"商品小农"向"现代小农"过渡的重要期③。目前小农现代转型已出现了多种路径,农民合作社的建立是其组织化方向,返乡创业精英起到了转型示范作用,适度规模的家庭农场、可持续农业、绿色农业、有机农业是有效的实现模式,"互联网+"农业技术与物流网的覆盖性建设为其重要支撑,乡村休闲旅游的繁荣为农业现代化对接了新的广阔市场。

小农组织化与现代化的迫切性也被提升到了国家战略层面。"乡村振兴"战略提出后,相关政策不仅重视龙头企业带动的大规模农业与家庭农场的适度规模经营,而且也越来越注重小农个体的现代化路径,连续15年的中央一号文件在2018年首次直接强调了"小农户",提出促进"小农户"和现代农业发展有机衔接,并将制定扶持小农生产的政策意见,将为小农现代转型提供有力的制度保障。

1.1.3 乡村不断受到动态风险的挑战

我国正处于快速城镇化时期,乡村的发展面临着城镇化、市场化、环境变化等复合化的不确定外部扰动,内部主体利益关系也呈现多元化和复杂化。在乡村营建过程中,其经济格局、环境格局与社会格局处于不断波动之中,如何抵抗变动带来的负面影响、如何适应动态变化成为乡村振兴目标下乡村建设活动的重大挑战。

在经济格局方面,在全球经济一体化背景下,乡村经济也成为世界经济联合体的一部分而易受到市场波动影响。首先,2008年全球性的金融危机也给乡村经济发展带来重大挫折,随着海外订单减少,大量工贸型乡村出现大规模的倒闭现象,产业发展陷入困境。其次,信息的不对称、市场供需的剧烈变化引起了农产品价格的波动,经常导致农产品的周期性滞销问题,市场价格偏低也使农民利益受损。最后,旅游型乡村在同质化竞争、市场饱和的背景下也呈现出品质良莠不齐、盈利难等问题。

---

① 贺雪峰.当前三农领域的两种主张[J].经济导刊,2014(8):71-73.
② 周大鸣,廖越.我们如何认识中国乡村社会结构的变化:以"原子化"概念为中心的讨论[J].广西师范学院学报(哲学社会科学版),2018,39(4):74-81.
③ 屈冬玉.以信息化加快推进小农现代化[EB/OL].(2017-06-05)[2019-04-25]. http://theory.people.com.cn/n1/2017/0605/c40531-29316890.html.

在环境格局方面,乡村在城市化进程的干预以及自然灾害的袭击下发生着动态变化。城郊乡村不断走向城镇化,受到政策用地调整、土地征收、房地产开发等行为的影响,改变了传统时期的乡村聚落风貌,生态环境遭受退化危机;而病虫害、极端气候等自然灾害则使农业生产随时有遭受产业变故的风险,农业实质为高风险产业。

在社会格局方面,乡村的人口结构与利益关系发生着重大变迁。一方面,农业型乡村人口在乡村基础设施不足、公共服务缺位及非农就业机会欠缺的推力作用下不断向城市流动,导致严重的空心化、老龄化现象,而留守人员的分散化、原子化难以维持乡村经济发展,更加导致乡村衰弱的恶性循环。另一方面,各类轰轰烈烈的"部门下乡""资本下乡""设计下乡"参与乡村营建帮扶,在提升人居环境生活品质的同时,也存在将乡村作为个人"田园乡愁"的展示舞台与博取名利的秀场等问题[①],甚至出现资本"与农争地"、规划干预忽略村民主体性的决策偏失等危及村民利益的危机。

"乡村振兴"战略下,乡村营建需从"大国小农"的现实、小农现代转型需求的背景出发,直面这一系列的不确定风险。复杂适应系统视角下的韧性理论是基于主体适应性应对不确定风险的新工具,基于小农现代转型背景,营建应对环境变动、具有韧性的乡村系统,对乡村振兴目标具有重要意义。

1.2 基本概念的界定

(1) 复杂适应系统

复杂适应系统(Complex Adaptive System,下简称 CAS)被认为是第三代系统论,该理论认为在环境发生随机、频繁的动态变化时,主体(Agent)对外部世界有主动认知和自我调节的能力,并强调系统演变和进化的关键在于个体自适应能力与环境的相互作用,最终提出"主体适应性是系统演化的动力"这一富含创见的论断[②]。已有大量研究运用 CAS 理论揭示城市的隐秩序,为城市复杂性认知开启新的视角,突破传统城市规划理性主义认为城市是局部的简单相加而忽略了整体有机性的局限,并从主体适应性角度出发批判精英主义规划与固定不变的蓝图式规划,为开展主体参与式规划、动态规划提供认识论基础[③]。

在乡村人居环境研究中引入 CAS 理论,将为其演化过程与机制带来全新的自下而上、从个别到整体、从微观到宏观的研究视角,视现代转型小农为具有主动学习能力的主体,可用于诠释转型小农如何应对环境变化的适应演化机制、论证村民赋权的必要性等。

(2) 韧性理论

"韧性"翻译自"resilience",用以表达系统在环境扰动过程中能防止系统失稳、遭受变化后能恢复、甚至产生更强抵抗力的适应能力。在相关文献中,resilience 也有"韧性""弹性""恢复力"等不同译法。根据汪辉等学者的翻译辨析,在中文语境中"韧性"指自身的变形、适

---

① 王竹,傅嘉言,钱振澜,等.走近"乡建真实"——从建造本体走向营建本体[J].时代建筑,2019(1):6-13.
② 霍兰.隐秩序:适应性造就复杂性[M].周晓牧,韩晖,译.上海:上海科技教育出版社,2000.
③ 刘春成.城市隐秩序:复杂适应系统理论的城市应用[M].北京:社会科学文献出版社,2017.

应能力以及抵御外力的能力,"弹性""恢复力"则主要强调恢复到原状,而 resilience 理论对系统的认知产生了转变,从系统具有唯一平衡态到具有多个平衡态,因此"韧性"的译法更符合学术概念的认知转换。本研究认可这一观点,也采用"韧性"这一译法①。

"韧性"的学术概念经历了两次范式转移(表 1-2)。

表 1-2 韧性的范式转移

	工程韧性	生态韧性	演化韧性
韧性解读	保持原平衡的稳定能力	回归到原平衡的恢复能力	改变到达新平衡的适应能力
能力特征	被动	被动	主动
系统认知	具有唯一平衡态	唯一平衡态	多个平衡态
运用领域	材料物理性能	生态系统	社会—生态系统
议题	材料的稳定性	生态系统稳定性和韧性	雨洪管理、海绵城市等自然灾害管理;移民、经济衰退、贫困等城乡发展问题

(来源:作者自绘)

第一次范式转移是从"工程韧性"到"生态韧性"。最早"韧性"在材料学等工程领域用于描述木材等材料适应突然而剧烈的荷载而不断裂的性能,具有"保持原平衡的能力";1973 年霍林(Holing)在《韧性与生态系统稳定性》一文中提出了"生态韧性"的概念②,用于衡量生态系统的内在持久性,即系统应对环境变化时更新、重组或发展的能力,"韧性"即"恢复到原平衡的能力"。"工程韧性""生态韧性"这两者都基于系统存在绝对唯一均衡状态的认知。

第二次范式转移是从"生态韧性"到社会—生态领域的"演化韧性"。2002 年霍林在《扰沌:理解人类和自然系统中的转变》③中进一步将韧性理念的适用范围从生态系统扩展至社会—生态系统,引入了复杂适应系统的视角,认为系统处于不断动态变化的过程中,不存在永恒的均衡态,而是拥有多个平衡态。演化韧性指系统从某一平衡态受到扰动后能够稳定恢复到原有或者新平衡态的能力④,回应变化主动开展"变化—适应—改变"的适应过程,即系统在环境变化中具有稳定、恢复、转型的能力(图 1-1)。

社会—生态系统的韧性理论引起学者关注城市系统应对灾害能力的兴趣,开启了以应对气候灾害为主的城市防灾研究,对防灾减灾、灾后复兴、海绵城市、雨洪管理等研究具有重要价值。2008 年金融危机后,韧性研究中对灾害的认知扩展到长期、渐变、综合性的风险,

---

① 汪辉,徐蕴雪,卢思琪,等.恢复力、弹性或韧性?:社会—生态系统及其相关研究领域中"Resilience"一词翻译之辨析[J].国际城市规划,2017,32(4):29-39.
② Holling C S. Resilience and stability of ecological systems[J]. Annual Review of Ecology and Systematics, 1973, 4(1): 1-23.
③ Gunderson L H, Holling C S. Panarchy: Understanding transformations in human and natural systems[M]. Washington DC: Island Press, 2002.
④ 颜文涛,卢江林.乡村社区复兴的两种模式:韧性视角下的启示与思考[J].国际城市规划,2017,32(4):22-28.

经济衰退、贫困等城乡综合发展问题也被纳入研究范畴。

在此概念下,"韧性乡村"的内涵即"面临外界突变或渐变的扰动,具有抵抗变化、适应变化并产生更强生命力能力的乡村",其应对的危机不仅是突变的灾害风险,更有长期、渐变、综合性的风险。因此,韧性是乡村达成可持续发展的一种重要能力。

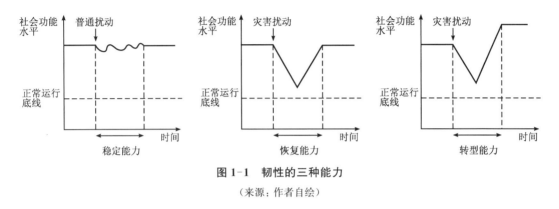

图 1-1 韧性的三种能力

(来源:作者自绘)

(3) 乡村类型与农业型乡村

根据与村民利益最为相关的产业对乡村进行分类,可分为农业型乡村、工贸型乡村和旅游型乡村。《乡村振兴战略规划(2018—2022 年)》也指出"分类推进乡村发展",分为四类乡村:①集聚提升类,现有规模较大的中心村或仍将存续的一般村庄,占比最大;②城郊融合类,城郊或城关镇所在地村庄,具备城市后花园优势和城市转型条件;③特色保护类,具备丰富的自然历史特色资源;④搬迁撤并类,由于生存环境恶劣或重大项目搬迁村庄。其中,集聚提升类乡村是乡村振兴的重点与难点。

目前乡村之间存在巨大的发展差异性,乡村研究也应针对其复杂性与多样性开展分类研究。对于人口稀少、基础设施严重不足的乡村,其衰退有着必然性,不属于本研究的研究范畴。本研究聚焦于集聚提升类中的农业型乡村,这类乡村量大面广,一般以中心村为载体,具备一定的人口规模和较为齐全的公共设施,较具完整性和代表性,但也因其以农业为主导产业,小农问题最为突出、村民主体地位最为弱势、系统应对变化能力最为脆弱,将以"韧性"作为其提升目标。农业型乡村一般称为"农村",但在"韧性"的目标导向下,仅依靠弱质性的农业难以达成较高"韧性",其未来发展目标应为以农业为基础的产业结构复合的"乡村",因此本研究以"乡村"这一更具有综合性的词汇指代"农业型乡村",而不用"农村"这一强调以农业为主导产业的词汇。

(4) 乡村营建的内涵

在本研究中,韧性视角下的乡村营建作为乡村建设的重要构成部分,其内涵应突破传统建筑学视角下的认知而有所延伸。在内容上,为达到综合的韧性提升目标,乡村营建涵盖社会、经济、环境等维度内容,将突破"就空间论空间"、仅注重物质空间建设的范畴局限;在过程上,乡村营建包括前期策划、规划与设计、项目建设与运营维护的全过程;在参与主体上,乡村营建不仅仅是政府、建筑规划专业者的职责,更需要村民的参与、监督、决策、实施与运营(图 1-2)。

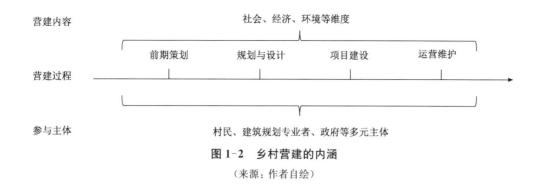

图 1-2 乡村营建的内涵
(来源：作者自绘)

1.3 研究目的与意义

1.3.1 定位：研究问题的提出

在"乡村振兴"战略下，乡村发展进入了物质空间建设与"软环境"综合提升的新时期。在我国"大国小农"格局将长期存在的现实背景下，一方面，基于小农经济在当前的社会转型期依然具有必要性和重要性的再认知，产生了对原子化小农进行再组织化、现代转型的迫切需求；另一方面，在外部城镇化、市场化、环境变化等不确定扰动与内部多元主体利益关系复杂化的作用下，乡村的社会、经济、环境格局不断面临着变动与风险的挑战。基于乡村发展过程涌现的新诉求和新困境，亟须建立新的研究目标，以针对性理论进行补充与应对。

"韧性"科学是复杂系统应对环境变化的重要理论工具。由此，本研究以应对变化能力较为脆弱、小农问题最为突出的农业型乡村作为研究对象，提出"基于小农现代转型背景，如何认知、如何营建应对复杂动态风险的韧性乡村"这一研究问题，整合小农产业单元、小农再组织化的现代转型和村民主体地位等诉求，根据复杂适应系统理论和韧性理论的分析工具，基于转型小农的主体适应性，从主体、产业、空间等乡村营建要素出发，在理论层面探究"韧性乡村"的认知框架，厘清各个要素在系统韧性演化中的作用机制，在实践层面探索具备可操作性、以提升乡村整体韧性为目标的营建策略与方法。

1.3.2 研究目的

（1）建构主动适应风险的"韧性乡村"认知框架

乡村系统在动态演化过程中，不断受到外部风险扰动，社会、经济、环境格局不断面临着挑战，往往在危机发生时只能陷入被动抵抗困境的状态。将韧性理念引入乡村人居环境营建领域，从风险防范意识转为风险适应意识，通过辨明各个要素对系统韧性的作用机制，建构"韧性乡村"的认知框架，在营建过程中，提前对不确定风险进行预测，有意识地培育乡村系统应对风险进行平衡、恢复、转型的韧性力，为乡村的可持续发展创建有效路径。

（2）搭建小农现代转型与乡村营建的联系

小农的再组织与现代转型是当前农业型乡村的迫切需求，而以往的乡村营建在乡村原子化的状态下往往只重视物质空间的建设，未能也无法有效整合小农的参与力量。韧性视角下，现代转型小农是具备自主学习能力与适应环境能力的主体，通过对小农的再组织化能为乡村营建提供富含社区认同感、具有集体凝聚力的社会组织发展动力，将乡村的营建内容从物质空间延伸至组织机制管理，促进乡村人本化、自力更生、村民赋权的内生发展。

（3）提供提升乡村系统韧性的营建依据

为乡村服务的建筑规划专业者主要为城市精英，其往往下意识地带着城市本位的建设思路，缺乏应对乡村营建复杂性的意识和方法。"韧性乡村"的认知框架将促进专业者加强对乡村系统演化动态性与复杂性的认知，增强乡村系统应对风险的意识，理解不同要素对乡村系统韧性的作用机制，对乡村营建的方向有适宜的价值判断。而从主体、产业与空间角度分解的韧性营建策略则提供具体的可操作依据，有意识地以提升韧性为目标开展乡村营建活动。

1.3.3 研究意义

（1）理论方面充实乡村人居环境研究与韧性理论的交叉研究

面对乡村外部环境的变动性与内部利益主体多元化等复杂性现象，仅凭空间优化改变村民生活的"设计决定论"难以实现，真实的乡村建设需超越单纯的"物质空间建设"，形成融主体、产业、空间为一体的"乡村营建"体系。在乡村人居环境研究中引入韧性理论，并融入农林经济学、社会学等内容，以交叉学科视角加强建筑师、规划师对乡村系统的动态适应性认知，为建筑规划学参与乡村建设提供关注小农现代转型的认识论与方法论基础。此外，从营建视角诠释"韧性乡村"，也延伸了韧性理论在社会—生态系统的运用范畴，拓宽了韧性作用机制的研究内容。

（2）实践方面探索促进乡村振兴的可操作路径

乡村营建是促进乡村振兴的必要手段，逐步呈现出常态化、过程延续性、村民关注重视化、多元主体化的趋势，因此营建过程是培育乡村系统韧性力、促进小农现代转型的重要时期。基于"韧性乡村"认知框架中各类营建要素对系统韧性的作用，推导出主体组织化机制建立、产业策划与空间营建等营建策略在轻重缓急方面的不同定位，协助建筑规划专业者在真实的乡村营建过程中通过专业技术输出、沟通引导、协调帮扶等方式促进乡村系统与主体的韧性建构，为乡村可持续发展乃至乡村振兴提供了具有可操作性的参考价值。

1.4 研究框架

1.4.1 研究方法

（1）定性与定量研究

以定性研究为主，定量研究为辅。既有研究对于"韧性乡村"的解读仍在起步阶段，本研究首要目标是确立"韧性乡村"理念的认知框架,需要在要素构成、作用机制、状态特征、评估方法等层面进行定性的学理分析与价值判断,具体采用了归纳总结、解释分析、文献研究、历史分析等定性研究方法,以梳理韧性理论的发展趋势、厘清理念内涵、比较韧性状态、搭建认知框架、识别要素因果关系和建立策略体系。在局部,采用了定量的、可视化的社会网络分析法对主体组织化和社会关系进行分析,以及依据数据指标评估乡村系统的韧性状态。

（2）学科交叉研究

基于小农现代转型、再组织化的迫切诉求和乡村不确定风险的应对需求,乡村营建研究需突破物质空间建设的范畴。在乡村人居环境研究中引入农林经济学、农村社会学与韧性理论等多领域的内容,以交叉学科的视角审视乡村营建这一过程中,增强对乡村问题认知的系统性和整体性,提高营建策略提出的整合性与可行性。

（3）实证研究

通过对案例乡村规划与设计实践的深度参与,对"韧性乡村"的营建理念和策略进行实证运用。在浙江遂昌古坪村的案例研究中,通过田野调查、村民访谈、问卷调研等方式搜集古坪村的基本要素信息,基于"韧性乡村"的认知框架和营建策略,确立情景规划方法和营建原则,针对性提出"团结大乡建"共同体、多情景的产业策划与适应性更新等营建策略细则,通过与村民、政府等其他利益相关者的协商沟通,不断调整优化,已实施的策略取得了一定韧性提升的成效。

1.4.2　技术路线

在总体上,本研究技术路线按照"理论逻辑搭建—关联机制解析—认知框架诠释—营建策略建构"的研究路径(图1-3),系统性地提出基于小农现代转型背景下的"韧性乡村"认知框架与营建策略。

1.4.3　论述框架

第一章,绪论。介绍研究背景,基于乡村振兴战略下的乡村发展的新诉求和韧性理论的新应对工具,提出研究问题"基于小农现代转型背景,如何认知、如何营建应对复杂动态风险的韧性乡村",确立研究目的与意义、相关概念、研究方法、技术路线等基础性内容。

第二章,乡村人居环境研究的相关动态。从应对风险、以问题为导向的视角梳理国内外乡村研究的脉络,归纳乡村政策与实践的动态与趋势,挖掘既有研究与实践的启发与不足之处。

第三章,"韧性乡村"的理论基础。基于对系统论的梳理解读,对韧性城市和韧性乡村的文献回顾,借助空间营建的向度解析与韧性评估方法,确立"韧性乡村"认知框架的研究展开逻辑。

第四章,乡村营建要素特征与乡村系统韧性的关联机制解析。从历时性与共时性层面分别选择乡村演化的四个时期以及乡村的三种主要产业类型,在微观上从"主体—产业—空间"的空间营建三向度进行解析,在宏观上利用"社会—经济—环境"的韧性乡村评估方法进行韧性程度的判断与对比,以建立乡村营建各要素特征与韧性的关联机制,并提出当下乡村

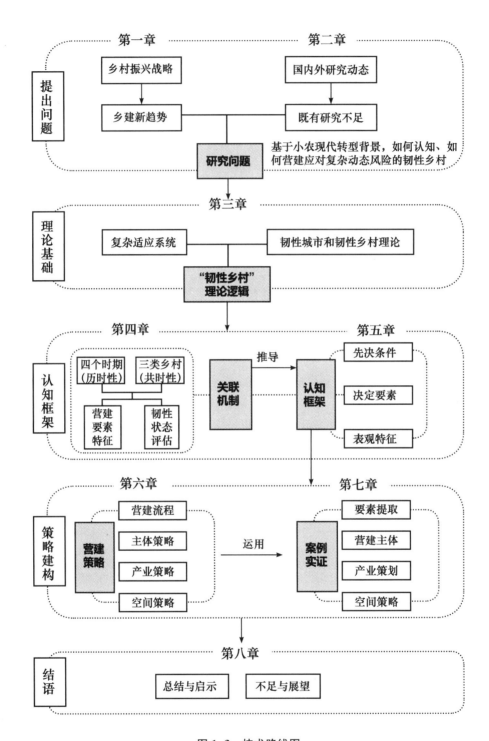

图 1-3 技术路线图

(来源：作者自绘)

产业分异中农业型乡村的韧性发展路径问题。

第五章,"韧性乡村"的认知框架诠释。基于复杂适应系统的认识论基础和韧性理论的工具,在乡村演化过程中识别系统开放性、村民组织化、主体话语权、产业与空间复杂性等要素与系统韧性的作用机制,归纳出先决条件、决定要素和表观特征等"韧性乡村"的认知框架与相应内涵。

第六章,"韧性乡村"的营建策略建构。从主体层面、产业层面、空间层面提出塑造社会韧性、经济韧性和环境韧性的营建策略,并建立"韧性乡村"情景规划方法和实施原则。

第七章,案例实证。以亲身参与的农业型乡村浙江遂昌古坪村为研究对象,基于"韧性乡村"的认知框架和营建策略,针对古坪村提出适应性的韧性营建策略,为同类乡村提供借鉴价值。

第八章,结语。对本研究进行归纳总结,分析其中的不足之处,思考其中值得拓展研究的可能性。

1.5 研究特点与可能的创新点

(1) 从演化韧性视角切入对乡村营建进行再认知

在演化韧性视角下,乡村作为一个复杂适应系统随着外部环境的扰动而动态演化,其中村民主体的适应力是有序演化的动力。在乡村社会经济环境格局不断面临着风险挑战之时,将韧性理念引入乡村营建过程,将风险防范意识转化为风险适应意识,提前对不确定风险进行预测,有意识地培育乡村系统应对风险进行平衡、恢复、转型的韧性力,将乡村营建的研究阶段扩展到前期策划、规划设计、项目建设与运营维护的全过程,其研究范围也从物质空间建设延伸到社会、经济、环境等多维领域。

(2) 建构复杂适应系统视野下的"韧性乡村"认知框架

基于乡村营建"主体—产业—空间"的向度解析与"社会—经济—环境"维度的韧性评估方法,对乡村演化的四个时期以及三种主要类型进行乡村营建特征提取与系统韧性状态的评估,通过对这两者的关联对比,借鉴复杂适应系统演化的分析框架,推演"韧性乡村"的认知框架和内涵,并识别系统开放性、村民组织化、主体话语权、产业与空间复杂性等各个营建要素对系统韧性的作用机制,为"韧性乡村"的营建策略提供切入点。这一研究延伸了韧性理论在社会—生态系统中的运用范畴,拓宽了韧性作用机制的研究内容。

(3) 提出基于小农现代转型的"韧性乡村"营建策略

小农的再组织与现代转型是当前农业型乡村的迫切需求,而以往的乡村营建在乡村原子化的状态下往往只重视物质空间的建设,未能也无法有效整合小农的参与力量。基于"韧性乡村"认知框架中的作用机制差异,厘清各要素的轻重缓急,以现代转型小农的再组织化和话语赋权为营建动力,针对农业型乡村在主体组织、产业策划与空间建设方面提出适应性营建策略,促进多元主体在营建过程中建构"韧性乡村",助力乡村人本化、自力更生、村民赋权的内生发展与振兴。

2 国内外相关研究解析

2.1 响应危机、以问题为导向的乡村人居环境理论演进

2.1.1 国外乡村理论研究动态

(1) 应对环境危机：从生产主义、后生产主义到生态村

工业革命之后，西方国家的城市迅速发展，乡村被视为功能单一的农业生产地。第二次世界大战（以下简称"二战"）期间的粮食紧缩危机强化了对乡村生产功能的关注，引发了高度重视粮食供给、以农业为中心的"生产主义"思潮[1]，催生了欧美国家在战后大力发展农业生产力、注重农业产量、保护农产品价格、给予强大财政补贴的乡村政策，促进了农业现代化发展[2]。该时期的乡村规划与设计主要围绕着农业空间展开。

1980年代，一味追求农业的产业化、规模化、集约化不仅导致生产过剩、物价高涨、财政负担过重等问题，更引发了乡村景观改变、农药化肥污染、生态系统失衡等一系列环境衰退危机，在全球化的环境保护主义影响下，"生产主义"受到批判，而形成了"后生产主义"的乡村认知（表2-1），即乡村除了生产功能外还具备消费功能，认为乡村具有景观价值、保持物种多样性、提供多样化功能与就业的潜力，"后生产主义"主张减弱农业地位、去除农业价格保护、鼓励农业进入自由市场竞争、从重视产量转到重视农产品质量、开展可持续耕作[3]。在"后生产主义"理念影响下，欧盟的共同农业政策相应进行了降低农业生产、减少农业财政支持、整治农业生产污染以及加强与绿色组织合作的政策改革。

在"后生产主义"范式下，"生态"成为乡村空间营建的关键词。1971年，法国乡村生态博物馆理念应运而生，突破传统自然博物馆标本式的保存方式，关切野生动植物，进行自然栖息地、乡村地域文化的户外保存与运行[4]。1991年，丹麦学者吉尔曼（Gilman）提出生态村理论，主张人类活动不损害自然环境的资源开发模式，包括本地化的有机食物生产、自然环境的保护与恢复、生态化建筑、集约与可再生能源、减少运输、参与式社区决策等多个可持

---

[1] Wilson G A. From Productivism to Post-Productivism … and Back again? Exploring the (Un)changed Natural and Mental Landscapes of European Agriculture[J]. Transactions of the Institute of British Geographers，2010，26(1)：77-102.

[2] Bjørkhaug H, Richards C A. Multifunctional agriculture in policy and practice? A comparative analysis of Norway and Australia[J]. Journal of Rural Studies，2008，24(1)：98-111.

[3] Evans N, Morris C, Winter M. Conceptualizing agriculture: A critique of post-productivism as the new orthodoxy[J]. Progress in Human Geography，2002，26(3)：313-332.

[4] 苏东海.国际生态博物馆运动述略及中国的实践[J].中国博物馆，2001(2)：2-7.

续目标,生态村的建设实践也在全球范围内不断涌现①。

表 2-1 生产主义和后生产主义的观点比较

生产主义	后生产主义
● 农业占据重要的社会地位 ● 农业相关行动者之间有紧密合作 ● 农民是乡村的守护者 ● 采用工业化和专门化的农业生产方式 ● 追求农产品产量的不断提高 ● 政府在生产支持、农产品价格保护方面给予大量财政支持	● 农业不再是国民经济的核心部分 ● 农业无法解决农村贫困等发展问题 ● 引发农业生产污染的农民是环境的破坏者 ● 注重农产品质量 ● 乡村景观与物种多样性保护具有重要价值 ● 乡村消费价值的提升:功能多样化、就业多样化 ● 农业应去除价格保护而进入自由市场竞争 ● 需要纳入绿色环保组织

(来源:整理自 Björkhaug H, Richards C A. Multifunctional agriculture in policy and practice? A comparative analysis of Norway and Australia[J]. Journal of Rural Studies, 2008, 24(1): 98-111.)

(2) 应对城市化与现代主义的冲击:乡村景观与建筑的认知与保护

19 世纪电气化等新型工业兴起,环境污染、高失业率、交通拥堵等一系列城市病促使城市建设向郊区蔓延,乡村的大量土地被开发为工厂和新住区,传统的自然与人文景观遭到破坏,激发了西方国家对乡村景观与建筑的价值认知和保护研究。

1926 年兴起的英国乡村保护运动是对乡村景观关注的重要节点。早期的参与者为上层精英,以规划设计管控和景观美学价值两方面进行社会呼吁、游说政府,影响了相关土地利用政策的制定,并直接推动了 1947 年《城乡规划法》的出台,其中确立了开发许可制度,要求对乡村的开发建设采取严格控制,预防乡村无序开发和城市蔓延②。英国现已从立法角度形成绿带保护、国家公园设立、杰出自然美景区划定的乡村环境景观保护体系③。

20 世纪前后,田园郊区运动将乡村空间价值运用在郊区新城规划中。"田园郊区"思想最早源于 18 世纪的英国,通过对传统乡村土地利用、景观和建筑的学习,创造具有社区感的邻里空间。1794 年,艾耶尔社区设计中利用街道和广场将带花园的半独立住宅进行序列串联,这一模式对英国传统乡村的景观风貌、郊区新城开发乃至美国早期郊区化中的花园社区规划都产生了深远影响,直至二战后投机开发占主导后,被理性主义、标准化的社区规划模式所替代。1970 年代后,随着后现代主义思潮兴起,"田园郊区"理念重新成为城乡空间更新的重要设计手法,并被融入新城市主义宪章中④。

建筑学对乡村的关注直至 1960 年代才开始大量涌现⑤。此前,乡村建筑的研究主要源自历史学和人类学视角的零星研究,主要代表为美国历史学者诺曼(Norman)于 1895 年从平立面、结构、装饰、历史意义等角度对美国东北部乡村风格的考察;法国学者白吕纳

---

① 杨京平.全球生态村运动述评[J].生态经济,2000(4):46-48.
② 刘涛洋.英格兰乡村保护运动探究[D].苏州:苏州科技大学,2017.
③ 赵紫伶,于立,陆琦.英国乡村建筑及村落环境保护研究:科茨沃尔德案例探讨[J].建筑学报,2018(7):113-118.
④ 乔鑫,李京生.英美地区田园郊区运动简史及其启示[J].上海城市规划,2018(2):70-75.
⑤ 钱振澜."韶山试验":乡村人居环境有机更新方法与实践[D].杭州:浙江大学,2015.

(Brunhes)1920年论述聚落与地理关系的著作《人地学原理》；德芒戎(Demangeon)在《农村的居住形式》《法国农村聚落的类型》中探讨聚落的类型、分布和演化[①]。

1960年代，随着重视文脉、地域性的后现代主义对现代主义国际样式的批判，由平民建造、代表乡土小传统文化、具备地域特征的乡村建筑开始受到广泛关注。在研究层面，1964年鲁道夫斯基[②]在纽约现代艺术博物馆举办的"没有建筑师的建筑"主题展览，展示了全球各地乡村建筑的多元形态，在之后的同名著作中他以"风土、匿名、自发、本土、田园"等关键词表达乡土建筑的特征。而后，在丰富的乡村空间研究中，以拉普波特《住屋形式与文化》[③]、奥利弗《世界乡土建筑百科全书》[④]、原广司《世界聚落的教示100》[⑤]最具影响力。在实践层面，主要体现在乡土建筑保护与规划管理中。随着保护理念的深化，从最初的具有历史意义和重要价值的乡土建筑单体保护延伸至对建筑周边环境的保护，再拓展至对乡村建筑群的整体性保护（1975年《阿姆斯特丹宪章》），并把活态的民俗文化等生活方式也都纳入真实性保护的范畴（1994年《奈良宣言》）。在规划管理阶段，英国采取严格的规划许可制度，允许建筑转换功能、符合要求才能拆除建筑、需要按地方设计导则进行新建[⑥]；美国大部分地方政府则对乡村制订了具有弹性的设计导则，包括整体、特定区域、历史文化保护区、特定功能建筑等地块开发和开放空间的导控内容[⑦]。

（3）应对经济衰弱：多功能乡村与乡村旅游兴起

农业与乡村的"多功能"理论调和了生产主义和后生产主义两种思潮，综合考虑乡村生产、消费双重价值下的商品功能和非商品的公共物品功能，成为应对乡村社会经济衰弱的重要理念。"多功能"理念最早出现于1988年欧盟文件《乡村社会的未来》中，并于1993年成为欧盟农业法中的专有名词，为可持续农业的政策补贴提供了合法化基础，并成为欧盟共同农业政策的新原则。根据OECD（世界经合组织）的定义，多功能农业指"除了生产粮食和纤维的基本功能外，还通过塑造空间和景观以提供土地保护、可再生资源的可持续管理、生物多样性的保持等环境利益"的农业模式[⑧]，是保持农业地区社会经济活力的关键手段。马斯登(Marsden)认为多功能农业意味着乡村需要提供产品、商品和服务，达到该目标需同时满足三个条件：增加农业收入和就业机会、建构满足社会需求的农业体系、优化配置各类乡村资源[⑨]。威尔逊(Wilson)从乡村组团、乡村村域、区域等不同嵌套空间尺度诠释了"多功能"的内涵，认为乡村村域层级是实现多功能的关键，需要依托乡村旅游业的发展，吸引力不足

[①] 浦欣成.传统乡村聚落二维平面整体形态的量化方法研究[D].杭州：浙江大学,2012.
[②] 鲁道夫斯基.没有建筑师的建筑[M].高军,译.天津：天津大学出版社,2011.
[③] Rapoport A. House form and culture[M]. Englewood: Prentice Hall, 1969.
[④] Oliver P.Encyclopedia of Vernacular Architecture of the World[M]. Cambridge: Cambridge University Press, 1998.
[⑤] 原广司.世界聚落的教示100[M].于天祎,刘淑梅,马千里,等译.北京：中国建筑工业出版社,2003.
[⑥] 于立,那鲲鹏.英国农村发展政策及乡村规划与管理[J].中国土地科学,2011,25(12)：75-80.
[⑦] 黎圣含,褚冬竹.美国乡村设计导则介述[J].新建筑,2018(2)：69-73.
[⑧] 高宁,胡迅.基于多功能农业理论的都市农业公园规划设计：以莫干山红枫农业公园为例[J].南方建筑,2012(5)：82-86.
[⑨] Marsden T. The condition of rural sustainability[J]. Condition of Rural Sustainability, 2004, 69(2): 313-316.

时可通过农场的多功能化、休闲农业化增加旅游潜力①。各项多功能农业政策也鼓励发展农业旅游与乡村旅游,将乡村特征作为经济发展的资源。至此,旅游视角也被纳入乡村研究领域。

乡村旅游研究围绕休闲农业、生态旅游展开。在促进乡村经济发展、农民增收的作用方面,各类案例实证论证了旅游业在增加就业机会、提升居民收入和提高地方税收的成效,但也理性认识到其作用的有限性②;在乡村文化关系方面,乡村旅游促进了地方文化认同和遗产保护③,但过度的旅游业会导致乡村景观的破坏以及村民的分化与隔阂;在农业和旅游业关系方面,主要为相互依存的共生关系④;在乡村旅游驱动力方面,主要来自居民收入提高、交通发达、节假日增多、旅游类型丰富化、城市居民对自然的回归情结、对城市污染和快节奏生活方式的逃避心理等需求因素,以及政策支持、乡村居民增收愿望、旅游基础设施完善、旅游管理服务提升等供给因素⑤。

围绕多功能理论和乡村旅游,从空间建设视角出发,哈里森(Harrison)指出乡村的绿地环境和农业系统需满足多功能需求,以更加灵活的建设形态参与乡村地域的经济重构⑥;布鲁代(Brouder)认为旅游业具有高度的空间固定性,生产和消费在同一区域,因此地理位置、自然景观以及文化特色为核心竞争力⑦,需基于交通建设、生态化景观、遗产保护展开建设。

(4) 公共参与不足风险:村民主体的内生发展理念崛起

随着"以人为中心"的发展观的深化,乡村研究与政策一直以来忽视村民能动性而采用财政支持、政府管治、强调外部力量的自上而下路径受到批判,纳入村民公共参与、形成自力更生的发展模式的诉求不断涌现,较有代表性的为内生发展理论。

内生发展理论源于日本社会学者鹤见和子于1969年提出的发展论,其将"政府巨额投资和吸收资金以追求经济增长"的模式定义为"外发的发展",而将"保护生态、注重文化、维护社区秩序、追求可持续"的模式定义为"内发的发展"⑧(表2-2)。1975年联合国经济大会上正式提出从社会内部推动发展的"内生发展"概念,强调社会成员发挥积极性和创造力实现区域内的经济发展自立性。相比以社会精英主导的外生发展模式,内生发展强调大众在历史中的作用,更具有持续性。守友裕一总结了内生发展模式的四个要点:一是以本地居

---

① Wilson G A. The spatiality of multifunctional agriculture: A human geography perspective[J]. Geoforum, 2009, 40(2): 269-280.

② Bramwell B, Lane B. Rural tourism and sustainable rural development[M]. UK: Channel View Publications, 1994.

③ Lapan C, Barbieri C. The role of agritourism in heritage preservation[J]. Current Issues in Tourism, 2014, 17(8): 666-673.

④ Lobo R, Goldman G, Jolly D, et al. Agritourism benefits agriculture in San Diego County[J]. California Agriculture, 1999, 53(6): 20-24.

⑤ 赵航.休闲农业发展的理论与实践[D].福州:福建师范大学,2012.

⑥ Harrison B. Lean and mean: The changing landscape of corporate power in the age of flexibility[M]. New York: Guilford Press, 1997.

⑦ Brouder P. Evolutionary economic geography and tourism studies: Extant studies and future research directions[J]. Tourism Geographies, 2014, 16(4): 540-545.

⑧ 王志刚,黄棋.内生式发展模式的演进过程:一个跨学科的研究述评[J].教学与研究,2009(3):72-76.

民为主要参与者和受益者,实现经济自立;二是首先在本地区域内谋求经济增长空间;三是提高个体经营能力和相互间的合作联系来提升区域竞争力;四是制定有权干预政策决策的公共参与制度[1]。内生发展理论也为发达国家追求低成本、高效的治理模式提供了理论基础,推动了1990年代以简政放权、社区赋权为导向的公共政策,鼓励社区居民拥有自主决策的权利和能力[2]。1991年欧盟开展"地方发展行动联合"LEADER项目,资助地方建立规划行动团队、自主制定并实施符合政策的乡村发展行动[3]。

表2-2 内生式发展与外生式发展的差异

因素	外生式发展	内生式发展
政策	国家推动	地方共识
资金	外部资金补贴	本地积累或自由资金为主,不排斥外部资金资助
资源	外来技术与知识	本地传统技术与知识,本地特色的物质与非物质资源
产品	给予顾客想要的	出售本地能生产的
市场结果	外地剥削本地	利益在本地积累,由地方自主利益分配
参与者	外来者主导	本地人主导(接受外部专家、NGO支援)

(来源:张环宙,周永广,魏蕙雅,等.基于行动者网络理论的乡村旅游内生式发展的实证研究——以浙江浦江仙华山村为例[J].旅游学刊,2008(2):65-71.)

内生发展理念影响了乡村空间建设与旅游研究的范式。乡村空间建设层面,无论是生态化更新、景观保护的用地规划,还是建筑及村落保护、设计导则编制都开始强调多角色参与的视角,加强对村民及地方文化的尊重,要求通过本地村民的社会动员形成符合社区共同意愿的规划图景[4],其中以日本的社区营造运动为典型。在乡村旅游研究中,利益相关者理论及行动者网络分析法是研究多主体动力机制的主要研究工具,结合自上而下、自下而上两种路径的社区参与是可持续旅游管理的关键策略,带来了避免负面社会文化变迁、提高项目实施效率、村民增收与能力训练、产生对游客积极态度、减少内部冲突等一系列优势[5]。

(5)国外研究进展归纳:跨领域、综合化趋势

在国外乡村人居环境研究的发展脉络上,理论研究与政策施行、建设实践齐头并进,不断针对各个时期出现的风险问题做出应对,经历了由"服务于精英""服务于城市"到"服务于乡村"的观念转变[6],并且形成建筑学、景观学、规划学与乡村生态学、乡村社会学、经济地理

---

[1] 王志刚,黄棋.内生式发展模式的演进过程:一个跨学科的研究述评[J].教学与研究,2009(3):72-76.
[2] 周晨虹.英国城市复兴中社区赋权的"政策悖论"及其借鉴[J].城市发展研究,2014,21(10):92-97.
[3] 赵文宁.1950—2010:战后欧洲乡村发展理论与规划策略回顾[J].小城镇建设,2019,37(3):5-11.
[4] Van der Ploeg J D, Saccomandi V. On the impact of endogenous development in agriculture[J]. Beyond Modernization,1995(6):10-27.
[5] Idziak W, Majewski J, Zmy Ślony P. Community participation in sustainable rural tourism experience creation: a long-term appraisal and lessons from a thematic villages project in Poland[J]. Journal of Sustainable Tourism, 2015, 23(8/9):1341-1362.
[6] 李京生.乡村规划原理[M].北京:中国建筑工业出版社,2018.

学等专业的交叉,正如弗兰克(Frank)和赖斯(Reiss)所认为的乡村规划与建设的研究内容包含了可持续社区空间营造、土地利用规划与管理、地方管辖与自治管理三个方向①,乡村人居环境研究已呈现为应对多元风险、实现多目标、开展跨学科的综合性研究格局。

2.1.2 国内乡村研究发展趋势

国内乡村人居环境的研究起步较晚,但在研究脉络上与国外类似,呈现出应对各类风险的研究转型。

早期的研究主要为建筑学视角下的乡村民居与聚落形态认知层面。最早发源于 20 世纪 30 年代营造学社组织的古建筑测绘,以刘敦桢 1957 年出版的《中国住宅概论》为代表,此后民居研究方兴未艾,从建筑形态、结构构造、地域文化等建筑学本体出发,已取得了丰富的成果。陈志华②、楼庆西③、李秋香④带领乡土建筑研究小组自 1989 年以来在全国各地整体地开展乡土建筑测绘、整理和调查;由王国梁、潘谷西、郭湖生等主持测绘、理论研究而编的《徽州古建筑丛书》⑤系统性地梳理了徽州民居的特征与价值;陆元鼎主编的《中国民居建筑丛书》系列丛书则较为全面地汇总了我国各地区各民族的民居建筑;彭一刚《传统村镇聚落景观分析》、陈志华《楠溪江中游古村落》、业祖润《北京古山村:川底下》、段进主编的《空间研究》系列丛书则是研究聚落空间尺度的先行者。近年来,乡村空间认知在研究方法上也有了定量研究的突破,以空间句法⑥、数理模型分析⑦、"元胞自动机"数学模型⑧、分形几何分析及数理统计⑨等方法为代表。

集中化的村落建设更新规划与设计理论研究直至 2005 年新农村建设的政策实施及 2008 年《中华人民共和国城乡规划法》颁布后才大量涌现,在乡村问题认知、景观价值、土地利益、乡村规划编制体系、发展模式、更新设计策略、乡土建筑设计等各个方面的研究成果颇丰,空间建设逐步承担起了促进乡村环境、经济、社会可持续发展的责任,而针对乡村不同的发展问题与风险,又形成了相互联系而又各有侧重的研究方向。

(1)生态化建设与更新

城镇化进程下,快速建设的乡村面临生态退化的风险,以环境可持续为目标,保护乡村生态安全格局的研究大量涌现。在村域层面,俞孔坚等基于景观安全格局理论借助关键生态过程提出确立最小生态用地的方法⑩,朱怀通过量化乡村生态要素的安全底线为用地规

---

① Frank K I, Reiss S A. The rural planning perspective at an opportune time[J]. Journal of Planning Literature, 2014, 29(4): 386-402.
② 陈志华.古镇碛口[M].北京:中国建筑工业出版社,2004.
③ 楼庆西.乡土建筑装饰艺术[M].北京:中国建筑工业出版社,2006.
④ 李秋香,罗德胤,陈志华,等.浙江民居[M].北京:清华大学出版社,2010.
⑤ 东南大学建筑系.徽州古建筑丛书:瞻淇[M].南京:东南大学出版社,1996.
⑥ 段进,季松,王海宁.城镇空间解析:太湖流域古镇空间结构与形态[M].北京:中国建筑工业出版社,2002.
⑦ 王昀.传统聚落结构中的空间概念[M].北京:中国建筑工业出版社,2009.
⑧ 彭松.非线性方法:传统村落空间形态研究的新思路[J].四川建筑,2004,24(2):22-23,25.
⑨ 浦欣成,王竹,高林,等.乡村聚落平面形态的方向性序量研究[J].建筑学报,2013(5):111-115.
⑩ 俞孔坚,乔青,李迪华,等.基于景观安全格局分析的生态用地研究:以北京市东三乡为例[J].应用生态学报,2009,20(8):1932-1939.

划提供依据①，柴舟跃基于生态位理论提出生态化更新规划的策略与方法②，倪凯旋基于景观格局指数提出保护生态格局的乡村生态规划方法③；在建筑层面，魏秦、王竹等④提取黄土高原传统乡村窑居的生态智慧运用于绿色窑居的界面与弹性空间，王建华⑤从气候视角解析江南的湿热微气候特征下传统民居的应变机制并给予现代民居绿色设计启发；在低碳视角下，王竹团队通过低碳先导的村域用地规划路径、基于碳图谱的社区低碳调控机制、低碳导向的绿色住宅形态设计建构了低碳乡村营建体系⑥。

（2）村落的保护规划与有机更新

针对全球化背景下乡土聚落破坏与新村建设空间形态无根的危机⑦，村落的保护规划与有机更新研究成为重要应对工具。

1980年阮仪三主持的"江南水乡古镇调查研究及保护规划"是我国传统村镇保护的肇端，此后学界加强了对传统村落空间意向、价值特征等相关研究，随着国际乡村保护理念的革新，我国的村落保护也经历了从建筑"单体保护"到村落"整体保护"的过程，从民居建筑、自然景观的物质文化保护延伸到民俗文化的非物质文化活态传承。在保护政策上，传统村落已被纳入我国遗产保护体系，通过国家级与省市级的"历史文化名村名镇""传统村落"等名录的设立与相关保护条例的实施对传统村落予以保护。在保护与发展的关系上，尽管两者存在一定的矛盾性，但由于我国的现实情况是传统村落主要集中在欠发达地区，因此保护的根本目的为激活发展、消除贫困，需要采取保护与活化并重的态度。在保护规划的内容方法上，阮仪三提出三个层次：宏观层次的保护范围、用地、交通、生活的规划，中观层次的建筑保护与更新，微观层次的重点地段整治，以真实性、完整性、整体性为原则。在保护策略上，各类研究针对不同地区乡村提出了适应性保护策略，从"共生"、"原型"、类型学、动力学、社会变迁、建筑分类保护、动态性等不同切入点展开，主要包括保护村落原始风貌、保护传统生活方式、健全保护机制等方面。在保护评估上，分为遗产资源评价体系、保护规划实施评估等，主要采取德尔菲法⑧、层次分析法⑨、文献借鉴法⑩获得评价指标和权重系数，以村民满意度调查、专家打分法获取评价结果，主要按照物质遗产与非物质遗产进行分类，为发现资源潜力和保护问题提供了参考。

针对未列入保护范围的村落更新，学界提出"有机更新"理念以延续村落肌理和村庄集体记忆。"有机更新"最早由吴良镛在北京菊儿胡同更新实践中提出，将城市整体视为有机

---

① 朱怀.基于生态安全格局视角下的浙北乡村景观营建研究[D].杭州：浙江大学，2014.
② 柴舟跃.发达地区转型时期村庄生态化更新规划与策略研究[D].杭州：浙江大学，2016.
③ 倪凯旋.基于景观格局指数的乡村生态规划方法[J].规划师，2013，29(9)：118-123.
④ 魏秦，王竹，张海燕.绿色窑居气候界面的形态模型菜单研究[J].建筑学报，2012(10)：22-25.
⑤ 王建华.基于气候条件的江南传统民居应变研究[D].杭州：浙江大学，2008.
⑥ 王竹，项越，吴盈颖.共识、困境与策略：长三角地区低碳乡村营建探索[J].新建筑，2016(4)：33-39.
⑦ 王韬.村民主体认知视角下乡村聚落营建的策略与方法研究[D].杭州：浙江大学，2014.
⑧ 李亮，但文红，黄娟.民族村落文化景观遗产保护评价研究：以雷山县控拜村为例[J].黔南民族师范学院学报，2014，34(1)：12-18.
⑨ 袁宁，黄纳，张龙，等.基于层次分析法的古村落旅游资源评价：以世界遗产地西递、宏村为例[J].资源开发与市场，2012，28(2)：179-181.
⑩ 周铁军，黄一滔，王雪松.西南地区历史文化村镇保护评价体系研究[J].城市规划学刊，2011(6)：109-116.

体,对建筑和街区的更新顺应城市肌理,在操作手法上即对建筑不同质量状况进行保留、修缮和重建的分类处理,道路保留街坊体系,新建筑与原宅型匹配[①]。此后"有机更新"理念被广泛运用于城市旧城区改造、城市历史区更新乃至乡村聚落更新和建筑改造中。雷振东针对乡村空废化现象提出整合和重构的有机更新策略[②];王竹和钱振澜对乡村人居环境的有机更新进行系统性阐释,提出"有机秩序修护、现代功能植入"理念,"低度干预、本土融合、原型调试"的营建策略与"更新共同体"的合作机制[③];从有机更新的必要性出发,不少学者从景观驱动力[④]、文化人类学[⑤]、乡土记忆[⑥]、旅游导向[⑦]等视角出发加以论证;大量研究基于山地河谷、平原水乡、海岛、西南山地等不同地貌乡村,工业型、旅游型等不同类型乡村以及窑洞型、筒屋型、围村型等不同形态的乡村分别提出了相应的有机更新策略。

（3）乡村旅游

伴随着传统村落保护活化利用的需求和多功能农业理论的运用,以古村落特色、乡野景观和休闲农业活动为吸引点的乡村旅游模式兴起。在旅游学视角下,乡村旅游的概念内涵、旅游动机、影响因素、客源市场分析、发展模式、旅游评价等研究丰富,充分肯定了乡村旅游对乡村经济发展、提高农民收入的积极作用,涵盖了农业生产、农产品加工、交通运输、住宿、餐饮、旅游接待等一、二、三产业[⑧],已形成田园农业、民宿风情、农家乐、村落文化、休闲度假等多种乡村旅游模式[⑨],建立了基于居民感知、游客评价、专家评估等数据来源的旅游评价体系[⑩]。在营建视角下,基于案例实证开展了旅游规划、民宿建设、空间演变等研究,根据传统村落文化的旅游规划与保护规划的相结合,确立合理的开发指数;基于自然与农业的休闲农业规划方法则涉及区位选择、土地利用、农地整合、产业轴线、体验活动等方面;综合性旅游规划策略可包括资源评价与价值整合、规模管控和空间划定、项目策划和活动创造、空间流动和精准投入等内容[⑪];空间设计策略涵盖了激发村民交往与游客交流的公共空间、因地制宜的民宿、兼具生活与人文的景观等;还有较多研究关注到旅游开发对乡村社区空间格局演化和重构的影响机制[⑫];乡村旅游建设存在的问题主要为改建古建

[①] 吴良镛.北京旧城居住区的整治途径：城市细胞的有机更新与"新四合院"的探索[J].建筑学报,1989(7)：11-18.

[②] 雷振东.整合与重构：关中乡村聚落转型研究[D].西安：西安建筑科技大学,2005.

[③] 王竹,钱振澜.乡村人居环境有机更新理念与策略[J].西部人居环境学刊,2015,30(2)：15-19.

[④] 王竹,沈昊.基于景观变化驱动力的乡村空间规划策略研究：以浙江莫干山镇劳岭村规划设计研究与实践为例[J].西部人居环境学刊,2016(2)：6-10.

[⑤] 黄丽坤.基于文化人类学视角的乡村营建策略与方法研究[D].杭州：浙江大学,2015.

[⑥] 严嘉伟.基于乡土记忆的乡村公共空间营建策略研究与实践[D].杭州：浙江大学,2015.

[⑦] 郑媛.旅游导向下的环莫干山乡村人居环境营建策略与实践[D].杭州：浙江大学,2016.

[⑧] 赵航.休闲农业发展的理论与实践[D].福州：福建师范大学,2012.

[⑨] 郭焕成,韩非.中国乡村旅游发展综述[J].地理科学进展,2010,29(12)：1597-1605.

[⑩] 李文兵,张宏梅.古村落游客感知价值概念模型与实证研究：以张谷英村为例[J].旅游科学,2010,24(2)：55-63.

[⑪] 杨正光,王智勇,张毅.旅游精准扶贫背景下的村庄"内涵式"再生规划策略[J].规划师,2018,34(12)：33-38.

[⑫] 张宇,范悦,吴捷.乡村聚落空间演化与旅游开发的关联机制研究[J].新建筑,2019(1)：106-109.

筑时易违背真实性原则、迁出居民丧失场所的真实性、游客容量超载对脆弱古村落产生破坏等①。

(4) 村民主体意识的强化

随着城市公共参与意识的提升和村庄自治的法律地位深化,政府推动、自上而下的模式陷入了不能充分反映民意、多头管理、建设重复、趋于城市化的局面,由此激发了针对村民主体意识、公共参与的规划与设计理论研究。从必要性角度看,村民主体、尊重村民意愿是基于土地和资产的集体产权、作为基本利益主体、建构符合生产生活方式的空间体系、促进农民现代化的必然选择②。从规划主导模式角度看,主要有三类,地方政府主导模式效率高但财政投入大;村庄自治主导模式村民参与度高但建设水平较低;开发公司主导模式则实施力强但主要关注经济效益、忽略民生与公共领域问题甚至易与村民产生利益争端,因此有关研究提出多元主体参与、上下结合的规划模式以整合优势、弥补劣势③、④。从村民参与的困境角度看,主要为程序性困境和实质性困境⑤,即规范性参与程序、中立组织机构和信息平台的参与制度缺乏,村民参与意识薄弱、自治水平不足、受教育程度较低、发表意见渠道不通畅的参与障碍⑥。从参与内容和方式看,需在调研、编制和审批阶段均开展村民对过程、程序、设计的参与,可采取村民问卷调研、入户访谈、工作坊等形式开展⑦。从规划师与建筑师的角色看,规划师需采取沟通规划的工具,其角色需由从专业精英向协调各方利益、转达村民诉求的协调者转变,建筑师则从设计主角转为协助设计者,担任传统工法的学习者、聚落应对智慧的梳理者、现代技术的引导者、建设活动的参与者以及整体过程的沟通者与协调者,需从村民主体视角出发充分理解乡村多维的建造特征,以引导式规划与设计的村民自主参与、设定边界和范围的过程建造、彼此监督制约的适度高密度建造为策略开展营建⑧、⑨、⑩。

(5) 国内研究进展归纳:从空间到多元议题

国内的乡村人居环境研究,从最初的空间视角切入,逐步与国外跨领域、综合化研究趋势同步,同时期呈现了应对生态危机、保护意识、产业发展以及主体内生意识等多元议题,乡村营建的内涵在内容与主体上均得到了延伸。不过,应对小农的现代转型与主动应对风险需求等乡建新趋势,仍然缺乏相关研究。

---

① 仇保兴.中国历史文化名镇(村)的保护和利用策略[J].城乡建设,2004(1):6-9.
② 乔路,李京生.论乡村规划中的村民意愿[J].城市规划学刊,2015(2):72-76.
③ 潘莎娅,黄杉,华晨.基于多元主体参与的美丽乡更新模式研究:以浙江省乐清市下山头村为例[J].城市规划,2016(4):85-92.
④ 戴帅,陆化普,程颖.上下结合的乡村规划模式研究[J].规划师,2010,26(1):16-20.
⑤ 许世光,魏建平,曹轶,等.珠江三角洲村庄规划公众参与的形式选择与实践[J].城市规划,2012,36(2):58-65.
⑥ 王雷,张尧.苏南地区村民参与乡村规划的认知与意愿分析:以江苏省常熟市为例[J].城市规划,2012,36(2):66-72.
⑦ 同⑤.
⑧ 王冬.乡村聚落的共同建造与建筑师的融入[J].时代建筑,2007(4):16-21.
⑨ 贺勇,孙炜玮,马灵燕.乡村建造,作为一种观念与方法[J].建筑学报,2011(4):19-22.
⑩ 王竹,王韬.主体认知与乡村聚落的地域性表达[J].西部人居环境学刊,2014(3):8-13.

2.2 促进农业农村现代化的政策与实践评析

2.2.1 国外相关政策与实践启示

(1) 欧洲生产主义到多功能的乡村政策与实践

随着对乡村功能认知的完整化,欧洲国家的农业农村现代化政策呈现"生产主义—后生产主义—多功能乡村"的变化过程。

欧洲发达国家的农业农村发展主要得到欧盟政策支持[①]。1962年欧共体(于1993年合并为欧盟)形成统一农业市场,其"共同农业政策"(Common Agricultural Policy,简称CAP)中,以生产主义为原则,实行农产品价格保护与补贴、农业技术机械化与自动化、农民的职业培训、青壮年从事农业的鼓励政策以促进农业的生产发展。1977年出现大量农产品生产过剩的问题,农业预算占到欧共体总预算的50%以上,政策由此转向协调生产过剩与农业生产污染的"后生产主义"。基于1988年提出的"农业多功能理论",CAP的政策体系包括了"农业发展政策"和"乡村发展政策"两个支柱,其在2014—2020年进一步将执行目标明确为三方面:一是实现适应需求变化的粮食生产,以提高欧盟农业竞争力;二是应对自然资源紧缺和环境变化,保护自然以提升农业发展的可持续能力;三是实现乡村区域平衡发展,更有效地实行乡村综合发展政策[②]。欧盟"共同农业政策"也给予了各国因地制宜实施的自由,呈现了不同的模式。

法国是欧盟农地面积最大的国家,以城镇化率趋缓的1970年代为时间节点,其乡村现代化主要分为两个阶段。第一阶段为二战后至1970年代以农业现代化为核心的时期。由于战后乡村农业机械化程度低、农业技术落后、小农分散经营等问题束缚了大量劳动力[③],而城市与工业发展亟须大量劳动力,法国因此开展了推进机械化、农场合并规模化的提高农业生产力政策,以及鼓励剩余劳动力转移的"离农政策"[④],催生了"光辉三十年"的快速城镇化现象,城镇化率由1946年的53.2%上升至1975年的72.9%,30年间增加了19.7%,此间大量的乡村人口外流也激发了乡村衰落危机。第二阶段为"乡村整治"的综合发展期,1970年代通过乡村土地的合理利用和环境保护,在保证农业高效生产的同时,促进乡村工业和服务业发展,完善各项公共服务与基础设施,城郊乡村出现人口回流;1990年代,以"薄弱乡村"为扶持重点,以"补短式"政策调整产业结构,促进经济多样化发展;2000年以后推行"卓越乡村"[⑤]项目以"取长式"政策挖掘不同乡村各自的差异化发展路径,带动乡村地区文化、旅游、生态、科技等特色产业发展。通过一系列的乡村政策调整,法国城镇化速率放缓,1975年至2018年的

[①] 付岩岩.欧盟共同农业政策的演变及启示[J].世界农业,2013(9):54-57.
[②] 刘武兵,李婷.欧盟共同农业政策改革:2014—2020[J].世界农业,2015(6):65-69.
[③] 汤爽爽,冯建喜.法国快速城市化时期的乡村政策演变与乡村功能拓展[J].国际城市规划,2017,32(4):104-110.
[④] 黄文杰.法国政府的农业政策及其作用[J].欧洲研究,1988,6(3):27-31,35.
[⑤] 李明烨,王红扬.论不同类型法国乡村的复兴路径与策略[J].乡村规划建设,2017(1):79-95.

40余年间只增加了7.9%,达到80.8%,乡村人口稳定回流,乡村整体上呈现为功能多样、环境优雅、文化凸显的复兴特点①;在农业方面,2010年农业经营主体由1955年的230万个降至49万个,占人口比重极小,农场平均规模达54公顷(图2-1),70%为家庭经营②。

图2-1 法国波尔多规模化的农业区
(来源:作者自摄)

荷兰是欧盟内人地关系高度紧张的国家,却是世界第二大农产品出口国,第一次世界大战(以下简称"一战")后的粮食紧缺问题使得荷兰较早积极致力于农业现代化,成为促成欧共体(1993年发展为欧盟)统一农业市场、制定农业政策的重要国家,其对乡村的现代化建设分为三个时期。一战至二战期间为以"土地整理"为核心的农业现代化时期③。早在1820年代,荷兰基于土地紧张的危机意识便已完成了全国国土的人工化改造,农用地占国土面积的64%,但由于继承、婚姻等社会关系变化,土地所有权细碎、交叉不利于机械化的农业现代化,因此促成了1924年《土地整理法案》(The Land Consolidation Act)的生成。在当时的农业部长蒙索尔特(S.L. Mansholt,欧共体创始人之一)不遗余力地推行下,全国范围内开展了积极的土地整理,进行土地产权调整、连接合并等土地划分优化(图2-2),改善水管理和道路基础设施建设,集中、规整、大尺度的土地布局加快了农业机械化、高效化发展,也形成了荷兰规则、长条形、连续的典型农业景观形态④。二战后至1985年间的过渡期,加强土地整理以促进农业生产,同时调整农业结构,以牧业、奶业和高附加值的园艺业作为产业化、集约化和机械化的主要发展内容,并于20世纪70年代发展资金密集型的高效设施农业而获得国际竞争力;此外,政策逐步关注到乡村的多种土地利用方式,以预留5%的土地用于自然保护、休闲娱乐和村庄改造等用途,逐步完善公共服务均等化,并开始反思大

---

① 李明烨,汤爽爽.法国乡村复兴过程中文化战略的创新经验与启示[J].国际城市规划,2018,33(6):118-126.
② 周应恒,胡凌啸,严斌剑.农业经营主体和经营规模演化的国际经验分析[J].中国农村经济,2015(9):80-95.
③ 张驰,张京祥,陈眉舞.荷兰乡村地区规划演变历程与启示[J].国际城市规划,2016,31(1):81-86.
④ Manten A A. Fifty years of rural landscape planning in the Netherlands[J]. Landscape Planning, 1975(2): 197-217.

尺度整治农地带来的乡村文化景观消失问题,逐渐注重保留农地的历史结构和保护生态栖息地①。1985年的《土地开发法案》标志着荷兰正式进入以"土地开发"为核心的乡村多元发展期,娱乐、自然和历史景观保护被置于与农业生产同等重要的地位,乡村规划不再以农业优先而是以居民的多元需求为导向,并通过城市扩展限制线("红线")和乡村禁止开发控制线("绿线")保护自然环境景观边界,注重保存乡村文化、培育乡村生机。如今,荷兰农业经营主体占比很低,2010年仅7.2万个,而其中94%为家庭经营,平均农场规模为26公顷②,以机械化、设施化的高效农业为主,同时由于良好的乡村空间规划管控,即使是在高度城市化的阿姆斯特丹、鹿特丹、海牙及乌得勒支四大城市形成的城市群兰斯塔德地区仍保有广阔面积的"绿心"区域③。

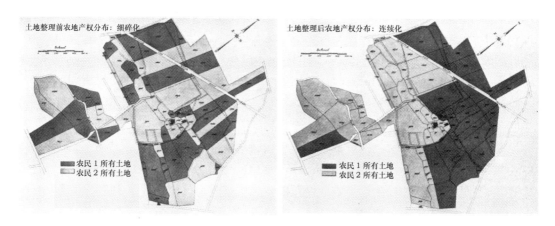

图2-2 土地整理时期的农地连接、产权调整案例

(来源:郭巍,侯晓蕾.从土地整理到综合规划 荷兰乡村景观整治规划及其启示[J].风景园林,2016(9):115-120.)

(2)美国的家庭农场规模经营与乡村法规管控

美国作为一个移民国家,没有三农问题的历史负担,是世界上最早实现农业产业现代化的国家。在生产主义驱动下,美国农业凭借规模化、专业化、科学化、高度机械化、私有产权明确化的家庭农场,依托组织化农民合作社提供的产前、产中、产后完善服务体系,形成覆盖贷款、补助资金、自动化信息化农机、农业生物技术以及自由流转的土地等农业要素市场的产业化市场体系,建立门类齐全的法律保护和农业补贴政策,实现了世界农产品出口第一的地位④。截至2016年,美国仅2%人口从事农业,平均经营规模高达170公顷,94.5%的农场为家庭经营。

而从乡村的居住、生态、文化等多功能角度出发,美国乡村空间建设则长期受到分区规划(Zoning)、宅基地规范、《清洁空气法》等完善法规体系的严格管控⑤。土地利用受分区规

---

① 郭巍,侯晓蕾.从土地整理到综合规划 荷兰乡村景观整治规划及其启示[J].风景园林,2016(9):115-120.
② 周应恒,胡凌啸,严斌剑.农业经营主体和经营规模演化的国际经验分析[J].中国农村经济,2015(9):80-95.
③ 王晓俊,王建国.兰斯塔德与"绿心":荷兰西部城市群开放空间的保护与利用[J].规划师,2006(3):90-93.
④ 李腾飞,周鹏升,汪超.美国现代农业产业体系的发展趋势及其政策启示[J].世界农业,2018(7):4-11,222.
⑤ 叶齐茂.美国乡村建设见闻录[J].国际城市规划,2007(3):95-100.

划控制,严格把握土地开发速度,具体管控包括功能分区之间的景观缓冲带、宅基地的规模和后退、道路的宽度和适应地形的布局、地块建筑数量布局和容积率、建筑物的高度面积与后退,其细化程度已达到城市设计尺度;规划需要得到居民同意,充分保障公众利益与表达权利,也确保了土地的合理开发预期,稳定土地市场价格;以严格法规来管理排污与垃圾倾倒,保护绿地、水体等公共开放空间;以"贷款担保""区位首选"和"建设标准"等优惠政策制度引导地区建筑风格的延续,鼓励独户住宅而非联排公寓以保存地方肌理,并以地方的乡村设计导则作为建设指引;建设基础设施早在二战后便已达到了较高的现代化水平,在目前更新老旧设施过程中,以政府拨款援助和社区贷款支持相结合的方式,引导村民参与并保证公共需要。

(3) 东亚发达国家的小农与乡村现代化

日本土地资源紧缺,可耕地比例仅占国土面积的12.5%,2010年农业人口平均经营耕地面积为小规模的1.18公顷,以家庭经营为主,其小农及乡村现代化历程源自二战后经济复苏时期的三次"新农村建设"[①]。1955年首次提出"新农村建设"构想,在已确立的小农制经营模式下,41.1%人口为农业就业人口,政策对乡村和农业提供大量助农投资、贷款和补贴,通过长达7年的建设显著提升了农业总产值与农户收入,日本农户年平均收入1962年比1957年增加了47%。1967年为进一步缩小城乡差异、消除环境污染开展了第二次"新农村建设",给予大幅补贴及贷款推进乡村的基础设施规划与建设,引入非农产业,提高乡村在地就业与非农就业;通过开发中小型农机适应多山地、丘陵、分散地块的土地特征,进行农机推广;并加强职业农民教育、为退出农业经营的老人提供养老保障。截至1975年,日本农业从业人口比例已降为13.8%[②],家庭农场平均规模有所提升,基本实现了农业的机械化、化肥化、水利化和良种化等现代化建设。20世纪70年代末,日本遭受石油危机而经济衰退,政府鉴于财力不足的限制,针对青年人口外流的乡村"过疏化""老龄化"现象,提出以乡村社区为主导、开展自我发展的"造村运动"(即造町运动),充分发挥村民主体作用而进行地方自我振兴,其中以每个村开发至少一种特色产业的"一村一品"运动最具影响力。由此,农业从业人口占比进一步减少并转向环境友好型的精确农业,小型机械化使得农业从业人员能够以兼业方式进行农业经营。其中,绝大部分农民参与"农业协同组织"(简称农协),高度组织化的农协是服务领域广泛、结合农业生产与日常生活的综合型国家性合作社,承担乡村经济功能、提升农民交易地位、形成全国性的综合服务网络、组织社会活动、推进农业现代化和乡村建设[③]。可以看到,日本的小农与乡村的现代化之路主要得益于政策支持、农业人口转移、中小型农机机械化、知识化、农协组织化等外源支持和内生动力的共同作用。

韩国于1970年开始开展的"新村运动"是其农村农业现代化建设的肇端。二战后韩国经济取得重大发展,但城乡贫富差距失衡、乡村人口外流,1970年农户平均收入降至城市居民的61%,为解决农村和农民问题,由此开展"新村运动"。首先开展的是政府主导的物质空间和农业现代建设,道路、公共设施的建设提升了乡村居住生活水平,农田水利设施建设、

---

① 黄立华.日本新农村建设及其对我国的启示[J].长春大学学报,2007(1):21-25.
② 张文伟.论二战后日本小农体制与农业现代化[J].上饶师范学院学报,2001,21(2):48-53.
③ 张晓青,杨靖,多英学.国外农业合作社发展模式比较及经验启示[J].黑龙江畜牧兽医,2018(22):34-37.

发展多种经营、加强特色种植业、开展农工开发区促进了乡村产业发展,城乡差距得到缩小;其次开展的是国民自发运动,政府通过提供财政和技术支持,以无偿提供水泥等建材物资、推荐标准住宅图纸、委派技术人员指导建设等方式鼓励农民进行自主建设新农村,培育农民精英,激励农民"竞争—合作"观念,根据乡村的能动性划分基础村、自助村和自立村来给予不同的政策资助,支农资金通过农协直接发放到户。新村运动使乡村的物质环境得到显著提升,改善农村公路、优化住房条件、覆盖农村电气化与自来水、兴建村民会馆等公共活动场所,城乡发展趋于均衡,1995年,农村人均收入回升到城市居民人均收入的95.5%,恩格尔系数达21%,达到中等发达国家水平[①]。

(4)启示

发达国家的人口城镇化发展早于其乡村现代化转型时期,并且拥有较为雄厚的国民经济实力,因此农业人口转移压力与经济发展压力相对较小。如法国、荷兰、日本均在二战后开始进行农业现代化,当时各国的城镇化率都已经超过50%,农民数量已经相对较低,因此农民的身份转换、产业转型相对较为顺利(图2-3)。我国自2003年才开展新农村建设,在人口基础庞大、农民总数巨量、农民身份转换问题更为突出的背景下(表2-3),发达国家的农业农村现代化路径难以直接套用在我国国情中。

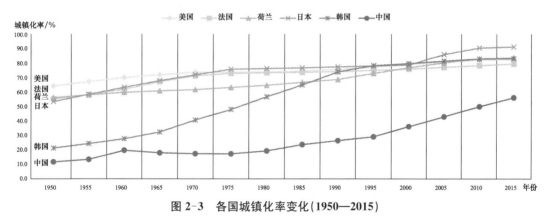

图2-3 各国城镇化率变化(1950—2015)

(来源:作者自绘;数据来源:联合国经济和社会事务部.人口数据统计[EB/OL].(2019)[2019-06-28]. https://population.un.org/wup/DataQuery/.)

表2-3 发达国家农业与我国情况对比

国家	城镇化率 (2018年)/%	农业主体数量及从业人口比例	农场平均规模/ 公顷	家庭经营 所占比例/%	组织化方式
美国	82.3	约640万;2% (2016年)	170 (2016年)	94.5 (2016年)	合作社
法国	80.4	49万个;1% (2010年)	54 (2010年)	70 (2010年)	合作社

---

① 杨贵庆.农村社区:规划标准与图样研究[M].北京:中国建筑工业出版社,2012.

(续表)

国家	城镇化率 (2018年)/%	农业主体数量及从业人口比例	农场平均规模/公顷	家庭经营所占比例/%	组织化方式
荷兰	91.5	7.2万个;2% (2010年)	26 (2010年)	94 (2010年)	合作社
日本	91.6	约430万;3.4% (2002年)	1.18 (2010年)	99.7 (1975年)	农协
韩国	81.5	约369万;7.7% (2002年)	1.36 (2000年)	—	农协
中国	59.58	2亿;14.3% (2018年)	0.7 (2017年)	97.1 (2017年)	初步开展合作社

(来源：作者整理自绘)

但发达国家在以家庭为生产单元、小农组织化等现代化路径的操作细节方面，对我国仍有一定参考价值。在生产规模方面，欧美国家呈现为大规模农场现代化路径，东亚日韩国家为小规模农业现代化路径，根据我国的小规模土地格局和破碎地形背景，应特别借鉴日韩的小农现代化道路，而非单一地关注农业的大规模化。在农业经营方式方面，发达国家均仍以家庭经营为主要组织方式，这与农业工作强度的变化性、家庭成员的积极性和易监管性、机械化使劳动力需求减少等农业特性相符合，是高效的经营模式，对我国家庭农场的关注与扶持产生示范效应。在组织化程度方面，欧美国家的合作社和日韩国家的农协组织均有效地促进了农业经营者的联合和组织，为其提供高效有益的产业服务，共同抵抗市场风险，提高农民的市场竞争力，为我国小农组织化提供了有效的参考路径。

2.2.2 国内乡村政策与营建实践

(1) 从一号文件看乡村政策的制度转型

自2004年我国提出"建设社会主义新农村"以来，政府开始持续重点关注乡村；2017年提出"乡村振兴"战略后，乡村优先发展更是被提到了战略地位的高度。国家各个部门、各级政府发布的乡村政策丰富多元，涵盖了乡村建设的方方面面，难以梳理出清晰的脉络，而自2004年来每年中央发布的一号文件，聚焦三农问题，具备清晰的发展主线，是追溯乡村政策转型的有效分析文件。为便于解读，选取连续16年的一号文件，根据关键词的变化，评析我国乡村政策在扶持主体、产业模式及关注范畴的制度转型(表2-4)。

在扶持主体方面，呈现由大规模经营主体到小农户个体的变化。2004年起率先关注产业化经营的龙头企业，注重其对农民的带动效应；2006年《中华人民共和国农民专业合作社法》颁布之后，专业合作社、适度规模的家庭农场、专业大户成为新型生产经营主体，新增政策补贴向这几类主体倾斜；而"乡村振兴"战略提出后，2018年首次关注到小农户个体，要求开展小农户和现代农业发展的有机衔接。由此，扶持主体从规模农业的大型企业到适度规模农业的中小型团体，最后到小微规模农地的农户，也一步步真正落实到农民个体上。

在产业模式上，符合"生产主义"到"多功能乡村"的转变历程。政策初期"以粮为纲"，重点关注乡村农业作为粮食供应地的功能,积极促进农民的种粮积极性、培育大型优质粮食基地;2007 年,首次提出发挥农业的多功能价值,除了粮食保证,还具备原料供给、就业增收、生态保护、观光休闲、文化传承的多元功能,并积极促进乡村生态旅游、休闲农业的发展;而在 2015 年,则系统性地提出"一、二、三产业融合发展",从全产业链的角度看待乡村的产业价值和发展趋势。可见,产业模式经历了只关注农业、发现农业多功能价值到全产业链的系统化过程。

在关注范畴上,围绕着"农村、农业、农民"三农问题的一号文件,在前期实质上是围绕着"农业""农民"增收开展政策扶持,并未涉及"农村"人居环境建设,直至 2015 年才出现"村镇"综合建设内容,与"社会主义新农村""美丽乡村"等建设要求并轨,逐步指出建立"宜居宜业特色村镇"。与此相适应,2018 年国务院部委调整中,农业部与其他部门中的涉农职责合并重新组建为"农业农村部",强调了"农村"这一具有空间尺度的内容。至此,三农政策关注的不再仅仅是"农业"产业问题,更是综合的"农村"建设发展问题。

表 2-4 各年一号文件中的相关内容演变

年份	扶持主体		产业模式		关注范畴
2004	规模农企	支持农业产业化的龙头企业	农业粮食功能	发展粮食产业; 农业产业化经营	农业发展 农民增收
2005		加大支持多种经营形式的农业产业化龙头企业,带动基地和农户发展		调动种粮积极性; 加强粮食主产区支持; 发展农业产业化经营	
2006		培育龙头企业和企业集群与农户有机结合、让农民得到实惠		保证粮食供给; 生态安全的农业结构; 产业化经营,循环农业	
2007		积极发展龙头企业、种养大户、农民合作组织等		现代农业建设; 开发农业多种功能	
2008		龙头企业与农民利益共同体;农民专业合作组织、科技示范户和种养大户		粮食+菜篮子; 农业基础设施; 乡村旅游	
2009		农民专业合作社、龙头企业、专业大户、家庭农场		农业物质支持体系;农业产业化经营;生态旅游	
2010	规模农企+中小组织	种粮大户、农民专业合作社;支持龙头企业提高带动能力	农业多功能	农业生产经营组织化; 休闲农业、乡村旅游、森林旅游	
2011		—		水利基础设施	
2012		主产区、种养大户、农民专业合作社;支持合作社参股企业		粮食+菜篮子; 农业设施; 森林旅游、林下经济	
2013		发展新型农民合作组织;扶持联户经营、专业大户、家庭农场;壮大龙头企业		农产品供给; 农产品加工业; 乡村旅游和休闲农业	
2014		农民合作社、家庭农场、农业产业化龙头企业		粮食安全保障;粮食加工业; 生态友好型农业	

（续表）

年份	扶持主体		产业模式		关注范畴	
2015	规模农企＋中小组织	规模适度的农户家庭农场，主产区和新型农业经营主体	一、二、三产业融合发展	粮食生产和安全；农业多种功能；一、二、三产业融合发展	农业＋农民＋农村	扶持建设一批具有历史、地域、民族特点的特色景观旅游村镇
2016		家庭农场、专业大户、农民合作社、农业产业化龙头企业等新型农业经营主体		农业质量；家庭手工业和农产品加工业；休闲农业和乡村旅游；一、二、三产业融合发展		开展农村人居环境整治行动和美丽宜居乡村建设
2017		新型农业经营主体；家庭牧场		农业提质增效；现代食品加工业；电商；大力发展乡村休闲旅游业；一产二产三产深度融合		培育宜居宜业特色村镇
2018		家庭农场、合作社、龙头企业、社会化服务组织和农业产业化联合体；促进小农户和现代农业发展有机衔接		农业生产基础；农产品加工业；电商；振兴传统工艺；休闲农业和乡村旅游精品工程；一、二、三产业融合发展体系		实施休闲观光园区、森林人家、康养基地、乡村民宿、特色小镇；利用闲置农房发展民宿、养老等项目
2019	规模农企＋中小组织＋小微个体	突出抓好家庭农场和农民合作社两类新型农业经营主体，培育农业产业化龙头企业和联合体；落实扶持小农户和现代农业发展有机衔接		发展乡村新型服务业；发展适应城乡居民需要的休闲旅游、餐饮民宿、文化体验、健康养生、养老服务等产业		农村人居环境整治三年行动、村庄基础设施建设工程、提高农村公共服务水平、加强生态环境保护、强化乡村规划引领

（来源：作者整理自绘）

(2) 从空间更新、产业融合到村民主体的营建实践历程

基于逐步完善的乡村建筑与聚落基础理论研究，乡村空间的价值逐步彰显，为建筑师、规划师的下乡实践提供有力的设计工具；而根据建筑规划师们在乡村实践中的切入点不同，这些实践都有其个案的独特性，其对乡村建设的整体实践方向都产生了深远影响，最终呈现为从空间更新、融合产业到村民主体的实践演进。

① 从建造视角切入

在以建筑学为本体的建造层面，各类建筑师实践的着眼点不同，也呈现出不同的设计特质。

通过本土民居营造体系形成乡土建筑的文化传承和现代表达。王澍提取乡土材料和传统工法，创建了融合夯土墙、砌块编织、瓦爿墙等乡土审美符号与现代空间尺度的新本土设计风格，并在富阳文村居民住宅安置项目中得以实践，在现代的结构框架内再现当地杭灰石与白墙的材料地域性，天井空间的置入与有机的规划布局使新安置点延续了原村落的肌理形态，也提升了村民的审美水平。但由于夯土在发达地区乡村人工费用高昂导致造价偏高，而对居民生产生活复合需求的失虑则导致半数民居被空置而最终转型为面向旅游者的民宿空间。

以谢英俊、朱竞翔、穆钧为代表的建筑师则关注低技、低成本建造，旨在为贫困乡村提供便捷的施工技术，使村民能以自己的力量改善人居环境。谢英俊倡导"协力造屋"，通过简化轻钢结构的装配、融合传统建造智慧来降低造价，并以开放体系让村民自主发挥，引导村民

快速、安全地建造属于自己的"常民建筑"①。朱竞翔致力于轻量建筑系统,通过对轻钢框架、木集成材等材料集成的探索,开发了复合系统、箱式系统、板式系统、框式系统和空间板式系统,最终建成的建筑具备结构稳定、空间美观、物理性能优良、施工效率高、造价经济、可由当地工匠建造的多方面优点②。穆钧及其团队根据生土建筑自身具备的蓄热性能优良、材料易得性、施工简易性且在西部地区造价低廉的优势,对分布广泛的传统生土建筑开展现代夯土建造技术的探索,基于夯土土沙比例的改良和既有夯筑机具的改造大大提升了耐水性、防潮性及抗震性,建构了一套适合贫困乡村的现代夯土施工方法;又通过对模板体系的改造进一步降低造价和施工难度,利于灾后重建项目中村民开展邻里互助式建房,降低造价、提升村民建造能力,并重新凝聚了乡村的认同感③。这些建造手法在灾后重建地区、偏远地区获得了广泛运用,充满社会人文关怀。

② 从公共空间视角切入

在下乡实践中,广大建筑师不约而同地选择学校、博物馆、村民活动中心、桥等公共空间作为切入点,关注村民日常生活,试图以"针灸式"的空间更新提升乡村空间的生活品质。李晓东在云南丽江纳西村落的玉湖完小,运用本地卵石、木材等特色地域材料,在形态上突破传统合院布局,形成"本土与现代的融合"。华黎在云南腾冲的高黎贡手工造纸博物馆中,展示当地乡村的手工造纸文化,对造纸工艺与流程、当地建筑的习惯做法与材料造价、场地环境与气候进行综合考虑后,在田野环境的基地中以小体量单体构成聚落的手法,传达手工造纸文化的生态性,并让博物馆成为浓缩的村庄空间体验,依靠本地丰富的木材资源和木构工法实现在地建造;博物馆运营则由投资人与村民形成的合作社共同管理④。徐甜甜在浙江松阳的平田农耕馆,改造自破败的农舍,修补结构质量尚可的夯土墙,将内部破损严重的木结构更换为现代木构体系,整修屋面和地面,"新旧融合"的手法既保留了乡村建筑的记忆也满足了现代功能需求。line+工作室在浙江富阳设计的东梓关村民活动中心,为回迁居民提供了公共活动的场所,连续的大屋檐下为较小尺度的单元空间,能够承载多元丰富的村民生活;青砖、石材、木材等传统材料的运用增强了自然传统氛围;一层设置了始终对外开放的灰空间,引导村民的高频使用;此外村民也参与施工、建设,共建共享"村庄的活力源"⑤。

在这一系列新建或改造的乡村公共空间实践中,建筑师基于对乡村建筑文化的认同开展了现代地域建筑的实验,在建筑学层面探索了传统材料与现代材料的结合、聚落空间的延续与革新,并取得了充满乡愁情怀又极具品质的设计成效。

③ 从产业发展视角切入

产业发展的重要性愈发凸显,完善的乡村规划不仅包括物质空间的布局,更需突出产业的规划与经营,以保持乡村的经济活力;而资本下乡助力乡村产业发展之时,设计成为激活

---

① 窦瑞琪,龚恺.三个阶段,三种策略:乡村自建房与协力造屋的案例比较与经验借鉴[J].西部人居环境学刊,2016,31(4):49-57.
② 陈科,朱竞翔,吴程辉.轻量建筑系统的技术探索与价值拓展:朱竞翔团队访谈[J].新建筑,2017(2):9-14.
③ 穆钧,周铁钢,蒋蔚,等.现代夯土建造技术在乡建中的本土化研究与示范[J].建筑学报,2016(6):87-91.
④ 华黎,黄天驹,李国发,等.高黎贡手工造纸博物馆[J].城市环境设计,2011(Z3):292-305.
⑤ 孟凡浩.大屋檐下的小世界 东梓关村民活动中心[J].室内设计与装修,2019(2):114-117.

产业的切入点,建筑师设计的精品经营性建筑成为乡村旅游业发展的基点,乡建项目进一步丰富。2008年浙江德清莫干山"洋家乐"开启了"精品民宿"开发浪潮,此后又衍生出传统工坊式的经营。有别于简陋低端的"农家乐",精品民宿租用村民自宅进行设计改造,营造乡野氛围、保留传统风格、兼具现代生活舒适性,这些设计亮点吸引着城市居民来到乡间进行生活体验。如张雷在浙江深奥古村将传统建筑改造为书局与民宿;何崴在浙江松阳将夯土老房子转换为青年旅社;徐甜甜在浙江松阳的红糖工坊、豆腐工坊及油茶工坊系列则成为一种新建筑类型的当代乡村工坊,融传统特产加工、游客体验、村民活动为一体,催生了产业发展、社区激活、种植景观恢复①。

这一系列乡村价值的提升得益于资本与设计的结合,特别是在发达地区涌现的"民宿化""工坊化"潮流,为乡村带去了产业发展的活力;但在资本取得收益、建筑师收获作品与名誉的同时,村民的话语权及利益是否得到充分体现是在乡建热潮下需要冷静思考的。

④ 从村民利益视角切入

如火如荼的乡建态势下,具有社会责任感的建筑师们逐渐认知到以村民利益为基点的必要性,自我造血式的乡建实践才能直面乡村发展的痛点。王竹带领的乡村人居环境研究团队在湖南韶山的华润希望小镇建设中,征询村民的真实生产生活需求,以有机更新理念,开展村域、公共建筑、农宅的更新②,并作为协调者建构了集政府、企业、村民、设计方为一体的"乡村更新共同体",不仅提升了原本原子化村民的凝聚力、提高了村民的话语权,还在后期直接推动产业帮扶的合作社建立,通过组织重塑开展农产品和服务产品的升级,推动了社会经济的长效发展③。王伟强团队④在广西百色希望小镇中集改造建成环境、重构社会组织、扶持经济产业为一体,通过提高集体积累促进乡村发展。内生发展的乡建依托多元主体的共同参与才能达成,建筑师与规划师的角色发生转变,担任了动员村民参与、扶持经济产业发展的协调者。

可以说,国内的乡村建设实践经历了从仅注重物质空间更新、到意识到产业发展的重要性、再到认知到村民主体地位必要性的演化过程,乡村建设已成为集物质空间、产业经济与社会组织为一体的综合性实践,需要跨领域、综合性地应对复杂多变的乡村问题。(表2-5)

（3）启示与不足

从国内的政策转型来看,乡村营建的相关制度越来越注重小农个体的发展与现代化转型;而乡村营建的落地性实践,尽管已经呈现了从空间到产业再到村民主体性的转变,但仍未能融合小农现代转型、组织化的趋势与需求。因此,亟须探求小农现代转型政策下乡村营建的新策略与新方法。

---

① 贺勇.源于土地与日常生活的诗意建造 蔡宅豆腐工坊与横樟油茶工坊[J].时代建筑,2019(1):60-69.
② 王竹,傅嘉言,钱振澜,等.走近"乡建真实" 从建造本体走向营建本体[J].时代建筑,2019(1):6-13.
③ 王竹,钱振澜."韶山试验" 构建经济社会发展导向的乡村人居环境营建方法[J].时代建筑,2015(3):50-54.
④ 王伟强,丁国胜.中国乡村建设实践的历史演进[J].时代建筑,2015(3):28-31.

表 2-5　国内乡村营建实践切入视角的流变

	项目案例	
建造视角	 王澍/文村:体现本土民居营造体系	 谢英俊/地球屋:002号使用薄壁轻钢
公共空间视角	 李晓东/桥上书屋	 line+工作室/东梓关村民活动中心
产业发展视角	 直造建筑/莫干山庾村民宿	 徐甜甜/松阳红糖工坊
村民利益视角	 王竹团队/韶山华润希望小镇:乡村更新共同体合作机制	

(来源:作者自绘)

2.3 本章小结

本章对乡村人居环境的理论与实践研究展开了评述与解析以获取启发、发现不足。在理论方面,从响应危机、以问题为导向的角度梳理理论研究的演进过程,国内外均呈现了应对环境危机、城市化与现代主义冲击、经济衰退、公共参与不足等不同风险的乡村研究;在政策与实践方面,主要从欧美、日韩等发达国家的农业农村现代化经验中提取对我国乡村发展的启示,并对我国乡村政策和营建实践的发展转变进行了总结。总的来说,乡村人居环境营建的研究正在系统化、体系化,但在我国"乡村振兴"战略下,针对目前出现的乡村建设的新趋势,仍无法充分应对,存在以下缺失,亟待更多研究补足。

(1) 小农产业单元的未融合

尽管既有研究越来越体现出交叉学科的倾向性、认知到产业发展在乡村建设中的重要性,但较少文献基于我国乡村将长期保持"大国小农"国情的出发点,产业融合的相关主体往往以大规模农业或外来资本为考虑点,未能充分考虑小农家庭产业单元和其组织化潜力,忽略国外既有研究尤其是日韩小农现代化路径的启示,致使现有乡村研究缺乏融入小农产业单元的研究路径。

(2) 村民主体地位与小农组织化的未整合

既有研究与实践已关注到显性的物质空间改造被过度关注,而较为隐性的产业发展、村民福利等真实需求却受到忽略的困境,发现村民主体利益在以权力和资本为主导的乡建模式中易受损害的现象,并显著提高对村民主体地位的关注度,对于村民利益、公共参与、社区营造的研究成果正在丰富化。但从整体来看,这些研究主要基于原子化的村民而较少从村民组织化的视角展开,缺乏在营建过程中整合村民主体地位与小农组织化的研究,需对必要性、实现路径、实施策略进行充分解析与探讨。

(3) 不确定风险应对的未满足

我国正处于快速城镇化时期,乡村的发展面临着城镇化、市场化、环境变化等复合化的不确定外部扰动,乡村内部的主体也呈现复杂化和多元化,既有文献主要针对特定风险展开,缺少面临不确定风险而进行主动适应的针对性研究。在复杂适应系统理论下的韧性理论是主动适应风险的新工具,在城市领域已有丰富"韧性城市"研究,以应对不同的环境变动风险;而如何将"韧性"理念运用在"乡村",尤其是从空间营建的视角理解乡村韧性,并融合小农产业单元和村民组织化来建构具备可操作性的策略,对乡村振兴目标具有重要意义,需进行进一步探索。

3 "韧性乡村"的理论基础

3.1 乡村作为复杂适应系统的基础认知

韧性理论建构在复杂适应系统主体具有主动适应环境的认识论基础之上,CAS理论被认为是传统系统论之后的第三代系统论[①]。

3.1.1 传统概念下的系统论

(1) 第一代系统论:一般系统论、控制论和信息论

一般系统论、控制论和信息论是第一代系统论,即常说的"老三论",于20世纪40年代被提出,标志着现代系统科学的创立。"整体不同于部分之和"这个难解的古老之谜,难以用传统科学研究的机械论解释,而系统论的出现开始从"事物作为一个有机整体"的角度进行有效解答,揭示了整体与部分的关系,并在相关工程领域取得运用。

1945年美籍奥地利生物学家贝塔朗菲发表《一般系统论》,运用数学和逻辑学探求系统的模式、原则和规律,提出系统具备有组织的整体性、开放性和等级性这3个特性。1948年美国数学家维纳出版《控制论》,通过随机预测等数学模型将生物体特有的"反馈"及"目的性"的行为特征赋予机器,使自动控制系统能够应对环境变化进行自我调整[②]。同年,美国数学家申农发表的《通信的数学理论》则是信息论创立的标志,其将系统间信息的传递定义为"通信",将信息与熵(体系混乱程度的度量)联系起来,认为信息是负熵,能有效提高系统的组织程度和有序程度。

第一代系统论均致力于解决以"机器"为中心的工程领域问题,突破了传统的研究方法,认知到整体是一个"系统"并且具有非线性的"复杂性",但对于以"人"为中心的社会经济领域仍有较大的应用局限[③](表3-1)。

表3-1 第一代系统论的核心观点归纳

类别	理论	核心观点
第一代系统论:系统特性	一般系统论	有组织的整体性 开放性 等级性
	控制论	系统反馈机制
	信息论	通信 信息即负熵

(来源:作者自绘)

[①] 仇保兴.基于复杂适应系统理论的韧性城市设计方法及原则[J].城市发展研究,2018,25(10):1-3.
[②] 刘春成.城市隐秩序:复杂适应系统理论的城市应用[M].北京:社会科学文献出版社,2017.
[③] 同②.

(2) 第二代系统论：耗散结构理论、协同学及突变论

第二代系统论的耗散结构理论、协同学及突变论，均是自组织理论的分支学派，常被称为"新三论"，在第一代系统论的基础上关注系统演化这一运动形态，主要探索了系统演化过程中的发展规律和动力机制，于20世纪70年代前后被提出。

耗散结构理论由比利时理论化学家普利高津于1969年提出，为系统演化过程提供了自组织的条件方法论①，并首次正式提出"复杂性科学"概念。该理论通过系统熵流方程分析，认为如果系统从外界吸收的负熵流足够大，能够抵消或超过系统内部的熵增，系统的总熵便能保持不变或减少，系统的有序性将得到提高，这样熵减或不变的结构即耗散结构。在系统具有开放性的前提下，需满足以下3个条件才可能产生无序到有序的耗散结构：①系统远离平衡态（平衡态为系统状态变量保持不变、与外界没有交换的状态）；②系统内部关系为非线性相关；③系统内子系统间存在偏离平均值参量的"涨落"差异，这也是系统演化的"触发器"②。

协同学由1976年德国理论物理学家哈肯出版《协同学导论》而确立，该理论认为子系统在特定条件下具有自行"合作、协同"的能力而使系统完成从无序到有序的演化，解析了系统自组织过程的动力机制。协同作用是系统整体性的内在表现，能不断协调子系统间的关系，消除紊乱，将某种趋势联合放大并占据优势，支配系统向某一方向演化，达成"无序→有序→新的高级有序→……"的系统层级③。

突变论则由法国数学家托姆在1971年前后提出，是自组织系统的演化路径方法论。该理论发现事物是从一种状态跳跃到另一种状态的"突变"，而并非"渐变"，这两者的差异不是一般意义中变化速率的快慢，而是类似数学模型中临界点附近有无"不连续"性质出现④，渐变是变化的延续、而突变是变化的间断，即渐变为量变、突变则为质变。

第二代系统论观点中，系统的"涨落"与"协同"对立统一，子系统由于合作、协同效用的弱化而进行竞争、产生偏离平均的涨落，涨落在局部子系统的协同下强化了涨落程度并在临界点放大涨落幅度，从而产生"突变"现象并支配新结构的协同作用，由此完成了系统的演化升级（表3-2）。

表3-2 第二代系统论的核心观点归纳

类别	理论	核心观点
第二代系统论：演化过程（为自组织理论的不同流派）	耗散结构理论（演化条件方法论）	复杂性科学 熵减、有序性提高 远离平衡态 内部非线性相关 涨落
	协同学（演化动力方法论）	子系统的协同 系统演化层级
	突变论（演化路径方法论）	突变现象

（来源：作者自绘）

---

① 吴彤.自组织方法论研究[M].北京：清华大学出版社，2001.
② 陈忠，金炜，章琪.复杂性的探索：系统科学与人文[M].合肥：安徽教育出版社，2002.
③ 梁俊国，张建辉.系统的涨落、协同与进化[J].山西高等学校社会科学学报，1995，7(3)：30-33.
④ 同①.

3.1.2 复杂适应系统

复杂适应系统(CAS)理论在复杂系统中重点关注系统外部环境的动态变化以及系统适应环境的机制,认为"适应性造就复杂性",被认为是第三代系统论。该理论由美国圣菲学派的约翰·霍兰于1994年率先提出,他创造了"适应性主体"(Adaptive Agent)这个概念,认为系统的主体本身就是智能的,能够主动适应环境刺激做出行为反应,而"主体的适应性"就是"系统演化的动力"[①]。通过强调主体的主动性与适应性,CAS理论为由智能适应能力的各类主体构成的系统引入了新的视角,确立了一种自下而上、从个别到整体、从微观到宏观的新研究范式。

霍兰提出CAS具备7种特征,即聚集、非线性、要素流、多样性四大特性以及标识、内部模型、积木块三种机制,构成了该理论的整体分析框架(表3-3)。CAS中围绕着主体的适应性通过相关特性与机制实现系统的演化,主体集聚而使系统带有标识,主体间非线性作用促成了标识的多样性,也必然带来要素的复杂流动关系与交换过程,形成了子系统乃至总系统的内部模型,最终在环境的不断变化中依旧保持着系统的协调性,并逐步完成了从无序到有序的演化。

表3-3 复杂适应系统的特征

类别	内容	内涵
理论基点	主体 Agent	能够主动适应环境刺激作出行为反应的行动者
系统特性	主体聚集 Aggregation	单个适应主体聚集成主体群体——霍兰称之为"介主体"(Meta-agents),不仅能通过构成元素的分类将复杂系统进行简化,而且在主体间作用关系下,简单主体升级为介主体,具有更高一级的主体属性,产生了具有更高适应性的"涌现"现象(emergent),"聚集"生成了主体的层次结构及类型特征
	要素流 Flow	要素流指各种资源要素在主体间的流动,复杂的要素流为网状结构,存在乘数效应和再循环效应,能加强各要素的流动
	非线性 Non-linearity	主体间的作用关系并非简单的、线性的,而往往是非线性的、无法确立为统一的关系,非线性使聚集行为充满了复杂性
	多样性 Diversity	单个主体都依赖于其他主体提供的环境而占据合适的生态位,相互作用的主体在非线性作用下产生了多样性。当某一主体消失而出现生态位"空位"时,多样性使得系统能够通过一系列反应生成新的主体来"补位"。一个高度适应性的系统具有"恒新性",主体能始终不断地在环境变化中采取相应变化。因此多样性既是系统适应的结果,也是系统维系的原因

[①] 霍兰.隐秩序:适应性造就复杂性[M].周晓牧,韩晖,译.上海:上海科技教育出版社,2000.

(续表)

类别	内容	内涵
系统机制	标识 Tag	聚集过程中的"标识"机制,能筛选、吸引同类主体进行聚集,并划定介主体的边界,成为识别该聚集体的特征
	内部模型 Internal Model	内部模型指主体间的互动规则,能够增强主体对系统的适应力。主体根据应对环境变化的适应行为经验,积累为自身内部模型而具有"前瞻性"判断力,凭借这一机制预测环境情况并作出相应变化
	系统积木块 Building Blocks	直接解析复杂系统的内部模型有困难时,可将系统视为"积木块",将之拆解为相对独立的子系统,通过对相对清晰的子系统内部模型的解析,可以推导出总系统的运作机制

(来源:作者归纳、自绘)

3.1.3 乡村作为复杂适应性系统的基础认知

霍兰在著作中运用CAS理论分析了城市系统运作的片段现象,学者刘春成在《城市隐秩序》一书中则系统性地把CAS理论运用于城市,解析城市微观个体行为和宏观系统结构功能的关系,从发展欲望超出城市自适应能力、难以预料城市的动态反馈、城市规划对各子系统缺乏整体关联等角度认知城市病,批判精英主义式规划的局限性,倡导城市群体智慧,通过公共参与来增强城市多样性,基于城市的动态变化提出进行前瞻性预测,即规划时需留有适度弹性[1]。可见,将CAS引入城市人居环境研究,产生了一系列新的认识和启发。

同理,乡村整体与各部分之间存在文化、空间、产业地域上的联系,也可视为一个独立的系统。由于乡村与城市存在外部环境与主体机制的区别,两者的演化方向产生了差异化路径,在当前乡村面临衰败亟须复兴的背景下,有必要将乡村人居环境单独抽取为独立的复杂适应系统加以解析,以促进对乡村系统的独特认知,更精准地把握乡村的下列演化机制和主体特征。①聚集(Aggregation):乡村个体、组织和功能区块等主体聚集形成了家庭、组织机构和社区,决定着乡村的物质空间、社会关系和产业状况等的发展规模和复杂程度;②非线性(Non-linearity):由于人类思维和行为的非线性,主体之间并非简单、被动、单向的因果关系,而是主动地互相适应,决定着乡村演化结果的非线性和复杂性,如自组织建造的乡村空间聚落呈现有机不规则形态;③要素流(Flow):乡村主体间通过物质流、能量流、信息流和资金流等产生联系;④多样性(Diversity):由于主体的非线性,在适应环境变化时会采取不同的方向发展,塑造了乡村结构的复杂性和形态的多样性,是乡村活力的来源,在微观层面存在主体多样性、行为多样性和组织结构多样性,在宏观层面则表现为人居环境特征和作用机制的多样性[2];⑤标识(Tag):乡村主体集聚在环境中搜索和接收信息,逐渐形成了特定文化、特定产业等具有标识的特征,如乡村中手工业者的定向集聚交流专业知识、资源,形

---

[1] 刘春成.城市隐秩序:复杂适应系统理论的城市应用[M].北京:社会科学文献出版社,2017.
[2] 李伯华,曾荣倩,刘沛林,等.基于CAS理论的传统村落人居环境演化研究:以张谷英村为例[J].地理研究,2018,37(10):1982-1996.

成了特色产业集聚地,又更容易吸引新手工业从业者加入,而系统中主体的多样性导致了标识的差异性,避免了同质化竞争,有利于系统整体的发展;⑥内部模型(Internal Model):乡村中各主体在环境变化中积累了需求、行为习惯和生活方式等适应能力,构成了主体的行为机制和作用机理,可根据其中的内在机制做出"前瞻性"预测;⑦积木块(Building Blocks):乡村系统在分析具体问题时可根据需要择取不同的子系统积木块单独研究,以避免复杂问题分析中的层次混乱问题,如可抽取产业子系统、空间子系统来进行乡村产业与空间关系的解析(表3-4)。

表3-4 乡村的复杂适应特性

特性	复杂适应系统	乡村系统
理论基点	主体/Agent	乡村个体、组织和功能区块等单个主体
系统特性	主体聚集/Aggregation	乡村社区家庭、机构、社区等聚集体
	要素流/Flow	乡村内物质、能量、信息、资金等资源流动
	非线性/Non-linearity	村民思维和行为的非线性
	多样性/Diversity	乡村主体、适应行为、空间结构形态等的复杂与多样
系统机制	标识/Tag	特定文化、特色产业集聚
	内部模型/Internal Model	主体的行为机制和作用机理
	系统积木块/Building Blocks	乡村系统可拆分为子系统

(来源:作者自绘)

综合系统论的自组织、复杂适应演化等各个理论,可归纳得到乡村系统从低级到高级、从无序到有序演化的综合性分析框架,有助于认知各类要素在乡村系统演化中的作用,搜寻达成有序演化的策略,总结演化系统的特征(表3-5)。乡村系统演化的条件,即系统发生演化的前提,包括三个条件:乡村系统和城市系统之间具备开放性,社会、经济、环境等乡村子系统之间为非线性相关关系,子系统内部存在差异的涨落。系统的演化动力则源于乡村各类主体对外部环境的适应,当主体间通过合作竞争的协同作用强化达到临界值即发生演化现象。演化过程是突变、跃迁的,乡村演化是量变产生质变的过程。从演化结果和特征看,主体进行了从个体聚集成更高级主体群的层级提升,形成个体组织化、空间聚落、文化凝聚化的聚集结果;系统达成了从无序到有序的升级,乡村获得了发展水平较高的成果;标志层面具有独有特征,即乡村塑造了特定文化和特色产业;从多样化层面看,乡村系统在主体构成、子系统及标识等各方面均产生了异质化的多样性特征。

表3-5 乡村系统演化的综合分析框架

分析框架	内容	理论来源	在乡村系统中的诠释
演化条件	系统开放	耗散、CAS	向城市开放,与城市具有物质能量和信息等要素流动、交换
	非线性	耗散、CAS	社会、经济、环境子系统之间为非线性相关
	涨落	耗散	子系统内部存在差异、非均匀的涨落状态,有主导因素时会引发聚集式跃迁

(续表)

分析框架	内容	理论来源	在乡村系统中的诠释
演化动力	适应	CAS	应对环境变化做出改变反应
	协同	协同学	村民等主体的竞争与合作,竞争远离平衡态,合作强化涨落
演化过程	突变	突变论	乡村系统演化状态之间的非连续变化,积累产生质变
	跃迁	耗散	乡村系统从无序跃迁到有序的过程
演化结果与系统特性	主体层级	CAS	村民个体组织化、空间聚落、文化凝聚化,主体聚集形成更高级主体
	系统层级	协同学、耗散	系统演化从无序到有序的升级,发展水平从低到高
	标识	CAS	特定文化、特色产业等系统特征
	多样性	CAS	乡村系统在主体构成、子系统、标识特征等各个方面具有多样性与异质性

3.2 韧性城市和韧性乡村

3.2.1 韧性城市:从防灾到应对多元化风险

自韧性理论发起人霍林(Holling)将工程领域的韧性(resilience)引入生态系统后继而又引入社会—生态系统,韧性理论的研究逐步充实。21世纪初,海平面上升、全球变暖、台风肆虐等自然灾害及恐怖袭击等人为灾害引起广泛关注后,"韧性"理念被广泛引入城市防灾研究中,倡导主动进行灾害防治,应对方式从传统的"减少灾害"转型到"主动减少灾害影响并促进灾后迅速恢复",对于防灾减灾、灾后复兴、生态规划、雨洪管理、海绵城市等议题具有重要理论价值,出现了"韧性城市""韧性规划"等一系列研究。在2008年金融危机后,应对社会及经济危机等多元化风险的韧性研究也成为新热点。

"韧性"逐渐成为全球性关注的焦点话题,国际研究网络、高校、世界级基金会、非政府组织、城市政府等各类研究机构都投入其中[①]。霍林在1999年成立了"韧性联盟"研究组织(The Resilience Alliance)不断展开跨学科的韧性研究;2002年"可持续发展世界峰会"将"建构韧性是全人类的共同责任"这一观点补充加入《21世纪议程》;2010年欧洲城市规划院校联合会(AESOP)组织了韧性城市专题讨论会,并在2013年与美国城市规划院校联合会(ACSP)共同举办了"韧性城市与区域规划"(Planning for Resilience and Regions)的主题年会;

---

① 刘丹.弹性城市的规划理念与方法研究[D].杭州:浙江大学,2015.

2013年相关学者创刊了学术期刊《韧性:国际政策、实践和对话》(*Resilience: International Policies, Practices and Discourses*)以建构韧性研究平台;同年,洛克菲勒基金会开展评比"全球100座最具韧性城市"(100 resilient cities),并提出韧性城市的研究框架和系统特征[①];2017年规划历史学会(IPHS)也召开了以"历史—城市—韧性"(History-Urbanism-Resilience)为主题的国际会议。

我国也在2010年后集中开展了韧性城市的独立研究[②]。但在韧性理论引入以前,我国已有与"韧性"(resilience)接近但有所差别的"弹性"(flexible)规划的研究。早在1990年,受到TEAM10"簇群城市"、亚历山大"渐进式发展"理念影响[③],我国城市规划开始反思以往物质空间规划过于"刚性"的问题,提出"弹性"理念,并形成了以"弹性用地""弹性发展单元""动态组织"等概念为关键点的"弹性规划"技术体系[④],认知到外在环境的动态不确定性,鼓励给予城市空间灵活适应变化的能力,强调空间上留有冗余、时间上滚动式跟进,与resilience planning的内涵有所重叠。因此resilience planning最初被引入国内时常被翻译为"弹性规划",现在flexible planning和resilience planning的研究走向并轨。邵亦文和徐江基于国际文献全面回顾了韧性概念的认知转型、韧性城市的内容框架、特征及评价标准[⑤];彭翀等认为韧性研究领域已覆盖工程韧性、经济韧性、生态韧性和社会韧性四大范畴[⑥],并梳理了国外社区韧性的概念、内涵、评估方法和提升实践[⑦];李彤玥分析了韧性城市从平衡到适应的理论演变,梳理韧性城市的演化机理、评价体系和规划方法[⑧];刘丹较为系统地梳理了韧性城市的规划理念和方法[⑨]。

韧性视角赋予了城市认知新的内涵[⑩]。首先,城市是一个社会—生态系统,即人类作为环境的一部分所形成的复杂、整体的系统;其次,城市系统具有适应能力,当环境变化超过阈值,系统会自发响应发生转变,但新平衡态不一定符合人类期望,保持原平衡或转变为符合需求的新平衡需要提升城市系统对环境的适应力;最后,韧性城市意味着城市具备从干扰中稳定、恢复和转型的适应能力。

在城市社会—生态系统中,针对"韧性"的解读主要有三类学术观点[⑪],一是认为韧性是

---

① Rockefeller Foundation. 100 resilient cities[EB/OL].(2013)[2019-04-25]. http://www.100resilientcities.org.
② 刘丹.弹性城市与规划研究进展解析[J].城市规划,2018,42(5):114-122.
③ 刘堃,仝德,金珊,等.韧性规划·区间控制·动态组织:深圳市弹性规划经验总结与方法提炼[J].规划师,2012,28(5):36-41.
④ 张惠璇,刘青,李贵才."刚性·弹性·韧性":深圳市创新型产业的空间规划演进与思考[J].国际城市规划,2017,32(3):130-136.
⑤ 邵亦文,徐江.城市韧性:基于国际文献综述的概念解析[J].国际城市规划,2015,30(2):48-54.
⑥ 彭翀,袁敏航,顾朝林,等.区域弹性的理论与实践研究进展[J].城市规划学刊,2015(1):84-92.
⑦ 彭翀,郭祖源,彭仲仁.国外社区韧性的理论与实践进展[J].国际城市规划,2017,32(4):60-66.
⑧ 李彤玥.韧性城市研究新进展[J].国际城市规划,2017,32(5):15-25.
⑨ 同②.
⑩ 同②.
⑪ 同⑥.

城市一系列能力的集合,包括被动的稳定能力、恢复能力及主动的适应转型能力[1,2];二是将韧性视为一个过程[3,4],是通过学习、自组织的过程不断提升适应能力并最终适应灾害的成长过程[5,6];三是把韧性作为城市应对风险的发展目标[7],针对灾后恢复能力和灾前应灾潜力开展了丰富的韧性评估研究。

Holling用"适应循环"解释系统演化过程中韧性的变化。系统应对环境变化通过自组织方式形成了发展周期,可分为利用、保存、释放和重组四个阶段,不同阶段的转换取决于潜力、连通度和韧性的变化。潜力指系统具备的资源;连通度指系统内部的联系程度,能够决定其对外部的敏感性;韧性则是系统对抗外界干扰的能力。在初始利用阶段和重组阶段,系统韧性较高,代表着韧性不仅仅是系统面对干扰时的稳定能力,也是利用干扰机遇实现转型和创新的能力(表3-6)。

表3-6 适应循环中的阶段特征

适应循环示意图	系统发展阶段	潜力	连通度	韧性
	r 利用阶段	低	较低	高
	K 保存阶段	高	高	较低
	Ω 释放阶段	低	较高	低
	α 重组阶段	高	低	较高

(来源:岳俞余,彭震伟.乡村聚落社会生态系统的韧性发展研究[J].南方建筑,2018(5):4-9.)

韧性系统的特征最初由威尔达夫斯基(Wildavsky)探索,他归纳了动态平衡性、兼容性、高效流动性、扁平性、缓冲性与冗余度等六个特征[8],沃克和索特(Walker & Salt)进一步将

---

[1] Norris F H, Stevens S P, Pfefferbaum B, et al. Community Resilience as a metaphor, theory, set of capacities, and strategy for disaster readiness[J]. American Journal of Community Psychology, 2008, 41(1/2):127-150.

[2] Djalante R, Thomalla F. Community resilience to natural hazards and climate change impacts: A review of definitions and operational frameworks [J]. Asian Joumal of Environment and Disaster Management (AJEDM)-Focusing on Pro-Active Risk Reduction in Asia, 2010, 3(3):339.

[3] Gunderson L H. Ecological resilience: In theory and application [J]. Annual Review of Ecology and Systematics, 2000, 31(1):425-439.

[4] Nelson D R, Adger W N, Brown K. Adaptation to environmental change: Contributions of a resilience framework [J]. Annual Review of Environment and Resourse, 2007, 32(1):395-419.

[5] Norris F H, Stevens S P, Pfefferbaum B, et al. Community resilience as a metaphor, theory, set of capacities, and strategy for disaster readiness[J]. American Journal of Community Psychology, 2008, 41(1/2):127-150.

[6] Masten A S, Best K M, Garmezy N. Resilience and development: Contributions from the study of children who overcome adversity[J]. Development and Psychopathology, 1990, 2(4):425-444.

[7] Robinson G M, Carson D A. Resilient communities: Transitions, pathways andresourcefulness [J]. The Geographical Journal, 2016, 182(2):114-122.

[8] Wildavsky A B. Searching for safety[M]. New Brunswick, NJ: Transaction Publishers, 1988.

其韧性特征拓展为多样性、模块化、快速反馈、创新、重叠管制、生态系统服务、社会资本可变性[1]，这些特征也适用于城市空间尺度。韧性系统特征逐渐转变为塑造城市韧性的策略切入点，埃亨（Ahern）基于韧性特征提出多功能、冗余和模块化、多样性、多尺度网络和联系、适应性规划与设计的韧性城市建构策略[2]，艾伦和布莱恩特（Allan & Bryant）从空间设计的角度确认了将系统韧性特征作为设计策略的可能性[3]。总的来说，多元与多样、冗余与模块、多尺度网络联系、自组织与适应、创新与学习是认可度较高的韧性城市特征，并且往往被视为城市规划管理的原则、策略、目标与韧性评估的标准，这些特征在本质上可理解为系统与主体的鲁棒性（robustness，意为"抗变化性"）和灵活性[4]。

规划作为城市要素布局的工具，在搭建韧性城市框架中起到了重要作用[5]。一个具有共识的韧性城市框架包括城市要素、压力源、作用结果、增强因子、抑制因子、作用影响和干预手段等部分，城市规划通过自然、经济、管理等要素布局进行压力源调节、依托作用影响进行干预[6]。与传统减灾规划相比，韧性规划不仅包括物质空间的预防与调整，还包括社会维度的非物质条件的干预，注重城市学习、组织能力的培育，发挥自下而上的社区层面的韧性[7]。

韧性规划针对的风险已从海啸灾害[8]、飓风、风暴潮、特大雨洪等气候灾害上，拓展到经济衰退、城市快速增长、贫民郊区化等城市综合性社会问题[9]。为响应不确定风险，基本形成了"脆弱性分析—政府管制—预防—不确定性导向"的规划框架[10]，各类丰富的学术研究中有着不同的侧重点。

① 从物质空间规划方法视角出发，针对自然灾害的风险仍是空间规划重点防范的风险，梅尔（Meyer）等[11]着眼于气候敏感的三角洲城市，在复杂适应系统框架下，建立基于空间要素流动的自然基底、网络基础、城市占用的多层模型，提出多维度、多尺度下协同演化的韧

---

[1] Walker B, Salt D. Resilience thinking: sustaining ecosystems and people in a changing world[J]. Northeastern Naturalist, 2006(3): 43.

[2] Ahern J. From fail-safe to safe-to-fail: Sustainability and resilience in the new urban world[J]. Landscape and Urban Planning, 2011, 100(4): 341-343.

[3] Allan P, Bryant M. Resilience as a framework for urbanism and recovery[J]. Journal of Landscape Architecture, 2011, 6(2): 34-45.

[4] 戴伟,孙一民,韩·梅尔,等.走向韧性规划：基于国际视野的三角洲规划研究[J].国际城市规划,2018,33(3)：83-91.

[5] 李彤玥.韧性城市研究新进展[J].国际城市规划,2017,32(5)：15-25.

[6] Desouza K C, Flanery T H. Designing, planning, and managing resilient cities: A conceptual framework[J]. Cities, 2013(35): 89-99.

[7] Satterthwaite D. The political underpinnings of cities' accumulated resilience to climate change[J]. Environment and Urbanization, 2013, 25(2): 381-391.

[8] The United States Army Corps of Engineers, Honolulu District. American Samoa Tsunami Study: Final Report [M/OL]. The United States Army Corps of Engineers, 2012 [2019-03-17]. http://americansamoarenewal.org/library/american-samoa-tsunami-study-final-report.

[9] 彭翀,袁敏航,顾朝林,等.区域弹性的理论与实践研究进展[J].城市规划学刊,2015(1)：84-92.

[10] Jabareen Y. Planning the resilient City: Concepts and strategies for coping with climate change and environmental risk[J]. Cities, 2013(31): 220-229.

[11] Meyer H, Nijhuis S. Urbanizing deltas in transition[M]//Urbanizing deltas in transition. Amsterdam: Techne Press, 2014: 7-9.

性空间规划体系;黄晓军和黄馨在我国城市发展背景下提出"脆弱性分析与评价—面向不确定的规划—城市管制—弹性城市行动策略"的韧性城市规划概念框架[1];李彤玥以韧性城市的特征为原则,初步构建我国韧性城市理念下的城市总体规划框架,提出弹性城市发展目标、建设用地选择、土地利用和基础设施规划等方面策略[2];仇保兴基于复杂适应系统理论解析城市的不确定并相应提出建构韧性城市的设计方法及原则[3]。

② 从非物质空间的主体视角出发,米若(Meerow)和纽厄尔(Newell)提出系统韧性的提升依托于系统中各个利益相关者的协同作用,需要引入创新机制、加强主体的学习能力[4];维斯曼(Visman)等从居民对防灾知识的接触、理解和合理运用三阶段提升城市应灾韧性[5];坎帕内拉(Campanella)等则发现新奥尔良市市民主体的群体力量在应对卡特里娜飓风时塑造了城市的韧性[6]。

③ 从风险的不确定角度出发,情景规划成为韧性规划的重要操作手法[7],通过对不确定环境干扰的不同概率设置不同的情景模式,根据情景预测采取系统性行动,如在低地国家荷兰,通过模拟50年后港口城市的经济发展与雨洪风险,针对"Rest"和"Steam"两种情景围绕着"城市—水系—绿地"关系展开一系列调控规划策略[8]。

此外,韧性规划研究也得到了丰富的城市实践积累,包括世界经合组织的"城市与气候变化"研究报告、荷兰鹿特丹韧性规划原则(2008)、美国纽约《一个更强大、更有韧性的纽约》(2013)、南非德班市《适应气候变化规划:面向韧性城市》(2010)、英国伦敦《管理风险与增强韧性》(2011)及日本的"国土强韧化计划"(2013)等[9]。

3.2.2 韧性乡村:从突变扰动到渐变扰动

2010年后,国外对于韧性的研究延伸到乡村领域,其针对的风险更为多元化,关注点从气候灾害等突变扰动转向经济衰弱、产业发展、人口外流等渐变扰动,主要为针对某一地区乡村韧性的影响要素、评估指标、提升策略等的实证型研究。在影响要素方面,阿米尔(Amir)等针对旅游型乡村提出社区韧性是可持续发展的必备基础[10];安东波卢

---

[1] 黄晓军,黄馨.弹性城市及其规划框架初探[J].城市规划,2015,39(2):50-56.
[2] 李彤玥.基于弹性理念的城市总体规划研究初探[J].现代城市研究,2017,32(9):8-17.
[3] 仇保兴.基于复杂适应系统理论的韧性城市设计方法及原则[J].城市发展研究,2018,25(10):1-3.
[4] Meerow S, Newell J P, Stults M. Defining urban resilience: A review[J]. Landscape and Urban Planning, 2016(147):38-49.
[5] Visman E. Knowledge is power: unlocking the potential of science and technology to enhance community resilience through knowledge exchange[J]. Network Paper, 2014(1):32.
[6] Campanella T J. Urban resilience and the recovery of new Orleans[J]. Journal of the American Planning Association, 2006, 72(2):141-146.
[7] Lee M. Geodesign scenarios [J]. Landscape and Urban Planning, 2016(156):9-11.
[8] 戴伟,孙一民,韩·梅尔,等.走向韧性规划:基于国际视野的三角洲规划研究[J].国际城市规划,2018,33(3):83-91.
[9] 吴浩田,翟国方.韧性城市规划理论与方法及其在我国的应用:以合肥市市政设施韧性提升规划为例[J].上海城市规划,2016(1):19-25.
[10] Amir A F, Ghapar A A, Jamal S A, et al. Sustainable tourism development: A study on community resilience for rural tourism in Malaysia[J]. Procedia-Social and Behavioral Sciences, 2015(168):116-122.

(Anthopoulou)等在乡村欧盟农业政策改革、市场自由化及金融危机的扰动下,发现政策支持不足是乡村失业率上升等乡村韧性下降现象的主要原因①。在评估指标方面,萨尔维娅和夸兰塔(Salvia & Quaranta)以韧性理论中的适应循环模型为系统韧性诊断工具,评估过去70年以来意大利南部农业型乡村在社会资本、经济资本、自然资本的效能,以判断乡村韧性演化过程②;爱桑切斯-萨莫拉(Sánchez-Zamora)等针对经济危机对西班牙南部乡村产生的冲击现象,通过DEA法探究经济资本、社会资本、人力资本、自然资本等方面与乡村韧性指数关联的指标体系,并据此对研究范围内的乡村进行了韧性等级划分的聚类分析③;威尔逊(Wilson)等运用Kelly的社区韧性分析框架,应用在中国四川某乡村,对各项指标因子逐一分析进行韧性评估④。在提升策略方面,比尔(Beel)等认为乡村传统文化活动和第三方志愿者有助于提升社区韧性,通过对传统建筑的再利用、文化活动的组织等能加强社区认同感⑤;卡什(Cash)等通过南非城乡交接地带复杂的土地利用变动中出现的利益争夺现象,提出纳入所有利益相关者的对话讨论是获取社区韧性发展的关键⑥;杰琼纳斯(Jurjonas)等针对沿海乡村因海平面上升后遭受渔业产业危机,以加利福尼亚地区的渔村为例建立沿海韧性乡村社区框架,刺激所有利益相关者参与对话,鼓励开展以保持乡村产业、就业机会、人口回升为目标的研讨会、管理介入与气候行动规划⑦。

国内学者也同步开始关注乡村的韧性。截至2019年3月,通过"韧性""弹性""恢复力""乡村"等关键词在知网检索得到31篇文献,经筛选后有约18篇文献与社会—生态视角下的乡村韧性密切相关(表3-7)。尽管文献数量较少,但从内容上看,根植于乡村这一更具复杂性的空间语境中已开辟出了一定的"韧性乡村"理论认知、案例分析、策略应用的探讨。

表3-7 与韧性乡村相关的主要中文论文列表

作者与发文时间	应对扰动	关注的乡村类型	韧性理论在乡村的解读、运用
Lovina,朱云辰等,2017	城市化进程影响	景区旅游型乡村	基于案例村社会、经济、生态、基础设施、政治维度的乡村韧性定量评价
杜文武,张建林,陶聪,2014	城镇化影响	乡村重塑	情景规划思维、适应性保护技术、"刚性—弹性"管理机制的韧性理念

---

① Anthopoulou T, Kaberis N, Petrou M. Aspects and experiences of crisis in rural Greece. Narratives of rural resilience[J]. Journal of Rural Studies, 2017(52): 1-11.

② Salvia R, Quaranta G. Adaptive cycle as a tool to select resilient patterns of rural development[J]. Sustainability, 2015, 7(8): 11114-11138.

③ Sánchez-Zamora P, Gallardo-Cobos R. Diversity, disparity and territorial resilience in the context of the economic crisis: An analysis of rural areas in southern Spain[J]. Sustainability, 2019, 11(6): 1743.

④ Wilson G A, Hu Z P, Rahman S. Community resilience in rural China: The case of Hu Village, Sichuan Province[J]. Journal of Rural Studies, 2018(60): 130-140.

⑤ Beel D E, Wallace C D, Webster G, et al. Cultural resilience: The production of rural community heritage, digital archives and the role of volunteers[J]. Journal of Rural Studies, 2017(54): 459-468.

⑥ Cash C. Towards achieving resilience at the rural-urban fringe: The case of Jamestown, South Africa[J]. Urban Forum, 2014, 25(1): 125-141.

⑦ Jurjonas M, Seekamp E. Rural coastal community resilience: Assessing a framework in eastern North Carolina[J]. Ocean and Coastal Management, 2018(162): 137-150.

(续表)

作者与发文时间	应对扰动	关注的乡村类型	韧性理论在乡村的解读、运用
顾燕燕,孙攀等,2019	自然、人为、社会等多种扰动因子	乡村整体	韧性乡村的载体为物质系统、文化系统、社会系统三方面
胡中慧,2017;胡中慧,2018	旱灾和水灾	水乡乡村	景观基础设施的风险识别评估、规划响应策略:模块整合、网络连通、功能复合、动态适应、反馈机制
黄博茂,周东进,2018	城市快速发展	城中村	兼顾环境与人群的适应力、多元主体协同、文化共存、包容多元经济的韧性更新经验总结
尚哲,2018	快速城镇化	城镇边缘的乡村景观	韧性理念下解析乡村景观的过渡性、复杂性、不稳定性、动态性等特征与抗干扰力的下降问题,提出弹性网络体系、动态适应技术、动态管理机制的景观规划策略
唐任伍,郭文娟,2018	乡村衰退与城市病叠加效应	乡村演进与治理主体	乡村社会网络关系的关键价值;政府、资本、党委、乡村精英、村民多元主体在乡村演进韧性建构中的不同作用
王雨村,李月月等,2018	刚性的外源式扶贫干预	乡村产业	强调乡村主体实现发展和活力的持续,反思刚性模式下的产业困境,提出基于规划协作、生态保护、组织机制、配体服务角度下的产业韧性发展策略
武玲,2018	气候环境变化	水网性乡村基础设施	冗余、多维联系、复合、动态适应的景观基础设施的韧性原则
谢蒙,2017	政策颁布、规划建设控制、价值观变化	生态保护区的乡村	规划目标与过程的转变、网络化层级化的空间结构、新旧多样化的功能融合、肌理与风貌的形态异质
颜文涛,卢江林,2017	注重微小、渐变、积累的干扰	乡村社区韧性与主体关系	通过绅士化与草根化两种模式对比认为渐进草根化的乡村复兴模式更具有韧性
叶丹,冯革群,2012	土地征收、房地产开发、流动人口	城中村	从城中村中主体行为解析经济结构、人口结构、制度变革的韧性机制过程
岳俞余,彭震伟,2018	突发性自然干扰和慢性非自然的社会经济政治事件干扰	乡村聚落	子系统韧性:自然生态、社会生活、经济生产;将适应循环理论用于乡村发展不同阶段
岳俞余,高璟,2019	外界综合性干扰	乡村聚落	自然生态、社会生活、经济生产三个子系统的韧性测度与评价
张彬,王富海等,2018	政策限制	城中村	再认识城中村的工程弹性、社会弹性和经济弹性

(来源:作者自绘)

① 从乡村扰动因子来看，文献中主要包括两种类型的扰动：环境恶化、气候变化的自然突变扰动，以及城市化进程、资本干预、政策变化和社会变迁等人为渐变扰动。与韧性城市以突变扰动防灾为主的研究相较，韧性乡村研究的关注重点为乡村系统如何适应渐变式人为扰动因子。

② 从乡村的关注类型来看，文献主要涵盖了三种乡村类型：水乡、生态保护区等生态敏感型乡村，城郊村、城中村等易受城市化进程影响的乡村，以及泛指的乡村。可见，针对韧性程度最低、最为脆弱的农业型乡村，相关研究较为缺乏。

③ 从韧性理论的应用来看，已有研究包括以下几方面。a. 乡村的韧性特征认知。尚哲通过韧性理念解析城镇边缘型乡村认知到过渡性、复杂性、不稳定性、动态性等的景观特征，并提出景观规划策略[①]；张彬等围绕城中村再认识了其工程韧性、社会韧性和经济韧性内涵[②]。b. 韧性乡村的解析维度。Lovina、华晨等基于宁波市徐福村的案例研究提出韧性乡村的社会、经济、生态、基础设施、政治五个维度并初步展开定量评价[③]；岳俞余等则认为乡村韧性体现在自然生态、社会生活、经济生产三个子系统上，并给出各子系统的韧性核心要素测度与评价方法[④]；顾燕燕等则将物质系统、文化系统、社会系统三方面定义为韧性乡村的表现载体[⑤]。c. 韧性乡村的主体关键作用。叶丹等基于土地征收、房地产开发、流动人口涌入等外部环境扰动，发现城中村依旧能保有活力的原因在于多元化的主体行为在经济结构、人口结构、制度变革等方面存在韧性应对机制[⑥]；颜文涛等以韧性视角对比了安徽宏村绅士化和台湾桃米村草根化两种乡村复兴模式，认为发挥村民主体作用的草根化复兴模式更具有韧性[⑦]；唐任伍等指出乡村社会网络关系在构建乡村韧性中的关键价值，政府、资本、村两委、乡村精英、村民等多元主体在乡村演进韧性中均起到了差异化的重要作用[⑧]。d. 韧性规划策略。杜文武等以乡村重塑为目标，提出情景规划思维、适应性保护技术、"刚性—弹性"管理机制的韧性规划理念[⑨]；谢蒙基于乡村空间的韧性解读，以韧性规划目标与过程的转变、网络化层级化的空间结构、新旧多样化的功能融合、肌理与风貌的形态异质来抵抗环境的扰动[⑩]；胡中慧[⑪]和武玲[⑫]均以应对气象灾害，形成风险识别评估、规划响应的乡

---

① 尚哲.城镇边缘区乡村景观弹性设计[D].郑州：河南农业大学,2018.
② 张彬,王富海,吴哲,等.基于弹性城市理念的城中村价值再认识：以深圳市城中村为例[C]//共享与品质：2018中国城市规划年会论文集(02城市更新).北京：中国建筑工业出版社,2018.
③ Lovina Hermaputi Roosmayri,华晨,朱云辰,等.乡村弹性视角评估分析：以宁波市徐福村乡村发展为例[J].建筑与文化,2017(7)：101-103.
④ 岳俞余,高璟.基于社会生态系统视角的乡村聚落韧性评价：以河南省汤阴县为例[J].小城镇建设,2019,37(1)：5-14.
⑤ 顾燕燕,孙攀,郑军德.韧性乡村对乡村建设的意义探究[J].绿色科技,2019(4)：205-208.
⑥ 叶丹,冯革群.非正规聚落的弹性机制分析：以城中村为例[J].宁波大学学报(理工版),2012,25(4)：120-126.
⑦ 颜文涛,卢江林.乡村社区复兴的两种模式：韧性视角下的启示与思考[J].国际城市规划,2017,32(4)：22-28.
⑧ 唐任伍,郭文娟.乡村振兴演进韧性及其内在治理逻辑[J].改革,2018(8)：64-72.
⑨ 杜文武,张建林,陶聪.弹性理念,乡村重塑中的风景园林思考[J].中国园林,2014,30(10)：102-106.
⑩ 谢蒙.四川天府新区成都直管区乡村韧性空间重构研究[D].成都：西南交通大学,2017.
⑪ 胡中慧.基于弹性理念的苏南乡村景观规划策略研究[D].苏州：苏州科技大学,2017.
⑫ 武玲.苏南水网乡村景观基础设施韧性规划策略研究[D].苏州：苏州科技大学,2018.

村基础设施韧性规划策略，具体以冗余、多维联系、复合、动态适应为原则。

这些文献无疑为乡村营建的研究开辟了韧性的视角，并且均注意到韧性理论应用在城、乡不同语境下的差别。城市作为集人才、资源、资本于一体的集合体，其主体具有较强的抗干扰能力，但作为大尺度的人工建成区，生态系统为其最脆弱点，因此城市韧性规划研究应对的外界扰动重点关注主要集中于自然环境突变的威胁；而相对地，广大乡村尤其是量大面广的原生农业型乡村，其自然景观具备保持水土等良好的生态作用，人居聚落散落在自然之中，人地共生的关系下乡村自身具有较强的抵抗自然环境突变的能力，但政策变化、城镇化影响、资本下乡、社会格局变迁等渐变式的人为社会因素扰动因子对乡村产生了更为深刻的影响甚至威胁，因此渐变式扰动因子应成为乡村韧性研究中的关注重点。

但总体而言，现有韧性乡村仍在起步阶段，存在明显不足，亟待更多文献补足。首先，既有乡村韧性研究涉及的乡村类型仍为少数类型，应用范围不够普适，尤其是缺乏对社会经济最为脆弱的农业型乡村的关注；其次，对乡村韧性影响机制作用缺乏深入的解读，未能对构成要素进行轻重缓急的判断；最后，对乡村韧性的维度解析和策略建构偏向宽泛化和综合化，精准针对性和可操作性不足，特别是欠缺从空间营建过程等视角提出提升乡村韧性的可操作性策略。

3.3 分析工具与研究逻辑搭建

3.3.1 "韧性乡村"评估方法

本研究将通过对比不同时期、不同类型乡村的韧性差别认知"韧性乡村"的构成要素和作用机制，但如果从韧性内涵包括的三种能力（稳定力、恢复力和适应力）角度进行韧性高低的判定，较为抽象和模糊，且这三种能力互相关联难以厘清，因此首先需建立具备可观察、可比较的"韧性乡村"评估方法。基于国际上的韧性城市评估方法和韧性乡村评估方法，针对我国的乡村语境，提出用乡村系统韧性对比的评估方法。

针对城市韧性的评估体系已有丰富的研究，夏里菲（Sharifi）[1]通过筛选覆盖多个国家的36套韧性评估体系进行了系统分析，这些体系分别针对复合型风险、自然风险、经济衰退风险等多种类型的危机，从危机发生后城市恢复的"结果"以及城市具备的"潜力"两种方式进行评估，评估方法包括基于统计数据和数学模型的定量方法以及基于公众感知、专家判断的定性方法，采用计分、指数、数学模型、工具包的指标形式，指标有多种类型：作为底线的标准值、作为不可突破的阈值或是作为韧性目标的原则。这些评估体系解析韧性的维度非常多样，但可归纳为五个维度：自然环境、社会、经济、建成环境和制度。环境维度的指标主要与自然资源的保护、多样性等相关；社会维度的指标主要包括社会结构、社区网络关系纽带、安全与健康、平等与多样化、地方文化传承几方面；经济维度的指标涵盖就业结构与水

---

[1] Sharifi A. A critical review of selected tools for assessing community resilience[J]. Ecological Indicators, 2016(69): 629-647.

平、经济缓冲措施、经济多样性三类;建成环境主要指基础设施的稳健性与冗余、高效能维持、信息交流技术、交通、土地利用与城市设计等方面;制度维度包括利益相关参与机制、公共管理机制、风险情景规划管理机制、合作与研发、法规制定、教育与培训等内容(表3-8)。

表3-8 主要城市韧性指标体系的维度解析与指标标准细则

维度	分项	标准细则
环境	自然环境资源	生态系统检测和保护,湿地和分水岭保护,生物多样性和野生动植物保护,侵蚀地保护,自然资源的可利用度和可达性,资源品质维护,生产、消费、回收等资源管理
社会	社会结构	人口构成,土地与住房所有权,应灾技能
	社区网络关系纽带	社区团体的联系度,集体记忆、知识和经验,信任和互惠,地方依恋,社区感和自豪感,争议解决机制
	安全与健康	犯罪率下降,心理和生理健康,预防性保健措施,响应性健康措施
	平等与多样化	边缘群体和特殊群体的平等和包容,文化多元区的劳动力多样性,基础服务设施的可负担与公平性
	地方文化传承	文化和历史保护,传统和土著文化传承,地方文化的尊重和程序的地方特性,积极的社会、文化和行为规范
经济	就业结构与水平	就业率和就业机会,收入,贫穷率,劳动力的年龄结构,高技劳动力比例,教育水平
	经济缓冲措施	个体和社区储蓄,集体产权资源,产业再发展计划,保险和社会福利,金融办法
	经济多样性	内向投资,绿色就业和绿色经济投资,区域经济联系度,商业合作,多元经济结构和生计策略,对小微企业、小型金融服务的开放,公共—私人伙伴关系,本地市场供需平衡
建成环境	稳健性与冗余	关键基础设施的冗余、坚固性、分布与布点,设施提供者之间的合作和团结,空间和设施的多功能,设施的保护
	高效能维持	设施的日常检测、维护、更新,建成环境的改造、更新、翻新
	信息交流技术	信息交流技术网络的多元化和可靠性,灾前、中、后的紧急交流设施
	交通	交通的承载力、安全性、可靠性、整合、高效,广泛多样的交通设施
	土地利用与城市设计	基本需要和服务的可达性,安全选址的居住区,城市形态,混合土地利用,街道连通度,发展密度,公共空间和交流设施,绿色和蓝色基础设施,抗渗表面,美学和视觉品质,被动技术的照明、采暖、降温

(续表)

维度	分项	标准细则
制度	利益相关参与机制	多元利益相关者的决策,共识、更新、整合的远景计划,透明性、问责、腐败监管,职责和资源的分权
	公共管理机制	高效的资源管理模式,紧急处理从业者的熟练度、响应能力和冗余数量
	风险情景规划管理机制	持续更新的风险评估,情景规划,预警、疏散管理,评估体系数据库的标准化、更新、整合,瞬时人口(如游客)的紧急疏散规划
	合作与研发	交叉部门合作,邻里社区的合作,知识转移与经验分享,创新技术使用,相关研究支持
	法规制定、教育与培训	相关法规制度的加强,行动需求与管理,教育、培训、交流、演习培训,激励自我驱动的自组织模式

(来源:作者自绘)

而在乡村韧性评估的文献中,韧性的维度解析也覆盖了社会、经济、自然、人力、心理、设施等多个维度,其中大部分文献都至少包括了社会、经济、自然三个维度。与城市相比,乡村韧性的评估有以下差异点:首先,乡村韧性评估更为强调社会维度的韧性,通常用"社会资本"的概念对这一维度进行归纳,"社会资本"指增强社会网络合作、互惠、信任的规范,在微观上表现为个体拥有的社会关系网络及通过网络获取资源的能力,在中观上指社区组织在社会网络形成中的作用和成员间义务与权利的分配,在宏观上指嵌入在社会系统中依赖的制度和规则[1],观察社会资本是否积累是评估乡村社会韧性的重要指标;其次,乡村韧性评估注重农业发展与农民收入,体现在农业投资、农业多样性、农业电子商务发展程度、农场数量和规模等指标内容上(表3-9)。

表3-9 各类乡村韧性指标体系维度解析

维度	乡村聚落韧性评价[2]	在地性的乡村社区韧性指标[3]	应对经济危机的乡村韧性指标特征[4]	乡村综合韧性指标[5]	干旱乡村韧性指标[6]	乡村农业社区韧性指标[7]
社会	劳动力外出比;社会组织发展指数	乡村人口互动紧密,利益相关者间沟通良好,具备多样性	消费占收入比,可支配收入,选举投票参与度,伙伴关系度,社会组织占比,合作社参加比	城市化水平,离乡率	地域归属感,认同感,内部合作和伙伴关系,社会保险	人口结构,收入,交通和交流设施

---

[1] 赵衡宇,胡晓鸣.基于邻里社会资本重构的城市住区空间探讨[J].建筑学报,2009(8):90-93.

[2] 岳俞余,高璟.基于社会生态系统视角的乡村聚落韧性评价:以河南省汤阴县为例[J].小城镇建设,2019,37(1):5-14.

[3] Salvia R, Quaranta G. Place-based rural development and resilience: A lesson from a small community[J]. Sustainability, 2017, 9(6): 889.

[4] Sánchez-Zamora P, Gallardo-Cobos R. Diversity, disparity and territorial resilience in the context of the economic crisis: An analysis of rural areas in southern Spain[J]. Sustainability, 2019, 11(6): 1743.

[5] Wilson G A, Hu Z P, Rahman S. Community resilience in rural China: The case of Hu Village, Sichuan Province[J]. Journal of Rural Studies, 2018(60): 130-140.

[6] Khatibi S A, Golkarian A, Mosaedi A, et al. Assessment of resilience to drought of rural communities in Iran[J]. Journal of Social Service Research, 2019, 45(2): 151-165.

[7] Bizikova L, Waldick R. Summary of the underlying dataset to assist in tracking resilience of rural agricultural communities[J]. Data in Brief, 2019(23): 103676.

(续表)

维度	乡村聚落韧性评价	在地性的乡村社区韧性指标	应对经济危机的乡村韧性指标特征	乡村综合韧性指标	干旱乡村韧性指标	乡村农业社区韧性指标
经济	农工活动多样性指数；非农活动多样性指数	教育、社区活动、本土文化等设施与机构的投资较高，农民农业收入较好，产品供应者与生产者具有多样性、政府补贴的依赖程度较低，依赖本地资源和市场	就业率，收入，创新和投资，经济结构，经济活力度，农业、工业、建筑业、服务业的发展指数	社区嵌入全球化经济程度，社区富裕程度，国家补贴，电子商务可达性，城市化水平	多样性，农业耕作物种的优化，种植技术提升，节约，收入来源多元化	农场规模与数量，作物与畜牧业特征，农业基础设施发展水平
自然	土地资源集约利用度；生态空间类别和面积	水土保护，多元作物种植，多种耕种模式，地块轮种，水土品质好	偏僻程度，海拔高度，碳排放量，生物多样性，自然空间占比，资源，土地侵蚀程度，水资源丰富度	农业耕种方式影响	—	水域保护，生物多样性
人力	—	—	人口，人口密度，人口年龄结构，人口吸引度，受教育程度，公共服务可达性、网络使用度	—	—	—
心理	—	—	—	—	对未来的希望，自豪感，信仰，实现目标的努力度，疾病和心理压力，外迁偏好，适应力	—
设施	—	—	—	—	—	洪水区设施，水资源紧张应对设施，交通与网络设施

(来源：作者自绘)

基于文献中各类指标体系的启发，考虑指标的可观察性、易得性和可比性，针对我国乡村语境，将韧性解析维度精简为社会、环境、经济三方面，以人口特征和社会网络关系评估社会韧性，以自然环境和建成环境两方面观察环境韧性，以产业水平和区域影响力衡量经济韧性，具体指标根据统计数据、现场调研观察及利益相关者访谈获取。对不同乡村提取营建要素特征差异之处，用评估方法获取韧性状态，将两者关联，可获取影响韧性的要素特征（表3-10）。由于各项指标的重要程度尚不明确，暂不考虑其权重系数的差别。

表 3-10 "韧性乡村"评估方法

目标层(A)	维度层(B)	分项层(C)	指标层(D)
A1 乡村系统韧性	B1 社会	C1 人口特征	D1 迁出率
			D2 村民受教育程度
		C2 社会网络关系	D3 村民话语权
			D4 社区联系紧密度
			D5 公共服务水平
	B2 环境	C3 自然环境	D6 水体绿地保护情况
			D7 物种多样性
			D8 景观多样性
		C4 建成环境	D9 基础设施水平
			D10 居住环境水平
	B3 经济	C5 产业水平	D11 村民平均收入
			D12 非农就业率
			D13 农业生产率
		C6 区域影响	D14 经济受全球化影响程度
			D15 政府依赖补贴程度

(来源：作者自绘)

3.3.2 乡村营建的三向度：空间、产业、主体

乡村营建通过对空间的重构为乡村韧性发展提供物质基础，在策划、规划、建设及运营的营建全过程中，空间呈现了多面属性：作为容器的物质属性、促进发展的资本要素属性以及体现权力主体的社会属性①，据此以空间的属性推导乡村空间营建的分析向度。

大卫·哈维的"资本三级循环理论"论述中，较为清晰地体现了空间这三类属性，该理论建立在哲学家列斐伏尔(Lefebvre)"空间生产"理论这一空间哲学的认知基础上。1974年，列斐伏尔提出"空间生产"理论②，突破了传统对空间是"物质的、中性的"场所或容器的属性认知，创造性地认知到空间是被有目的地生产出来的，空间生产是社会关系的空间化表达，代表着空间主体的权力，因而具有"社会"属性③，而由于权力与资本的强势往往成为空间主导者，导致空间的权力化与资本化，易激发空间正义的失衡。

大卫·哈维进一步通过"资本三级循环理论"解释资本逻辑推动空间生产的过程，揭示了空间不仅能作为场所、要素参与生产，还具有通过空间主体的转移而起到社会正义调节器

---

① 李敢,余钩.空间重塑与村庄转型互动机制何以构建[J].城市规划,2019,43(2)：67-73.
② Lefebvre H. The production of space[M]. Oxford：Blackwell,1991.
③ 包亚明.现代性与空间的生产[M].上海：上海教育出版社,2003.

的作用(表3-11)。首先,他将马克思《资本论》中的资本投入生产过程称为资本的初级循环(Primary Circuit)[1],资本投入生产资料、消费资料进行规模化的商品生产,获取的利润又作为资本投入再生产以此形成资本的循环,但当过度生产导致商品过剩、利润下降、资本闲置时,资本初级循环将面临中断,此时,空间是生产与再生产的场所,场所本身也是必备的生产要素。其次,资本投入空间生产而进入次级循环(Second Circuit)以过渡初级循环的危机,通过对城乡建筑、基础设施等空间环境进行投资建设以影响人口和生产资料的空间布局重构,一方面,基础设施缩短了商品与劳动生产者、消费者的距离,吸引产业就业、缩短生产周期,加速了商品消费的过程,促进商品资本的初级循环;另一方面优化的空间自身也被符号化[2],成为消费者的"空间体验商品",增加新的消费内容,加速资本的积累和流动。在次级循环中,哈维认为空间以生产、消费、流通、分配的载体作用成为资本逐利的工具[3],空间被资本所主导,导致了城乡蔓延、碎片化开发、发展不平衡等空间非正义问题,初级循环的资本危机也将转嫁到次级循环[4]。最后,为了缓解次级循环危机,资本被迫进行第三级循环,将空间的主体权力部分归还给公众,即开展国民教育、科技以及社会公益事业的投资,以社会福利空间的创建维持资本增值所需的社会平衡环境,空间通过权力主体的转移调节了社会正义。

表3-11 资本的三级循环过程

	特征	空间作用	空间属性	危机
资本初级循环	资本投入商品的生产与再生产	生产与再生产的场所	物质容器属性,资本要素	商品过剩、利润下降、资本闲置
资本次级循环	资本投入城乡空间建设	基础设施支撑体、消费商品	物质容器属性,资本要素,社会属性	空间非正义、资本闲置
资本第三级循环	资本投入公共事业	福利空间,社会正义的调节器	社会属性	—

(来源:作者自绘)

依据空间的物质容器属性、资本要素属性和社会属性,在微观维度将空间营建解析为物质空间、产业与主体三个微观向度,以搭建乡村营建与宏观韧性目标之间的关系桥梁,有助于诠释空间营建特征对乡村韧性的作用要素与机制。在物质空间向度(以下简称"空间向度"),乡村是村民作为生产、生活的容器载体,以整体布局、功能用地、建筑形态等为表征,与韧性的环境维度紧密相关。在空间营建的产业向度,不仅意味着乡村空间的环境优化、基础

---

[1] 遆百慧,王红扬,冯建喜.哈维"资本三级循环"理论视角下的大都市近郊区乡村转型:以南京市江宁区为例[J].城市发展研究,2015,22(12):43-50.
[2] 刘彬,陈忠暖.权力、资本与空间:历史街区改造背景下的城市消费空间生产:以成都远洋太古里为例[J].国际城市规划,2018(1):75-80.
[3] Harvey D. The limits to capital[M]. Oxford: Blackwell, 1982.
[4] 范建红,莫悠,朱雪梅,等.时空压缩视角下城市蔓延特征及治理述评[J].城市发展研究,2018,25(10):118-124.

设施的普及具有促进在地就业、一、二产业的生产流通的作用,更说明乡村自身的空间异质化有潜力成为消费者的"空间体验商品",促进旅游业发展,是提升经济韧性的有效工具。在空间营建的主体向度,当资本以逐利为目的介入乡村营建导致空间同质化开发、村民主体失语等危机时,需要通过空间回归村民主体权力属性来化解,是实现社会韧性的重要手段。(图3-1)

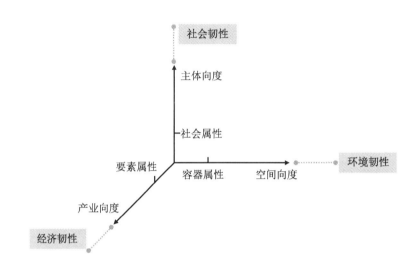

图 3-1　与韧性关联的空间营建的三向度解析

(来源:作者自绘)

3.3.3 "路径、构成、维度"的研究逻辑

在如今乡村外部受到格局变动的不确定性风险、内部面临资本下乡主体多元化的复杂性之时,"韧性乡村"的理论研究和针对性的营建策略亟须展开,对以村民为主体开展乡村建设、关注村民利益、实现乡村振兴目标具有重要意义。在研究展开逻辑上,通过探索"韧性乡村"的构成要素和作用机制,获取"韧性乡村"的认知框架,并从空间解析视角提出针对性的提升系统韧性的营建策略。首先,从历时性与共时性层面分别选择乡村演化的四个时期以及当前乡村的三种主要类型,在微观上从"主体—产业—空间"的空间营建三向度进行解析,在宏观上利用"韧性乡村"评估方法从"社会—经济—环境"维度上进行韧性程度的判断与对比。其次,根据不同乡村的空间营建特征与韧性的关联与比较,抽取出韧性建构的各个要素,并判断各要素在韧性演化过程中的先决条件、决定要素和表观特征等作用机制,形成韧性要素的认知框架。最后,依据各要素的作用机制,针对农业型乡村的风险认知,以社会、经济、环境三个维度的韧性为目标,以主体、产业、空间为基点针对机制与过程提出适应性营建策略。以此形成涵盖研究路径、内容构成、解析维度的"韧性对比—要素认知—营建策略"的逻辑框架(图3-2)。

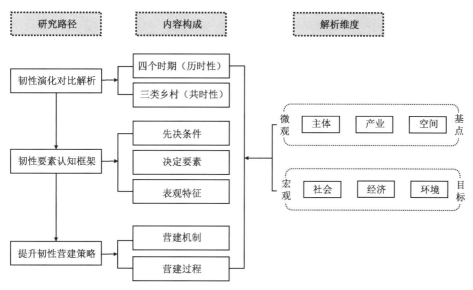

图 3-2 韧性乡村"路径、构成、维度"的研究逻辑

(来源:作者自绘)

3.4 本章小结

本章梳理了"韧性乡村"的理论基础,并搭建了寻求认知框架的研究逻辑。首先,通过对系统论、自组织理论以及复杂适应系统的理论演进,加强了对系统特征、演化条件、演化动力、演化路径和适应性机制的认知,为理解乡村系统的适应演化建立了综合分析框架;其次,梳理了韧性城市和韧性乡村的相关理论研究进展,韧性城市的研究关注点呈现为从防灾到应对多元性风险的变化,"韧性乡村"的研究尚属起步阶段,但应对的外部风险具有从突变扰动到渐变扰动的趋势;最后,基于韧性理论建立了乡村韧性评估方法,基于空间属性解析了乡村营建的三向度,以形成宏观、微观的分析维度,并搭建了"路径、构成、维度"的"韧性乡村"整体研究逻辑。

4 外部扰动下乡村营建要素特征的动态演化与韧性状态评估

解析各类乡村营建向度中的"主体—产业—空间"特征,并对各个乡村进行韧性评估,将两者进行关联分析获取影响系统韧性的要素特征,从历时性和共时性角度选择用于对比的乡村时期与类型。在历时性角度,根据系统韧性变化的转折点将我国乡村历史划分为传统自治时期(先秦—1949)、二元限制时期(1949—1978)、快速变革时期(1978—2003)、重构转型期(2003—2017)四个时期。在共时性角度,选取重构转型期的不同产业类型的乡村——农业型、工贸型及旅游型乡村,以探索在当前"乡村振兴"战略时期(2017至今)农业型乡村的韧性发展路径。

4.1 传统自治时期:重农思想下的乡村自组织(先秦—1949)

4.1.1 土地、赋役与基层管理的制度演进

传统自治时期,乡村制度环境中土地分配制度、赋税徭役制度、基层管理制度的变动对主体、产业、空间三个微观向度的影响最大,由于村民主体对制度的适应行为,产生的产业行为和空间建设直接促进了乡村系统的演化过程(表4-1)。

表4-1 传统自治时期各项制度变化

时期	先秦	秦	汉	北魏	中唐	北宋	明	清
土地分配	井田制	废除井田制	部曲庄园制	均田制	放弃分配,不立田制			
赋役制度	贡助彻	田租+户税+杂税	租调制	租庸调→两税法	两税法	一条鞭	摊丁入亩	
官方正式管理组织	基层政府				过渡期		基层组织	
	乡里制	乡官制:"乡亭里"三长制+父老权威"三老"	乡官制:"党里邻"三长制		乡官→职役制:乡里→保甲制	职役制:里甲制→保甲法	职役制:里甲法+保甲法→保甲法	
非正式管理组织	井田邻里共同体	—	庄园经济共同体	—		自治宗族乡约组织	乡约组织、乡绅阶层	

(来源:作者自绘)

(1) 从"官田"到"民田"的地权结构变动

随着土地分配制度的变动,土地所有制结构总体呈现从"官田"到"民田"的土地所有制私有化进程;而随着土地买卖政策与规则的不断松弛,土地流转渠道逐渐畅通,土地兼并现象加剧,私有土地又出现分化,以大地主所有制占主导,小农所有制在历史演化中不断萎缩,小农不断失地而沦为佃农和半佃农[①](表4-2)。

土地制度的变动,影响了小农获取土地的方式,租佃制成为其耕作土地的主流方式。

表4-2 乡村地权结构变动

时期	先秦	秦	汉	北魏	中唐	北宋	元	明	清
土地分配	井田制	废除井田制	部曲庄园制	均田制	放弃分配,不立田制				
官田私有化	全体国有	部分直接私有化	被占为豪强庄园	桑田(永业田)私有化	口分田私有化	官田私有化	国有土地剧增后赐田私有化	屯田圈地后官田买卖私有化	
土地买卖与限田	×	√	√	×	√	√ 宗法原则	√	√ 不受宗法原则限制	
限田规模	—	—	限田	—	不限田				
官有土地	—	↓	↓	↓	↓	↓	↑↓	↑↓	
大地主所有土地	—	↑	↑	↑	↑	↑	↓↑	↓↑	
小农所有土地	—	—	—	↑	↓	↓	↓	↓	

(来源:作者自绘;表中图例:↑增加,↓减少,×不允许,√允许)

(2) 由人口税到资产税的赋税调整

赋役制度在中唐时期出现转折,其调整实质上是从"人口税"到"资产税"的转变,即从以人口为主要依据收取赋役,转向了根据资产的多寡确立税收数额。这一调整与私有化的土地所有制相适应,国家通过加强对资产的控制最大化地获取税收,但从小农角度考虑,拥有土地者才需缴纳税收,减轻了失地、少地贫困农民的赋税负担[②](表4-3)。

表4-3 乡村赋税制度调整

时期	先秦	秦	汉	北魏	中唐	北宋	明	清
赋役制度	贡助彻	田租+户税+杂税			租调制	租庸调→两税法	两税法	一条鞭	摊丁入亩
赋役性质	人口税为重				过渡期		资产税为重	

(来源:作者自绘)

---

① 赵冈,陈钟毅.中国土地制度史[M].北京:新星出版社,2006.
② 葛金芳.中国近世农村经济制度史论[M].北京:商务印书馆,2013.

（3）由乡官到职役的乡里组织转换

以北宋为分界点，皇权不下乡，政府权力回升到县一级，乡里负责赋役征收、调解纠纷和地方事业的官方管理组织由"乡官制"的正式行政机构转变为徭役式"职役"的非正式行政机构①。与基层行政管理弱化相对应地，宗族力量彰显，以南宋《吕氏乡约》为代表、以地域和血缘为基础的地方宗族自治组织"乡约"开始涌现②，明清时期乡绅阶层成为乡村自治共同体的核心（表4-4）。

表4-4 乡村基层组织变化

时期	秦	汉	北魏	隋唐	北宋	明	清
类型	乡官制（皇权控制乡村）			转型	职役制（皇权不下乡）		
官方乡里管理组织	"乡亭里"三长制 父老权威的三老	党里邻 三长制	转型期	保甲制	里甲法→保甲法	里甲法→保甲法
非正式管理组织	—	庄园经济共同体	—	—	自治宗族 乡约组织	乡约组织、乡绅阶层	

（来源：作者自绘）

4.1.2 重农思想下的人口自组织活力

在主体层面，传统自治时期形成的"重农抑商""以农为本"思想，利于粮食的供给、农民人口的固定以及徭役的征收，各类身份向农的转换渠道畅通而使乡村人口始终保有活力，并在自组织乡里共同体中涌现出乡绅阶层。

（1）转换渠道畅通的城乡身份

重农思想下，城乡人口不同身份与农民之间的转换渠道畅通，农民有着向其他行业、向城市转移的自由与可能性，且其他阶层向乡村转移的自主意愿也较高，因此乡村有着源源不断的人口活力。①小农留乡。早期"均田"思想的土地分配使大部分农民成为有地自耕农，"人头税"转向"资产税"的赋税制度减轻了小农的税收负担，租佃制保证了失地农民仍可依靠耕种维持生计，这一系列因素使得在重农思想，农民社会地位高的背景下农民自发留乡务农而未进入工商阶层。②富商回乡。贫苦无地的农民弃农从商致富后，因商人的社会地位低下、权利受损，往往选择回乡买地，重新成为有地农民或地主，资金和人力也因此流向了农村③，即司马迁所说的"以末致财、用本守之"。③官绅还乡。在科举制度下，农民子弟可以参与科举成为官宦士族，而官员退休后，受宗族文化影响，"告老还乡""解甲归田"回归乡里是必然之举，其培育新一代士族促进了"农""士"循环转化，乡里出仕流向城市，官绅退休回归乡里，城乡中"士"的人口流动处于平衡状态（图4-1）。

---

① 何光普.国家与乡村互动下的中国基层行政组织变迁[D].长春：吉林大学，2014.
② 杨建宏.《吕氏乡约》与宋代民间社会控制[J].湖南师范大学社会科学学报，2005，34(5)：126-129.
③ 赵冈.中国传统农村的地权分配[M].北京：新星出版社，2006.

(2) 双轨政治中的自组织乡里共同体

乡村熟人社会由于血缘传承、地缘聚居而享有宗族情感纽带、具有相互认同感、遵守共同习俗、达成经济自足,自发形成独立的自治乡里共同体,基于共同利益与需求,对抗外来权力干预。自治乡里共同体与皇权治理乡村共同塑造了乡村治理的双轨制格局。

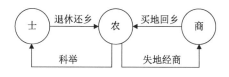

图 4-1 城乡身份转换

(来源:作者自绘)

先秦井田制下"守望相助""供养公田"的集体共同体生活,是最早的"井田邻里乡里共同体"的雏形;汉代至北宋遵循"儒表法里",在乡里制度方面选择宗族长老权威者担任"三老"辅助管理,宗族也具有共有财产、需祭祀先祖,在战乱时期以宗族成员为核心、以乡里关系为纽带形成"庄园自卫共同体"[1];北宋实行保甲制后,国家权力正式撤出乡村,宗族力量组织化,逐渐设立具有共同生活规则的组织——"乡约",开展互帮互助、调解纠纷,推行道德理法教化、促进乡村治理建设。

(3) 作为乡里共同体代表的乡绅[2]

自组织乡里共同体中,乡绅阶层在明清时期逐渐成为乡村的核心管理者和控制者,即学者秦晖所说的"国权不下县,县下维宗族,宗族皆自治,自治靠伦理,伦理造乡绅"。

乡绅阶层在科举制度的特权及民间认同的共同作用下形成[3],一般由休假(如守孝)居乡的官僚、退休回乡的前官僚、持有功名还未入仕的准官僚构成。乡绅与皇权官僚体系的密切联系带来普通乡民缺乏的政治资源和文化资源,享有政府给予的优免权,在财富上也占有绝对优势。在共同的经历、利益和文化背景下,乡绅固定成了乡村社会的一个独立阶层。在费孝通描述的皇权统治和乡村自治的"双轨政治"中,乡绅的特殊地位起到了上下沟通、良性互动的"调节器"的作用[4](图 4-2)。

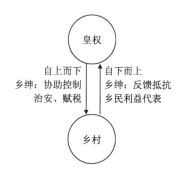

图 4-2 乡绅在双轨乡治路径中的作用

(来源:作者自绘)

一方面,乡绅之治成为国家权力的延伸,协助维系皇权在乡村中的服务与管制。既无国家权力、又无社会权威的保甲组织进行乡村治安管理、赋税催征等行政事务,势必需要得到乡村权威体系支持,最终催生了乡绅捐资组织团练维持地方安定、乡绅举荐保长进行征收赋税杂役等操控模式。乡绅尽管没有法定权力,但作为非正式权力成了乡村的实际领导者,也默认其具有配合官府治理乡村的义务和责任,协助国家在乡村的统治。

另一方面,乡绅也是抵御国家权力的屏障,是乡民的利益保护者。乡绅与本地乡民之间有着血缘、地缘的紧密联系,具有强烈的身份认同,乡民也因敬仰乡绅的文化素养而尊崇乡

---

[1] 李锦山.略论汉代地主庄园经济[J].农业考古,1991(3):108-124.
[2] 徐祖澜.乡绅之治与国家权力:以明清时期中国乡村社会为背景[J].法学家,2010(6):111-127.
[3] 张健.传统社会绅士的乡村治理[J].安徽农业科学,2009,37(5):2272-2274.
[4] 费孝通.乡土中国·乡土重建[M].北京:群言出版社,2016.

绅的权威地位,能否保护地方利益、增进乡村福祉成为官府和乡民评判乡绅的传统标准。在维护公共利益上,乡绅可以动用"绅权"与官员谈判、利用自身政治关系施压,为民请命、传达民间意见、促成政令修改;在公共服务上,官府力量式微,公共事务的组织与公共品的提供逐步被认可为乡绅的职责,促进了乡村基础设施与公共服务的齐备。

4.1.3 家庭组织化、兼业化的生产行为

(1) 全员全时、精耕细作的家庭组织化生产

"以粮为主、精耕细作、小农经营"是传统自治时期三位一体的农业经营格局。

精耕细作的集约经营方式与传统自治时期的自然环境及制度环境相适应。为抵御恶劣的自然环境,劳动密集型、培养地力、利用水田灌溉设施、连种及复种模式等精耕细作的农业技术体系,最终在时间上与单位面积上比欧洲同时期长期休闲制具有更高的土地利用率[1],在1909年被美国农业教授金认可为"可持续农业"[2];自耕农比西方同时期的庄园农奴制农民具有更多人身自由,可利用无工资成本的家庭劳动力,在人多地少的土地格局下,通过家庭全员、全时、多劳动力的投入以最大化提高土地利用率和单位产量,运用家庭的组织化耕作达成"以较少土地养活较多人口"的目标。

但在人口剧增的明清时期,家庭平均土地规模过小(表4-5),黄宗智[3]认为小农经济出现了"内卷化"现象,或称"过密化"现象,即由于重粮食生产而轻牧养牲畜、依靠多劳动力的投入,尽管土地生产率高、年产出上升,但劳动力的边际成本下降,每多投入一个劳动力对生产总量增量下降,即劳动生产率变低,小农经济逐渐沦为"贫穷经济"。过剩的劳动力负担下形成了低效率的农业经济模式,无法实现资源配置的优化,农业技术停滞,拖累了工业化进程。

表4-5 清朝人均耕地面积变化

年代	人均耕地/亩	年代	人均耕地/亩
1661(清顺治)	26.07	1753(清乾隆)	6.89
1685(清康熙)	25.96	1766(清乾隆)	3.53
1724(清雍正)	27.04	1812(清嘉庆)	2.19

(来源:葛金芳.中国近世农村经济制度史论[M].北京:商务印书馆,2013:140.)

(2) 家庭经营优势下的雇工制到租佃制

随着小农所有制的萎缩,租佃制成为主流的小农耕作制度。通常所说的小农便包括拥有土地的自耕农与失地而租用地主土地的佃农。

---

[1] 叶茂,兰鸥,柯文武.传统农业与现代化:传统农业与小农经济研究述评(上)[J].中国经济史研究,1993(3):107-122.
[2] 富兰克林·金.四千年农夫:中国、朝鲜和日本的永续农业[M].程存旺,石嫣,译.北京:东方出版社,2011.
[3] 黄宗智.长江三角洲小农家庭与乡村发展[M].北京:中华书局,2000.

租佃制因具备农户家庭经营优势而替代雇工制成为主流的土地经营方式①。在农户端,使用家庭成员为劳动力具备劳动时间弹性、无须支付工资的优势,在劳动力过剩时可以提高劳动力投入获得更高单位产量来吸纳过剩劳动力,也可以寻求租用额外土地等方式增加土地面积以增加产出糊口;在地主端,雇工经营有着最低限度的工资成本,当市场劳动力过剩时,无地农民愿意支付较高租金耕种土地,一旦地租收入超过雇工经营的净收入,地主便更愿意将土地出租;此外,发挥小农积极性的定额地租模式,不仅减少了地主的雇工监督时间和成本,也保证了地主的持续稳定收入。理性小农和理性地主在劳动力过剩压力下,共同选择了以家庭经营为基础的租佃制。

(3) 小农家庭兼业化的乡土手工业

小农经济中盛行"男耕女织"家庭式配合的兼业化现象,在土地耕种外,小农家庭还进行一些纺织手工业、小商业等经营活动。首先,农业生产自身特征是兼业化的基础,农闲时的劳作时间间隙、自产农产品等分别为兼业化提供了劳动时间与手工业原料,引发兼业的可能性;其次,沉重的赋税或土地租金与有限的人均土地资源,使得家庭耕种产出难以维持生计,为自身利益最大化,小农家庭寻求非农行业以贴补家用,家庭的手工业兼业成为容纳剩余劳动力、额外增收的重要渠道。但总体来说,这样的非农产业兼业主要是以"自给自足"为导向的,而非以盈利为目的。不过,家庭手工业兼业形成了乡村手工业经济,并在一定时期内呈现相当规模,促进了手工业的商业化,其兴盛时期甚至挤压了部分城市手工业②。

小农的"农副结合"兼业化行为在以农耕为本的基础上提高了小农的经济收入,使得乡村面对国家赋税索取、人口剧增压力时具备更好的适应能力,维系着传统自治时期的社会稳定。而至近代,受到现代化、大规模、批量生产的西方机器工业的冲击,乡村手工业失去城市市场,也导致乡村产业系统的衰落与崩溃③。

4.1.4 乡里共同体下的村落建设

(1) 功能:乡绅支持的基础设施与公共服务

乡绅作为乡里共同体的主要力量,承担了乡村建设中基础设施提升与公共福祉增进的职能。基础设施提升包括修路造桥、开河筑堤、兴修水利等,为乡村的道路交通系统、水运系统、农业灌溉系统提供基本建设和维护管理,主要由乡绅阶层捐款主持建设;即使是经费支持较为多元的重大工程建设,乡绅捐助比例也总是远远超过政府拨款和受益百姓缴纳的摊派税收④。公共福祉增进包括设立祠堂、庙宇、书院、族田等公共服务空间,提供祖先祭拜、宗族社会管理、村民议事、文化传播等场地,促进了乡村社会的凝聚力。如族田是为了强化宗法观念、"利子弟"的宗族共有田产,不允许买卖,其收入不断用于供奉祭祀、赈赡族人、积储仓库、资助学费,缓和了贫富分化、减弱社会动荡、增强宗族的内聚力⑤,起到了公益基金

---

① 葛金芳.中国近世农村经济制度史论[M].北京:商务印书馆,2013.
② 赵冈,陈钟毅.中国土地制度史[M].北京:新星出版社,2006.
③ 费孝通.乡土中国·乡土重建[M].北京:群言出版社,2016.
④ 张丽娜.乡绅·基层重构·公共事业与近代宁波水治理研究[J].浙江档案,2018(9):51-54.
⑤ 同①.

的作用,是宗族经济共同体的重要空间表征。

(2) 形态与建造:共同体下的村落自组织互助营建

乡村聚落空间主要由村民自发建造、互助营建的民居构成,其适应当地的地理气候与周边的自然环境,呈现出自组织生长的空间形态格局。

村落的自组织生长建立在地域共性"秩序原型"和村民个体"自主调适"的基础上①。基于强烈的宗族文化观念,村民们下意识地认同并形成了具有地域特征的民居意象,而相同的地域材料、建造技术手段使工匠们固化出了一套具有共识"秩序原型"的建造操作手法,因此民居的建筑空间格局、梁架结构体系、装饰装修艺术等都延续着独特的地域乡土风貌。而村民个体基于真实生活的需求与场地环境的限制,在保持原有的结构类型和基本形制的"秩序原型"下进行适应性自由调适,形成一个个相似而又不同的单体,在村域场地中不断自组织生长为有机的空间肌理形态。

民居的自主营建通常通过"互助建造"的方式实施,是宗族共同体契约精神的过程呈现(图4-3)。徽州传统民居的营建,通过互助营建,不仅获取了免费的劳动力,还增进了乡里的凝聚力;建造完成时全民参加的"上梁仪式"更是将个人的营建活动转变为集体庆祝的盛事②。在"互助建造"过程中,村民将宗族意识、地域文化和传统技艺不断传承延续③,也对集体建造下的乡村空间充满了强烈的情感寄托和认同感。

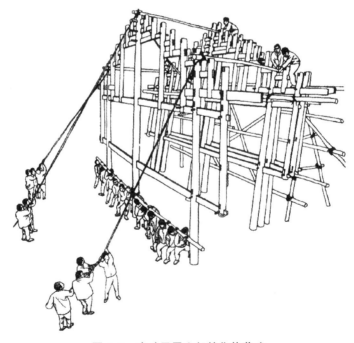

图4-3 穿斗民居立架的集体营建

(来源:边如晨.侗族民居建造体系的当代演化初探[J].住区,2018(6):128-135.)

---

① 贺龙.乡村自主建造模式的现代重构[D].天津:天津大学,2017.
② 边如晨.侗族民居建造体系的当代演化初探[J].住区,2018(6):128-135.
③ 王冬.乡土建筑的自我建造及其相关思考[J].新建筑,2008(4):12-19.

4.1.5 乡村主体不断适应的韧性系统

根据"韧性乡村"的评估方法,依据"主体—产业—空间"三向度的营建特征来评估社会、经济、环境三方面的韧性,传统自治时期乡村基本可视为主体随着制度环境的变化不断适应、韧性较高的系统。

在社会韧性层面,在重农思想下,城乡人口的身份有转化的自由,乡村持续保持着自组织的人口活力与经济活力;主体分化为农民、地主、乡绅等不同阶层,形成宗族共同体的组织力量,具有紧密的社会网络关系;通过乡里共同体的互助营建加强了地域的认同感。在经济韧性层面,应对制度、战乱和天灾等不同外部扰动,各个村民主体产生不同的非线性应对方式,涌现出自耕、租佃、雇工、兼业化、弃农从商、出仕等多种就业模式,具有高度的产业多样性和生命力。在环境韧性方面,聚落营建充分结合地域环境,与自然相融,实现了人地共生的和谐关系;乡绅支持下的空间实现了村民基础设施和公共服务的基本完备。(图4-4)

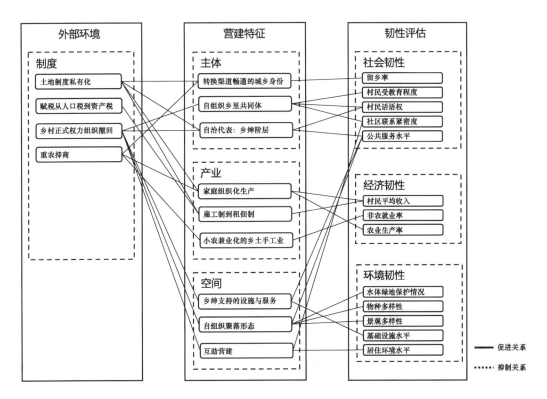

图 4-4 传统自治时期营建特征和韧性评估的关联
(来源:作者自绘)

但至清末,科举制等的废除使得人才的社会筛选和流动机制丧失,作为沟通国家与乡村社会"调节器"的乡绅阶层失去了合法基础而瓦解,有能力顺应社会变迁的乡绅精英不断向城市外流,乡村成为"土豪劣绅"的搜刮之地;同时小农兼业化遭受城市机器工业的冲击,大量农民破产逃亡;战乱不断、经济衰弱、人口不断外流的乡村,宗族关系不断弱化,空间建设缺乏有力主体的组织也逐渐停滞,乡村的传统自治系统逐渐崩溃,韧性逐步降低。

4.2 二元限制时期:国家意志下的乡村他组织(1949—1978)

4.2.1 乡村开放性的制度限制

中华人民共和国成立初期复杂的政治经济背景下,国家选择了重工业优先的国家工业化战略,农业充当了提供资本形成、积累的角色,农产品统购统销、集体化农地与人民公社制度、城乡分割的户籍制度成为乡村他组织的实施手段,乡村与城市间的开放性受到一定限制,引发了主体、产业、空间的一系列局限特征[①]。(表4-6)

表4-6 二元限制时期的主要制度变化

	1949	1952	1953	1956	1958	1959	1960	1961	1962	1966	1976	1978
土地制度	土地革命,确立土地农民私有制		公有制改造,初级社转高级社,确立土地集体所有制		人民公社,土地集体所有、集体经营				人民公社,直至1984,土地集体所有、"三级所有,队为基础"、生产队为核算单位,集体经营直至1982			
经济制度	—		1953年"指令订购"的统购统销政策;1984年改为合同订购制;1992年正式放开粮食市场									
户籍制度	—		1958—2014年,城乡二元户籍制度									

(来源:作者自绘)

(1) 农业市场管制:粮食三定政策

1953年第一个五年计划伊始,为应对粮食供需危机而实施的"粮食统购统销"政策取消了农业产品的自由市场,通过工农业品的价格"剪刀差"为工业化建设提供大量资金积累,推动工业化进程。该政策包括粮食的计划收购、计划供应及由国家控制粮食市场、统一管理等内容,即"定购、定销、定产"粮食三定政策[②]。通过控制并压低农产品的收购价将农民产出收购,以低价农产品配给匹配工业劳动力的低工资和工业原料的低成本,而工业的高额利润进一步转为工业投资金。直至1985年,国家以"合同订购"替代了僵化的"指令订购"来进行粮食收购,1992年粮价开放、市场重新形成,统购统销政策正式消解。

(2) 户籍二元化:城乡划分

1958年通过的《中华人民共和国户口登记条例》中对城市户口和乡村户口作了区分,并

---

① 刘守英.土地制度与中国发展[M].北京:中国人民大学出版社,2018.
② 李立.乡村聚落:形态、类型与演变:以江南地区为例[M].南京:东南大学出版社,2007.

且限定了从农村迁往城市的条件①。在当时工业建设冒进但城市商品粮供应短缺的背景下,户口管理政策从人口迁移的角度制止了农村人口的盲目流动,确保了农村务农劳动力的充足、统购统销政策的执行,由此开启了城乡二元行政管理的时代,城乡在供给品、教育资源、医疗资源、空间规划等方面逐步拉开了距离。

(3) 土地制度和基层管理的集体化:人民公社制度

土地制度由中华人民共和国成立前的地主私有制通过土地改革转为农民土地私有制,1953年社会化改造后实行集体所有制,并在1958年后进入人民公社期间又细化为三级所有的集体所有制,土地制度和乡村基层管理制度逐步结合。(表4-7)

表4-7 二元限制时期的乡村土地制度变化

时间	土地所有制(所有权)	土地经营制度(经营权)	乡村管理制度
1949—1952	农民私有制	家庭经营	乡镇基层组织
1952—1956	过渡期		
1958—1982	农村农民集体所有制	公社集体经营	人民公社(乡镇级) 生产大队(行政村级) 生产队(自然村/村民小组级)
1982至今	农村农民集体所有制	家庭联产承包责任制	乡镇基层组织,村内自治

(来源:作者自绘)

人民公社替代乡镇成为乡村基层管理部门,是实施统购统销政策的重要保障,农民户籍也被划为集体户口由公社管理。人民公社以"一大、二公、三拉平"为特征,即组织规模"大"、生产资料"公"有、贫富拉"平"。一般以一乡一社的规模,将土地与社员个人财产公有化,在全社范围内统一核算和分配,集合"工、农、商、学、兵",建立公共食堂,对农业生产甚至日常生活全过程进行组织军事化、行动战斗化和生活集体化的管理,限定土地和劳动力的使用方式,以平均主义统一按工分配报酬,完全替代了以家庭为单位的自主生产与生活模式。直至1984年,人民公社制度被取消,乡镇恢复为基层管理行政单位。

4.2.2 他组织压力下的逆城镇化

(1) 二元户籍下进城的人口流动限制

乡村人口的流动限制是与1953年实行统购统销政策相配合的,乡村人口劳动力数量是保证城市粮食供应的基础。在1953年"一五"计划实施、1958年"大炼钢铁"的"大跃进运动"等各个历史事件中,城市劳动力需求急剧增长,乡村人口不断主动流向城市,由此引发了粮食供应、住房、交通、就学、就业等一系列问题,政策因此主动推动了城乡二元隔离,通过1958年的城乡二元户籍政策、1960年将城市公共服务与城市户口挂钩、要求城市企业精简农民招工等方式,提高了农村户口人员在城市生活的难度,阻止了农民的任意迁移,限制了

---

① 1958年《中华人民共和国户口登记条例》规定:公民由农村迁往城市,必须持有城市劳动部门的录用证明,学校的录取证明,或者城市户口登记机关的准予迁入的证明,向常住地户口登记机关申请办理迁出手续。

农村劳动力进城①,仅在"文化大革命"期间知识青年"上山下乡"之时,城市对乡村的人口流动限制才有所松懈。总的来说,城乡二元户籍管理,限制了农村劳动力自发流向城市的渠道(表4-8)。

表4-8 二元限制时期的乡村人口流动情况

时间	政策	事件	乡村人口流向	乡村人口数量变化	城市问题
1953	"一五"计划实施	城市工业用工需求	大量流向城市	1949—1953年 −1 987万人	粮食供应、住房、交通、就学、就业等问题
1953—1958	政策劝止农民盲目进城	—	被限制进城	—	
1958	城乡二元户籍制度	"大跃进",城市发展重工业热潮,户籍管理松懈	流向城市参与"大跃进"	1957—1960年 −4 000万人	粮食定额生产困难,粮食供应紧张
1960	精简农民招工,城市公共服务和户口挂钩	户籍管理严格化	大量返乡、限制进城	1961—1963年 +2 600万人	
1966—1976	"文化大革命",知识青年"上山下乡"	户籍管理松懈,城市发展需要,面向乡村招工	流向城市	1967—1976年 −1 000万人	

(来源:作者自绘,数据参考:马福云.当代中国户籍制度变迁研究[D].北京:中国社会科学院研究生院,2001.)

(2) 政治背景中下乡的人口流动鼓励

在不同的历史事件中,出现了城市人口迁向乡村的流动,涉及人口数量众多,呈现了独特政治背景下的逆城镇化现象。第一类为政治斗争中知识分子被下放农村。包括1950年代反右倾时期和"文革"期间,划为右派的知识分子及其家属被下放到农村进行劳动改造。第二类为城市知识青年的"上山下乡"。分为1955—1957年和"文革"期间两个时期,为解决青年就业压力,依据毛泽东"农村是一个广阔的天地,在那里是可以大有作为的""知识青年到农村去,接受贫下中农的再教育"的指示,引发知识青年在农村插队落户。第三类为普通城镇居民中的"五类分子"迁往农村。"文革"期间,一些个体经营者与当时被认定为地主、富农、反革命分子、坏分子、右派分子等"五类分子"而被动员务农或强制下放农村②。(表4-9)

下乡的城市人口尽管是被他组织、被动式地流向乡村,但通过乡村生产力的重新配置③,从另一种层面上来说对当时的乡村建设起到了积极作用。下乡知识分子担任了乡村教师、"赤脚医生"、农业研究者与推广者,为乡村输送了知识、服务和技术,这样的"人才支

---

① 马福云.当代中国户籍制度变迁研究[D].北京:中国社会科学院研究生院,2001.
② 同①.
③ 杨文才."文革"前"知青"上山下乡的起因与作用[J].广西社会科学,2002(5):221-223.

援"一定程度上缩小了城乡差距。

表 4-9 二元限制时期城市人口流向乡村的情况

人物与事件类型	时间与事件	人口流动去向	涉及人口数量/万人
政治斗争中知识分子被下放农村	1950年代反右倾时期	下放农村	—
	"文革"期间	"五七"干校或"五七"农场	1 180
城市知识青年的上山下乡	1955—1957年毛主席号召	边疆农村国有农场	7.9
	"文革"期间"老三届"就业问题	农村插队	1 700
普通城镇居民"五类分子"迁往农村	"文革"期间	下放农村	1 500

(来源：作者自绘，数据参考：杨文才."文革"前"知青"上山下乡的起因与作用[J].广西社会科学，2002(5)：221-223.)

4.2.3 集体化的农工分化

(1) 制度缺陷下的合作化农业生产

人民公社时期，农业的组织化一定程度上促进了农业和乡村的发展，但制度的缺陷与僵化也导致了农业集体经营的低效。

得益于农业生产资金、劳动力的集体合作化，农业的各项生产要素得到有效支持，一定程度上消解了小农经济分散化的劣势。第一，农民土地公有化、集体经营后，土地得到整合，为规模化、机械化创造基础。第二，化肥推广、集体筹资购入生产机械设备、优良品种引进等现代农业技术投入，逐步实现了大型农业生产的机械化、畜力化和电气化，人民公社解体时，经济发达省份的农村地区基本普及了农业的机械化。第三，由于乡村人口流动的限制、生育高峰带来的人口激增导致农场劳动力充分甚至过剩，采取了精耕细作、提高复种指数等劳动密集型农业模式，提高了粮食的总产量。第四，人民公社制度促进了集体化水利建设，大型农田水利建设为当时乃至后期提供了坚实的基础设施，促进了农田平整、排灌有效，扩大了高产稳产农田[1]。

但制度自身的缺陷导致了农业集体经营制度的最终失败。首先是土地产权残缺导致的劳动监督成本过高和劳动激励过低，"农民集体成员权"使产权主体模糊，禁止农地买卖和流转使处分权和转让权受限，种植作物种类和过程受到规定监督导致使用权不完整，农地产出必须完成国家"统购统销"征购任务后才能分配使收益权残缺，严重挫伤了农民的劳动积极性。其次是"平均主义"的分配制度使得竞争激励缺乏，成员的报酬和努力关联度极低直接出现"出工不出力"现象，导致劳动力浪费和效率低下，农业生产陷入停滞。到1984年人民公社解体前，农业生产年均增长率只有1.48%，人均粮食占有水平仅相当于1957年的水平[2]。

---

[1] 蒋茜.农村人民公社之兴与农业合作化[J].经济与社会发展，2008，6(5)：95-98.
[2] 吴玲，王晓为，梁学庆.人民公社阶段的农地产权制度变迁及其绩效[J].中国农学通报，2006，22(11)：480-484.

(2) 自主的社队工业

组织化的人民公社也成为农业机械化、电气化水平提升的载体,促成了社队工业(即后来"乡镇企业"的前身)在艰难环境下的自主发展。

社队企业在不同阶段或被支持或被压制,但最终以农具的机械化、电气化为主要业务,由地方主办、国家支持,因具有自主经营权而获得持续发展。社队企业承担着人民公社"工"的功能,在"农业机械化"政策要求下,最初以人民公社的公共积累资金创办,以农机维修和配件生产起步,后拓展到工业原料、农副产品加工等业务,依赖集体土地的低廉用地成本增强抵御风险的能力,通过社队企业职工和农民等同的按劳分配制度获取了低成本的工业劳动力,由此获得较高利润而产生企业资金积累,得以扩大生产或新办企业。同时,相比当时的国有企业,社队工业面对市场具有更高的灵活性,可根据市场需求、利润大小来自主决定生产内容和规模,可以"自行采购""自行销售""由买卖双方协定价格"[1],脱离了自上而下的计划控制,发挥自下而上的提高生产积极性和促进市场配置资源的作用。最终,乡村社队工业成为国民工业经济的重要组成部分,到1976年底,全国社队企业总收入占人民公社总收入的23.3%[2]。

4.2.4 节俭单一化的空间建设模式

(1) 功能:基础建设热潮与公共服务城乡失衡

人民公社发挥组织集体活动的权威,利用集体化生产的优势,对乡村展开了以基础设施为主的规划与建设,主要涵盖平整土地、水利建设、道路整修[3],促进农业生产、加强城乡交通联系,为乡村的对外发展特别是社队工业兴起创立了基础条件,社队工业的支农金又成为乡村空间建设的主要资金来源。

在"以农养工"的背景以及"政社合一"的乡村控制下,乡村积累的财富主要运用于城市及工业建设,较少回流到乡村中,因而乡村的自主建设能力被限制,乡建路径缺乏多元自主性,公共服务也随之出现了明显的城乡失衡。如教育方面,乡村仅基本普及了中小学等初等教育,设立学校的数量、设备、师资和教学质量远不如城市,致使农村入学率较低,而面向就业培训的中高级技术学校与职业学校未能在乡村开设,导致农村的升学率较低;医疗服务由公社卫生院医院、生产大队保健站、生产队保健室卫生室三级"合作医疗"体系支撑[4],但由于经费不足,启用半农半医的乡村"赤脚医生"勉强支持乡村的初级医疗保障[5];商业服务方面,在国营商业主导下,私营店铺不断遭到撤并,商业网点减少,传统的商业服务萎缩;在娱乐生活方面,城市已有了独立的电影院等固定、大型的电影放映地,乡村则只能主要依托人民公社放映队等以临时、小型的形式开展。

---

[1] 李风华.中国农村工业的起源:基于制度的视角[J].湖南师范大学社会科学学报,2014,43(4):25-33.
[2] 颜公平.对1984年以前社队企业发展的历史考察与反思[J].当代中国史研究,2007,14(2):60-69.
[3] 孙莹,张尚武.我国乡村规划研究评述与展望[J].城市规划学刊,2017(4):74-80.
[4] 张子琪.基于资源与需求的浙北乡村社区老年服务体系营建[D].杭州:浙江大学,2018.
[5] 傅建辉.从集体福利到社会保障:论人民公社与家庭经营时期的农村合作医疗制度[J].广西社会科学,2005(2):167-169.

（2）形态：走向地域失语的乡村民居与聚落风貌

受到政治思想冲击、现代化运动及崇尚节俭的作风影响，乡村失去了对传统建筑尊重的观念，建筑的有机形态与聚落的格局肌理开始遭受破坏。

传统建筑在"大跃进"及"文革"期间遭受严重批判，乡村风貌逐步走向破除传统、地域失语的困境。中华人民共和国成立后，乡绅具备传统形制的宅院私产被重新分配给无产农民，以分进居住、多户共用的模式改变了原本独门独户的居住结构；"大跃进"时期为获取炼钢材料，拆毁了许多建筑质量较好的住房，对乡村建筑形态造成了严重破坏；"文革"时期"左"倾思想下，"破四旧"运动捣毁了传统民居中具有文化价值的部分。厉行节俭之风下，钢筋水泥结构以坚固结构、较低造价替代了传统的砖木结构，样式上盛行简洁的国际样式，完全淡化了地方特色，土地紧张下的原地拆建加剧了对乡村整体聚落有机肌理的破坏，聚落新老风貌之间缺乏协调性①。

工业生产空间形态则由分散走向聚合，突破了乡村传统聚落的形态格局。传统自治时期家庭兼业化的手工业被集体化的社队企业所取代，产业空间便从家庭空间中转移到独立的厂房空间中。或对原有的大作坊、地主大院、祠堂庙宇等空间进行改造，或新建大型厂房甚至建设独立的工业区，单调、大尺度的工业厂房成为乡村聚落中的庞然大物。

节俭统一的新村规划观念在复杂的经济政治背景下应运而生。为适应"一个公社为一个集镇"的建设需求，原建工部在全国范围内大规模地组织专业设计人员驻村下乡，以开展人民公社的规划与建筑设计②。1966年"文革"终结了这史上首次"设计下乡"，其中设计成为了政治工具，规划方案普遍过于追求规模的宏大而缺乏现实意义，但该时期"农业学大寨"运动中的集体建设对全国乡建都有一定的实际影响。山西大寨村，以农业集体化发展而全国闻名，是全国农业建设的典型范例。在1963年受到洪灾冲击后，大寨村统一建设了带有水管、电灯的窑洞及砖瓦房新住区，这一被称作"现代排窑"的建设经验突显了"整地治水""迁村并点""统一新建""集体产权"的特点（图4-5）。这启发了一些地区形成"不自建房而统一建房""拆旧建新""排排房"的新村建设思路，在1970年代中期各地在社队企业经济发展后进行了一定规模的建设实践③。尽管该时期的大部分农村仍处于贫困状态，无力开展住房建设，但这一时期形成的节俭单一、集体建设的新村模式对后来乡村农房更新的规划与建造影响巨大。

（3）建造：从互助自建到多种自建模式

在钢筋水泥等现代建材冲击下，住房的木结构逐步被砖混结构替代，要求更高、更专业的施工技术，因此传统的木结构的互助建造模式也逐步衰弱，发展出了农民自建、农民雇工、村内施工队及专业施工队4种形式④。各个不同的自建模式，存在着建造模式和费用构成方面的差异，但村民始终拥有建设的决定权，控制建筑的样式、功能、面积等内容。农民自建

---

① 李立.乡村聚落：形态、类型与演变：以江南地区为例[M].南京：东南大学出版社，2007.
② 叶露，黄一如.设计再下乡：改革开放初期乡建考察(1978—1994)[J].建筑学报，2016(11)：10-15.
③ 何兴华.中国村镇规划：1979—1998[J].城市与区域规划研究，2011(2)：44-64.
④ 同②.

中,与传统互助建造类似,由亲友帮忙、自己负责建材采购、施工安排和食宿供应等;农民雇工自建,则需要支付工钱、安排工匠餐饮;村内施工队则是由生产队组织泥瓦工匠等构成,专为本队服务盖房,按盖房间数向建房农户收费或由生产队按工付酬,施工队亦工亦农,农忙务农,农闲盖房;专业施工队则由生产队甚至更高一级的生产大队、人民公社成立,跨队跨社、包工包料地承包农民自建房的建造任务。

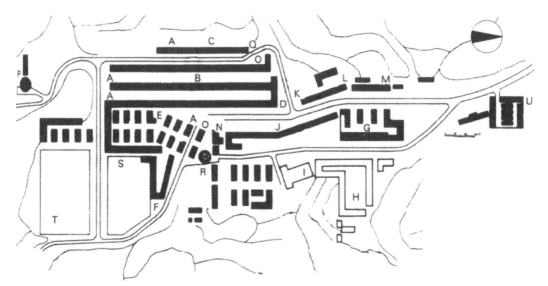

A—住宅; B—学校; C—诊所; D—幼儿园; E—托儿所; F—农机库; G—招待所; H—宾馆; I—礼堂; J—合作社、百货商店; K—邮局; L—饭店; M—书店; N—夜校; O—图书馆; P—牲畜喂养站; Q—水库; R—纪念树; S—场院; T—篮球场; U—农机修理厂

图 4-5 大寨新村整体规划图

(来源:华揽洪.重建中国:城市规划三十年(1949—1979)[M].李颖,译.北京:生活·读书·新知三联书店,2006.)

4.2.5 半开放系统的韧性僵化

二元限制时期,乡村主要受到政治制度环境的变动影响,在"以农养工"的经济战略需求下,乡村系统被迫与城市割裂,呈现为半开放半封闭的状态,依靠行政力维持着系统的平衡运转。由于缺乏村民主体持续、自主的适应演化动力,乡村系统逐步僵化、韧性降低。

在社会韧性方面,尽管户籍划分和政策指令将人口保留在乡村,为乡村带来人口活力,被迫流向乡村的城市人口提高了乡村的教育水平,人民公社有效地开展集体组织化,但这受到行政压力的他组织干预,并不具备长久性,城乡资源配置也严重失衡。在经济韧性方面,集体化的农业经营制度和统购统销的农业政策下,市场缺乏灵活性,最终导致农业增产停滞、农民增收困难,城乡收入差距不断拉大;此外人民公社对乡村村民个体生产生活的严格管理,限制了村民主体发挥自身非线性能力的机会,束缚了乡村经济多元化发展的可能性,降低了其适应变化的能力。在环境韧性方面,空间发展不均、乡村聚落空间形态格局遭到破

坏,激进的工业发展忽略了对生态环境的保护,基础设施和公共服务仅为低水平运营,韧性较低。(图4-6)

在实行家庭联产承包责任制、取消人民公社、恢复村庄自治后,乡村系统的原平衡迅速瓦解,进入寻找新平衡态的阶段。

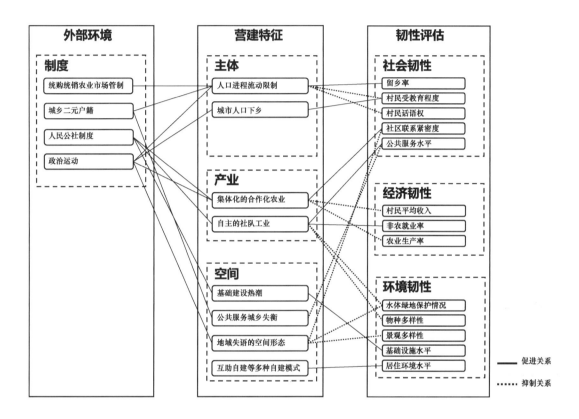

图4-6 二元限制时期营建特征和韧性评估的关联

(来源:作者自绘)

4.3 快速变革时期:市场导向下的乡村原子化(1978—2002)

4.3.1 转型期下的村庄自治

(1)乡村限制性制度的松绑

结束了动乱期后,1978年改革开放带来了史无前例的重大社会变迁,国家通过各项制度松绑弱化对乡村的控制,开放了乡村的发展权利,给了乡村更多自主的经济发展权和资源开发决策权。农业经营权从集体回归到家庭,实现"家庭联产承包责任制",个人努力与收入密切相关,农民的生产积极性大大提高。基层管理由紧密控制到村庄自治,人民公社时期的集体生产组织单位"生产队"失去了用武之地,于 1984 年年底正式退出历史舞台,行政权力由村级生产队重新上调至乡镇层级,实行乡镇基层治理与行政村自治,给予村庄自主管理本村公共事务和公共事业的权力。农副产品由国家统购统销逐步走向市场化,1982 年逐步放宽定购政策,并于 1992 年全面放开粮食价格,即国家占有农业剩余价值的历史宣告结束,为农业经济复苏提供可能。伴随着经济体制逐步从计划经济迈向市场经济,乡镇企业和私营经济兴起,劳动力的城乡流动限制开始解绑。

(2) 分税制下的城市化进程

1994 年财政制度的分税制改革激发了城市开发的兴起,城市化进程加速,对城乡关系产生了巨大影响。为了调整地方财政占比过高导致中央财政连年赤字的困境①,1994 年开始实行分税制改革,重新分配财政比例,既通过"财权上收"提高中央占全国财政的比重(图 4-7),又以"事权下放"激励地方进行自主发展。具体而言,制造业税收实行中央和地方 3∶1 分成,营业税、建筑业税及土地出让金等全部留归地方②。

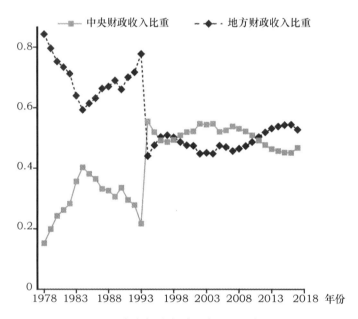

图 4-7 中央与地方财政收入比重变化

(来源:吕冰洋,台航.从财政包干到分税制:发挥两个积极性[J].财贸经济,2018,39(10):17-29.)

这一政策改变了地方政府的决策行为。分税制改革后,地方财政收入比重迅速下降,由 1993 年的 78% 降至 1995 年的 44.3%,但地方财政仍需承担地方的基础建设与其他公共产品供给,而这些支出比重一直维持在 70%③。收支不平衡之下,地方政府又失去了乡镇企业

---

① 吕冰洋,台航.从财政包干到分税制:发挥两个积极性[J].财贸经济,2018,39(10):17-29.
② 刘守英.土地制度与中国发展[M].北京:中国人民大学出版社,2018.
③ 李郁,洪国志,黄亮雄.中国土地财政增长之谜:分税制改革、土地财政增长的策略性[J].经济学(季刊),2013,12(4):1141-1160.

收入的主要控制权,不得不积极寻求新的增收税源,最终凭借对城市土地的垄断权及国有土地有偿使用制度走向"以地谋发展"的土地财政,通过招商引资发展城市园区工业,地方发展重点由此从乡镇工业转向城市工业,乡村经济因此遭受巨大冲击,而城市的快速建设又吸引着农村劳动力的迁移,影响了整体的城乡格局。

4.3.2 单向流入城市的乡村人口

(1) 就地城镇化到异地城镇化

快速变革时期,乡村主体经历了"就地城镇化"到"异地城镇化"的进程。

1980年代,家庭承包的农业生产方式变革产生了富余劳动力。当时的城乡二元户籍制度依然限制农民进入城市,但允许农民自理口粮进入集镇落户,因此县域内的乡镇企业成为农民从事非农产业的必然选择,促成了农民"离土不离乡"的就地城镇化格局。1978—1991年,乡村劳动力转移总量的83.5%为就地城镇化,约1亿劳动力进入乡镇①。此外,发达地区人口集聚的乡村还以撤乡建镇等方式直接推动了就地城镇化的进程。

但在1990年代分税制改革后城市经济崛起,乡镇企业受到冲击,在城市拉力作用下,大量农民劳动力向城市流动,大规模的跨地区就业加快了"离土又离乡"的异地城镇化进程,至此,我国农村开始普遍出现以年轻子女外出务工、年老父母在家务农的家庭就业结构②。相应地,城乡二元户籍制度开始松动,1998年允许流动人员办理城镇常住户口,政策转向鼓励并引导农村劳动力的有序流动,着手改善"异地城镇化"下农民工在城市中的就业和居住支持系统。

(2) 能人带动到精英外流

快速变革时期的乡村精英包括经济精英和政治精英,在这两类能人带动下,乡村的经济与空间建设得到有效支持;但随着乡村精英尤其是经济精英流向城市,乡村缺乏能人的组织作用而导致村民关系的日益原子化、乡村经济的逐步衰弱。

能人带动的乡镇企业具备根植性和反哺性,发挥乡村的凝聚力并促进乡村建设。作为地方企业,根植性指乡镇企业深植于本地的社会环境与人脉关系③,得益于当地资源和本土支持。改革开放初期市场经济尚未完全确立,分散在乡村中的乡镇企业依靠特殊的乡土人际关系与地方政府保护获得兴盛发展的机会,能够获取较低成本的土地、降低企业开业门槛,还可利用集体积累作为原始资本,以政府担保或"熟人关系"下的"乡土信用"方式获取筹集资金贷款④,并且雇佣的劳动力多为来自本地,无须承担住房成本也降低了用工成本。反哺性则是企业将利润回流、重新投资于当地社区以补偿社区成员的早期投入。乡镇企业往

---

① 宋林飞."民工潮"的形成、趋势与对策[J].中国社会科学,1995(4):78-91.
② 贺雪峰,印子."小农经济"与农业现代化的路径选择:兼评农业现代化激进主义[J].政治经济学评论,2015,6(2):45-65.
③ 唐伟成,罗震东,耿磊.重启内生发展道路:乡镇企业在苏南小城镇发展演化中的作用与机制再思考[J].城市规划学刊,2013(2):95-101.
④ 汪前元.中国乡镇企业崛起的多维分析[J].湖北大学学报(哲学社会科学版),2002,29(4):1-8.

往负担着政府维持社区工农协调发展、解决居民就业及提高生活质量等反哺乡村的职责①。在 2003 年以前,长期的以农养工政策使得政府对农村的财政投入始终有限,因而乡镇企业缴纳的支农金便成为极其重要的"以工补农"专项资金,有力地支撑着地方的基础建设、社会救助。此外,乡镇企业对乡村就地就业、富余劳动力转移发挥着至关重要的作用,截至 1996 年,乡镇企业吸纳就业劳动力达 1.3 亿人②。

但随着乡镇企业的私有化改制、城市经济兴起,乡镇企业逐步陷入困境,乡村精英大量外流更导致乡村内部的原子化。首先,乡镇企业私有化后,便以逐利为核心目标,不再以支援乡村为己任,甚至大幅降低了支农金的缴纳,乡村发展失去核心的经济支持;其次,乡镇企业面临着城市经济体的竞争,大量企业亏损、职工吸纳能力下降,效益降低与下岗危机直接导致乡村劳动力尤其是经济精英向城市大量转移;最后,由于缺乏能人的组织,滞留在乡村的弱势人口日益原子化,农村出现急剧衰败的空心化现象。1996 至 1997 年间,乡镇吸收职工人数减少 971.8 万人③,而流入城市的乡村劳动力已近 1 亿④。

4.3.3 城镇化中的产业发展起落

(1) 农业增产后的市场化困境

改革开放初期,家庭联产承包责任制激励着小农家庭的生产积极性,实现了农业的连年增产,农户增收显著,1978 年至 1984 年间,粮食增产 1 亿吨,农民收入同期增长了 2.69 倍。但 20 世纪 80 年代中期后,随着市场化推进,家庭承包制作为小农生产的经营方式,其缺陷也越来越显著。首先,由于各户农地规模小、抵抗风险能力差,歉收年收入下降,丰收年却遭遇卖粮难,在市场化过程中面临着周期性卖粮难的困境,尽管粮价逐步完善为"市场调节为主、计划调节为辅"的制度⑤,粮价却始终相对偏低,务农收入难以提高。其次,承包权的不完整影响了农业的资源优化配置,直至 2003 年实行《中华人民共和国农村土地承包法》农民才正式获得土地转让权,完善了集使用权、收益权和转让权为一体的承包权。最后,早期承包期的不明确影响了农民养地积极性,首次承包期到期前(首次承包期为 15 年,从 1983 年到 1997 年),化肥被过量投入以提高土地的短期收益,土壤肥力由此下降而致使 1993—1996 年农业亩产量下滑;在 1997 年政府提出延长承包期 30 年不变,重新增强了农民精耕细作的养地积极性⑥。总体来看,农民增收显著减缓,城乡收入差异在 1985 年前缩小后又重新逐步拉大,1995 年左右重新超过了 1978 年的收入比,在 2005 年达到峰值,城乡居民收入比突破了 3(表 4-10)。

---

① 唐伟成,罗震东,耿磊.重启内生发展道路:乡镇企业在苏南小城镇发展演化中的作用与机制再思考[J].城市规划学刊,2013(2):95-101.
② 卢文.关于乡镇企业"离农倾向"的探讨[J].农业经济问题,2000,21(2):26-29.
③ 同②.
④ 李强,唐壮.城市农民工与城市中的非正规就业[J].社会学研究,2002,17(6):13-25.
⑤ 胡小平,范传棋,高洪洋.改革开放 40 年中国粮食价格调控的回顾与展望[J].四川师范大学学报(社会科学版),2018,45(6):23-29.
⑥ 兰虹,冯涛.路径依赖的作用:家庭联产承包责任制的建立与演进[J].当代经济科学,2002,24(2):8-17,28.

表 4-10　城乡居民可支配收入

时间	城镇居民人均可支配收入/元	乡村居民人均可支配收入/元	城乡居民可支配收入比
1978	343.4	133.6	2.570 359
1980	477.6	191.3	2.496 602
1985	739.1	397.6	1.858 903
1990	1 510.2	686.3	2.200 495
1995	4 283.0	1 577.7	2.714 711
2000	6 255.7	2 282.1	2.741 203
2005	10 382.3	3 370.2	3.080 618
2010	18 779.1	6 272.4	2.993 926
2015	31 194.8	11 421.7	2.731 187
2018	36 396.2	13 432.4	2.709 583

(来源：作者自绘，数据来源：国家统计局，2019)

(2) 乡村工业的二度兴起与抑制

乡镇企业在复杂的制度环境下经历着起起落落，也最终影响了乡村经济的活力与韧性（表4-11）。

表 4-11　乡镇企业发展时期的制度与时代背景

发展时期	时间	相关制度与时代背景对乡镇企业发展的影响因素
一起一落	1978—1988	家庭联产承包责任制的实施；1987年《中华人民共和国土地管理法》明确土地进入非农建设用地的渠道
	1988—1992	限制私有制的治理整顿期
二起二落	1992—1996	确立"社会主义市场经济体制"，认可私营经济
	1996—1998	1994年分税制改革的影响；土地制度缩紧乡村土地建设用地的开放渠道；城市工业兴起的冲击

(来源：作者自绘)

①1978—1992年：一起一落

改革开放后，乡镇企业不断受到政策的鼓励发展，迎来了首次"异军突起"。1984—1988年，乡镇企业总产值年均递增31.3%，尤其以个体、联户私营企业发展最为迅猛[1]，乡镇企业与国有企业、外资企业在工业比重中呈三足鼎立的格局。乡镇企业的兴起具体得到以下因素支持：一是根植于本土的低成本劳动力；二是政策鼓励，在1978—1983年人民公社时期末期、1984年社队工业转型为乡镇企业的时期以及1987年市场化探索路径中[2]，乡镇企业受

---

[1] 王松梅.中国乡镇企业制度变迁的经济学分析[D].广州：华南师范大学，2003.
[2] 陆远,王志萍.传统与现代之间：乡镇企业兴衰与中国农村社会变迁：以苏州吴江区七都镇为例[J].浙江学刊，2019(1)：42-49.

到各类政策优待,获得迅猛发展;三是土地制度支撑,《中华人民共和国土地管理法》(以下简称《土地管理法》)的修订缩紧了农村集体用地转入非农建设用地的通道,但始终对乡镇企业给予一定放开,集体土地的较低成本降低了企业初创期的资金门槛,也吸引了大比例的外资企业落户在乡镇①。

但1988年底至1991年间,国民经济进入了持续3年抑制过热增长、限制私有的治理整顿期,乡镇企业尤其是私营企业发展受到明显抑制,面临不利政策环境的这三年间,乡镇企业数量减少了9.3%,年均总产值递增量也从31.3%降至21.0%②。

② 1992—1998年:二起二落

1992年,邓小平的南方谈话与党的十四大确立了"社会主义市场经济体制",给予民营经济无比信心,直接促进了乡镇企业尤其是私营经济的第二次"异军突起"。1992—1996年,全国乡镇企业数量由1 909万增加至2 336万家,利润总额由729亿元增加至4 351亿元,年均递增56.30%③。

但随后乡镇企业在复杂的制度环境中又受到巨大冲击而逐步衰退。其一,分税制改革后乡镇企业进行现代企业改制,转向私有化经济而失去了相应政策利好。1994年分税制改革后,乡镇企业不再是地方政府的主要税源,地方政府反而要承担对乡镇企业的担保管理风险,甚至在苏南地区出现银行贷款负债困境④,因此在企业改制过程中,地方政府主动将集体股份额降低甚至全部退出,乡镇企业不断民营化。最终,私有化的民营企业失去政府担保而面临融资困难、税费优惠取消的困境,导致大量乡镇企业亏损。其二,土地政策优惠消失。1998年《土地管理法》的修订进一步紧缩乡村集体建设用地的使用通道(表4-12),外部资本无法对乡村集体土地进行开发转而投资城市,乡村不再作为新工业的引入空间。城市园区工业迅速崛起之时,无疑给失去地方保护的乡镇企业带来巨大冲击。

最终,乡镇企业走向了市场化,其自身运行机制问题的累积以及缺乏改革和创新的适应力,经济效益日益下滑,劳动力吸纳力逐步减弱,在与城市经济艰难的竞争中寻求新的发展契机。

表4-12 乡村集体土地的相关政策

时间	政策	内容
1987年	《土地管理法》实施	集体土地进入非农建设用地可通过三个渠道:一为符合乡镇规划、得到县级审批的农村住宅、乡镇企业及公共服务设施;二为国有、城有企业与农村集体组织合办的联营企业;三是城市集体所有制住宅
1992年	《国务院关于发展房地产业若干问题的通知》	集体所有土地必须先行征用转为国有土地后才能出让;集体土地资产作价入股的外商投资企业和内联乡镇企业,集体土地股份不得转让

---

① 李立.乡村聚落:形态、类型与演变:以江南地区为例[M].南京:东南大学出版社,2007.
② 王松梅.中国乡镇企业制度变迁的经济学分析[D].广州:华南师范大学,2003.
③ 同②.
④ 唐伟成,罗震东,耿磊.重启内生发展道路:乡镇企业在苏南小城镇发展演化中的作用与机制再思考[J].城市规划学刊,2013(2):95-101.

(续表)

时间	政策	内容
1998年	《土地管理法》的修订	集体土地仅用于经批准的兴办乡镇企业、村民建设住宅、乡（镇）村公共设施和公益事业建设

（来源：作者自绘）

4.3.4 设计初步介入下的自主建设浪潮

（1）功能：仅满足现代化底线水平的需求

1979年第一次全国农村房屋建设工作会议明确农民住房产权归农民个人所有，因此在农村经济复苏之后，村民们迫切致力于改善居住环境，兴起了农村地区的建设潮[①]，住房、公共设施、工厂建筑在村民自筹资金及乡镇企业支农资金的支持下大量建造。

这一阶段，村民的自主建设初步满足了自身的基本现代化生活需求，但与城市相比仅满足了需求底线，存在人均占有量小、可达性差、布局不均衡、优质设施资源严重缺乏等问题。1979—1984年，每年有5%农户新建住房，农房建设面积每年新增5亿～6亿平方米，超过了中华人民共和国成立后30年的乡村新建住房总和；1983年底，全国建有3.5万个乡村文化站、14万多个集镇图书馆、电影院，200多万个乡村商业网点，80%的中心村建有卫生所，中小学建设也有大幅提高；1984年后，平均每年建成1亿平方米的生产建筑和1亿平方米的公共建筑[②]。在行政村范围内，一般建有村办小学、幼儿园、医务室等基本公共设施，道路硬化、水电通信设施开始普及，但文化娱乐及优质设施难以在分散的乡村中平衡，出现乡村电影放送绝迹、村办学校教育水平偏低、老年活动中心缺乏、煤气污水处理等设施难以普及的人居环境困境[③]。

而在1990年代中后期，随着城市经济兴起、乡镇企业衰退，乡村建设资金不足与人口外流等问题致使乡村空间的功能提升缓慢，甚至呈现居住聚落废弃化、农工业生产空间弃用化等空废化衰退态势[④]。

（2）形态：设计再下乡与实践偏差

为遏止耕地侵占、规范农村建设，继人民公社时期后的第二次设计下乡开始介入乡村建设。鉴于乡村数量巨量（多达400万个）、专业人才有限、财政经费紧缺等困境，此次"设计再下乡"围绕乡村住房、村镇规划、公共设施等内容采取了组织设计竞赛、编制技术图集、展开学术交流及开办技术培训班的形式，起到了"四两拨千斤"的作用。但由于当时的村庄规划与设计思想基于城市本位意识，缺乏对乡建中农民主体地位、土地制度约束、乡村建设条件的认知，"设计再下乡"的丰富成果与村民实际诉求产生错位，未能及时发挥控制作用。

---

① 袁镜身,冯华,张修志.当代中国的乡村建设[M].北京：中国社会科学出版社,1987.
② 叶露,黄一如.设计再下乡：改革开放初期乡建考察(1978—1994)[J].建筑学报,2016(11)：10-15.
③ 李立.乡村聚落：形态、类型与演变：以江南地区为例[M].南京：东南大学出版社,2007.
④ 雷振东.整合与重构：关中乡村聚落转型研究[D].西安：西安建筑科技大学,2005.

住宅设计是"设计再下乡"最紧迫的内容,被1979年全国第一次农村房屋建设工作会议确定为乡建重点。巨量的住宅建设下,以农村住宅设计和通用设计图集的方式展开设计引导。1980年首次开展的全国乡村住宅设计竞赛,遴选了继承地域特色、兼顾乡村生产生活需求、组合院落、利用新能源为特色的获奖方案,并编制了参考图集。此后全国各地均组织了类似的竞赛与图集编制,探索现代农宅设计多元、丰富的地域可能性,以期为实际的农民建房提供合理依据(图4-8)。

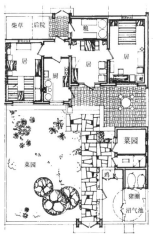

图4-8 1980年全国首届乡村住宅设计竞赛一等奖作品

(来源:朱芯贞,刘松涛.全国农村住宅设计方案竞赛作品选登[J].建筑学报,1981(10):3-19.)

村镇规划在1981年第二次全国农村房屋建设工作会上被列为新的工作重点;于1982年颁布的《村镇建房用地管理条例》与《村镇规划原则》,要求编制村镇总体规划和建设规划(表4-13)。通过规划竞赛确立了因地制宜、延续地域特色、合理布局、节约耕地、预测可行性等评选标准,引起规划人才对乡村的广泛关注和实践。由于实际基础资料的严重缺乏而降低规划标准为初步规划后,1986年280万个村庄完成了初步规划的编制,有效控制了农村建设的无序蔓延。在时间紧迫、人才有限的情况下,村庄规划水平整体依然偏低,以大拆大建新建集聚新区、"排排房"布局单调、缺乏地域性等问题最为突出。

表4-13 快速变革期的乡村规划相关法规条例

时间	机构	内容
1975年	中国建筑科学研究院	调研报告《关于当前农村房屋建设的一些情况和经验》,实例汇编成《农村房屋建设》
1979年	国家基本建设委员会、国家农业委员会、农业部、建材部、建工总局	第一次全国农村房屋建设工作会:确立农民住房产权、提出农村房屋建设规划

(续表)

时间	机构	内容
1981年	国家建委、国家农委	第二次全国农村房屋建设工作会：村镇规划提上日程
1982年	国家建委与国家农委	《村镇规划原则》
1982年	中国建筑科学研究院农村建筑研究所	《村镇规划讲义》
1982年	国务院	《村镇建房用地管理条例》规定村民规划的制度单位和审批程序
1983年	城乡建设环境保护部	《全国城乡建设科学技术发展计划》要求制度规划定额指标（技术经济指标）
1987年	原建设部	《村镇规划编制要点》
1988—1990年	建设部	《村镇规划编制办法》初稿
1993年	国务院	《村庄和集镇规划建设管理条例》
1994年	建设部、国家技术监督局	《村镇规划标准》第一个关于村镇规划的国家标准

（来源：作者整理自绘）

公共设施特别是文化、教育、卫生、生产等设施建设在乡镇企业经济支持下也得到迅速发展。通过1983年、1984年分别举办的全国乡村集镇剧场和文化中心设计竞赛，提高了对公共建筑视听功能和建筑质量的把控。

但乡村建设的主体是村民主体，农宅仍然主要以村民自发建造、自我更新、自主决策为主，设计再下乡的丰富成果并未能有效影响主要的乡村建设实践。

在自发的几轮建房热潮中，乡村的空间样式和建筑文化经历了"草房—瓦房—楼房—别墅"的演化过程。以萧山民居为例①，1980年代宅基地的无偿分配刺激了农村分户建房热潮，此时城市住房建设也尚在起步期，无法给乡村以足够示范，因此乡村楼房的建设以传统为借鉴，以单层或双层三开间格局为主，保持着与传统时期类似的空间结构与剖面架构。而1990年代村民的生活观念、家庭用能结构改变，城市文化通过电视等现代传媒给乡村以强势冲击，使农宅的建筑选址、平面布局、剖面格局及立面形式都趋于城市化。在2000年左右更出现了以三开间原型、带厨卫空间、贴马赛克瓷砖、盖琉璃瓦、用蓝色镜面玻璃等的"别墅"样式，在欧陆风、民族式等浮夸建筑符号的混搭中反映了村民对于城市流行文化的模仿和追捧，以"基本型＋外来符号"的操作方式形成新乡村住宅样式，而传统民居被视为落后和贫穷的乡土象征而成为拆除对象，地区建筑文化出现了明

---

① 段威，项曦.同源异构：萧山农村乡土住宅的空间类型研究[J].住区，2014(3)：63-70.

显失范①。

部分集体经济发达乡村地区采用了统一规划农宅新区的更新方式,形成村落的"单位化"。最知名的案例为江苏省华西村,于20世纪70年代初撤并分散的自然村,在中心村集中建设了行列式农民新村,在80年代及90年代的更新中,均为统一规划、建造,乡村空间完全呈现了城镇化特征。在1998年《土地管理法》中推行"一户一宅"制度下,为保护耕地而要求集约建设,更多乡村采纳了"拆一建一"的原宅拆除就地重建模式或是统一"排排坐"的新村建设模式,严重破坏了乡村的传统有机形态。

而在1994年分税制改革后城市飞速发展,如火如荼的城市建设引发了大量的城市规划和建筑设计需求,使得设计行业对于乡村的关注力量被迅速抽调回城市,"设计再下乡"的成果缺乏有力的他组织力量来进一步执行,乡村空间形态自行发生着或蔓延或拆建的巨变。

(3) 建造:自主决策与专业化施工

乡村建筑仍然由住户家庭决策,自主策划房屋的投资额、形式甚至选址,但随着钢筋、水泥、混凝土等现代建材的引入使传统积淀的材料加工、构造做法、施工经验无法适用,建筑的建造难度增大而被专门化,传统互助的建造方式失落,被专业施工队建设所替代。最终,该时期的乡村农宅形态是基于村民决策和施工队之间达成的建造共识之上的②。

4.3.5 主体原子化的韧性危机

快速变革期是乡村系统的矛盾发展期,一方面乡村功能逐渐复合化,不断满足村民的现代化生活与非农就业需求;另一方面乡村系统的外部制度环境发生重大变动,城乡流通渠道的重新开放使得乡村主体不断外流而呈现原子化状态,由于主体力量的薄弱,逐渐失去了主体的自组织能力而使系统逐步失衡,系统的韧性面临重重危机。

在社会韧性维度,随着乡村精英流向城市,乡村留守群体无力进行自组织,也缺乏有效的他组织干预,村民个人之间的联系弱化,彼此难以形成有效的联合,漠视村庄公共事务,缺乏对乡村共同体的认可,逐步呈现一盘散沙的"社会原子化"现象。缺乏组织的乡村主体难以发挥协同主体间的协同能力,社会地位不断弱势化。在经济韧性维度,农业增产后遭遇市场化困境,乡镇企业二起二落,乡村产业的发展能力和人口吸引能力在得到初步培育后,受到城市竞争压力又不断弱化。在环境韧性维度,快速建设活动忽略了对生态的关注,导致空间无序扩张、耕地被蚕食、传统建筑遭受大量破坏等村庄结构破碎化、老村落空废化、新农宅形态现代化剧变的空间问题。(图4-9)

乡村系统的韧性危机亟须进一步打通城乡交流的壁垒、提高系统开放性,通过对村民主体的再组织以有效激发系统的演化动力,以村民主体非线性的多元行为与协同作用提升主体对新的制度与市场环境的适应能力与系统韧性,促进乡村系统达到新平衡。

---

① 李立.乡村聚落:形态、类型与演变:以江南地区为例[M].南京:东南大学出版社,2007.
② 段威,项曦.同源异构:萧山农村乡土住宅的空间类型研究[J].住区,2014(3):63-70.

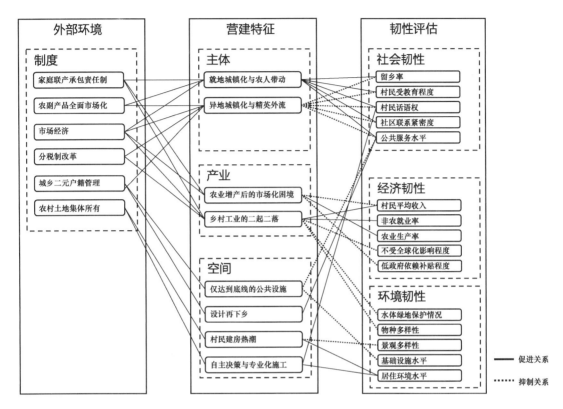

图 4-9 快速变革时期营建特征和韧性评估的关联

(来源：作者自绘)

4.4 重构转型时期：乡村产业分异下的韧性异化(2003—2017)

4.4.1 以城带乡的城乡统筹制度新阶段

(1) 从新农村建设到"乡村振兴"战略

2002年11月，党的十六大提出"城乡统筹"作为国家发展战略，此后政府密集出台了一系列"工业反哺农业、城市支持农村"的强农、惠农、富农政策。我国的城乡关系进入了以工促农、以城带乡的新阶段，具体体现在三方面：①国家及地方政府的政策大力推动乡村发展，从"新农村建设""新型城镇化"到"乡村振兴"战略，乡村发展的优先级不断上升（表4-14）；②财政支持，2003年以来国家对农业的财政投入支持力度显著上升，2004—2012年支农财政增长至11 973.88亿元，年增长率达到27.7%，占总财政比重由5.28%提升至9.51%[①]，支农金额直接把二、三产业的发展成果补贴给农业以弥补乡村长期以来发展资金

---

① 代娟.中国工业反哺农业问题研究[D].武汉：武汉大学,2014.

的不足,真正代表着"工业反哺农业"时代的到来;③税费改革,2006年在全国范围内正式废除了农业税,既直接使农民受益又精简征税管理体系,优化了乡村治理结构,也提高了管理效率①。

表4-14 国家级乡村相关政策

时间	政策
2002年党十六大	统筹城乡发展
2005年十六届五中全会	建设社会主义新农村
2004—2019年"中央一号文件"	连续16年关注三农问题
2007年党十七大	统筹城乡发展,推进社会主义新农村建设
2012年党十八大	新型城镇化
2017年党十九大	乡村振兴战略

(来源:作者自绘)

(2)土地制度下的乡村发展

农地制度进一步改革,促进农业现代化。农地制度的实际内涵在2003年《中华人民共和国农村土地承包法》提出经营权流转后逐步完善化,形成了"集体所有、家庭承包、多元经营"的三权分置土地制度②。这一创新制度鼓励土地流转,试图解决家庭承包经营模式导致的土地高度分散化、细碎化问题,同时让城市务工的农户有获得基本农业地租收益的机会。

缩紧后的乡村土地发展权重新逐步放开。2003年国有经营性土地招拍挂制度使城市的土地出让收入获得了井喷式增长③,而乡村却因未能有同权的土地发展权,丧失了获得土地升值价值的机会。2013年十八届三中全会明确要筹建城乡统一的建设用地市场,"允许农村集体经营性建设用地出让、租赁、入股,实行与国有土地同等入市、同权同价",重新将乡村空间纳入城镇化进程中,使乡村提高闲置土地利用率、获取土地增值利益。

非农建设用地的政策变化促进了乡村的空间城镇化。自1998年《土地管理法》修订后,缩紧了集体非农建设用地的渠道,直至2004年出台的"土地增减挂钩"政策才提供了非农建设新通道,"城镇建设用地增加要与农村建设用地减少相挂钩"。该政策旨在通过在乡村拆旧建新、土地复垦进行用地布局的土地整理,促进乡村农居点的集中、居住品质的提升,也为城市扩张寻找到建设用地指标。

(3)乡村规划的法律化

在日益增长的城乡失衡中发现了"就城市论城市、就乡村论乡村"城乡分割规划的局限,

---

① 胡志辉.农业税改革与中国农民的变迁[D].天津:南开大学,2014.
② 张鹏飞,张冬平.改革开放以来中国土地托管政策演变[J].农业展望,2018,14(12):34-40.
③ 刘守英.土地制度与中国发展[M].北京:中国人民大学出版社,2018.

城乡规划统筹发展的必要性认知促进了城市规划法向城乡规划法迈进①。2008年,《中华人民共和国城乡规划法》正式颁布,乡村规划的法定地位由法规条例提升到法律层面,政府意志与法律要求共同激发了对乡村规划编制体系、工作内容、城乡衔接等方面的研究,在乡村中全面铺开"一村一规划"的乡村规划实践,为乡村空间优化、结构调整乃至长期发展提供有力支撑。

(4) 多元主体介入乡建

随着"三农"问题的日益突出,在利农政策引导下,各级政府、社会资本、民间组织、市民力量甚至农民本身等多元主体都尝试利用各类资源参与乡村建设,规划师和建筑师作为空间营造的专业者也自然承担着重要角色,乡村建设进入了一个活跃且形式多样的发展期②。多元主体通过农业投资、工业发展、旅游开发、村落保护、技术帮扶、政策指引等不同方式促进乡村发展,传统的农业型乡村逐步出现了产业发展方向的分化,可分为农业型乡村、工贸型乡村、旅游型乡村三个类别。在这三类乡村中,乡村多元主体不同的乡建行为,影响了乡村主体、产业与空间的差异化特征,也导致了系统韧性的异化差异。

4.4.2　农业型乡村:弱势化与空废化

当前的农业型乡村,普遍面临着农二代的"离农化"而日益空心化,留守农民难以在资本下乡冲击中保有平等的谈判地位,原本的乡村主体反而丢失了主体地位而处于弱势化困境。

乡村的空心化和老龄化主要受年轻子女外出务工、年老父母留守乡村务农"以代际分工为基础、半工半耕"的就业模式的影响。根据贺雪峰教授观察,这类半工半农的农民家庭在1980年代占乡村家庭总数的20%,到1990年代提升到40%以上,而2000年后这一比例已高达80%并将持续上升,不过,在这一家庭结构中,尽管青壮年人口外流,但农村家庭也保持了较体面的生活水平③。当第一批外出务工的"农一代"因年老又未能在城市获得立足之地时,开始回乡务农,而其子女则成为"农二代"继续外出务工,形成了"半工半耕"家庭结构的延续与再生产。

老年"农一代"的返乡务农直接面临资本对农业领域的强势介入,乡村主体往往呈现地位弱势化、话语权丢失的现象。随着土地流转制度的完善,自上而下鼓励规模经营、发展现代农业的政策推动着资本进入农业生产领域,乡村地权结构发生变动。资本介入农业,原本政府希望通过资本对现代农业的开发提升农业生产效率,为村民起到技术示范和能力带动作用,提高农民收入、促进乡村经济发展,产生"改造小农""为农增利"的积极作用;但实际中,逐利的资本介入重构了原本乡村内部的利益关系反而有"消灭小农"的风险,信息不对称、协议谈判地位不平等、流转机制不健全和合作社运作不规范一系列因素导致留守农民在交易过程中处于相对弱势一方,大资本甚至可能通过攫取农地长期经营权、排斥村民主体经

---

① 葛丹东,华晨.适应农村发展诉求的村庄规划新体系与模式建构[J].城市规划学刊,2009(6):60-67.
② 王伟强,丁国胜.中国乡村建设实践的历史演进[J].时代建筑,2015(3):28-31.
③ 贺雪峰.关于"中国式小农经济"的几点认识[J].南京农业大学学报(社会科学版),2013,13(6):1-6.

营地位而"与农争地""与农争利",侵害村民利益①。

农业型乡村的空心化与弱质化,也导致了空间向度的空废化。由于快速变革时期的家庭添丁分户与迁移更新,村民普遍舍弃老建筑、申请新宅基地,大量传统宅院被空置,随着人口外流和空心化的加剧,乡村进一步呈现空置荒废格局,在整体空间结构上,原本"比邻而居"的传统聚落表现为中心荒废、环境恶化、结构松散的格局。据雷振东调查,在关中地区雷家洼村,在2000年宅院的空废率即已达到27.6%,个别自然村甚至高达45.1%②。尽管在城镇化背景下乡村的空废化是必然现象,若能做好转型引导,空废化可视为正常空间更新的过渡现象,但目前空废现象的范围之广、数量之巨、时间之久已制约乡村自发转型的能力,沦为严峻的发展难题。

4.4.3 工贸型乡村:大小共同体下的就地城镇化和空间城镇化

工贸型乡村凭借乡村工业化的崛起而走向就地城镇化,通过本地的乡镇企业提供非农在地就业的机会,促进乡村经济腾飞。乡村的工业化得益于村民主体的组织化,参考秦晖对共同体的分类,不同工贸型乡村根据主体组织资源的来源方式可分为大共同体和小共同体。大共同体指政府主导自上而下的管制,以苏南模式为代表;小共同体则是民间个体自下而上的自我组织式自治③,以温州模式为典型。

大共同体性质的苏南模式是以政府为主导的集体型经济,在改革开放初期以集体的组织化发扬社队工业促成乡镇企业的首次"异军崛起",但在分税制改革后遭遇城市竞争,村镇企业被迫进行私有化改制后而陷入整体发展低迷期,直至苏南地区"三集中"政策后,分散的乡村工业集中到新规划的乡镇工业园区,在产业集群效应下,重新开启了苏南乡镇工业的再一次飞速发展,但村庄层级的工业化就此消弭。其中,在大共同体主导的工贸型乡村中,村民个体的主体地位难以彰显。多数村镇企业在改制过程中仍由乡村干部承担企业法人代表,对转制中形成的集体资金积累持有实际决策权④;在早期开发区征地过程中,农民实际获得补偿严重不足,征地成本价中,政府各部门获取60%~70%,村集体获取25%~30%,农民个体仅得5%~10%,而村集体的所得部分也往往由村干部掌握⑤。可见,大共同体中,村民政治精英总是追随政府态度而难以真正担当村民的利益代言人,村民处于被动和弱势地位,话语权受到限制。

小共同体性质的温州模式则由民营经济驱动,以家庭工业和专业化市场为核心,依靠灵活的小微产业集群形成了"小商品、大市场"的模式特征。温州在改革开放后宗族文化复兴,开展了大量的祠堂重建,重塑宗族的小共同体文化。在家族观念和农商氛围的熏陶下,温州以家庭为组织单位开展农村工业化,村民个体成为跨区域经济活动的参与者,借助宗族小共

---

① 杨雪锋.资本下乡:为农增利还是与农争利?:基于浙江嵊州S村调查[J].公共行政评论,2017,10(2):67-84.
② 雷振东.整合与重构:关中乡村聚落转型研究[D].西安:西安建筑科技大学,2005.
③ 秦晖.共同体·社会·大共同体:评滕尼斯《共同体与社会》[J].书屋,2000(2):57-59.
④ 肖滨,费钧.工业型村庄改造中的村干部企业家行为及逻辑:对苏南A村近30年变迁的考察[J].学术研究,2017(2):39-48.
⑤ 温铁军,朱守银.政府资本原始积累与土地"农转非"[J].管理世界,1996(5):161-169.

同体形成的社会网络,将经济活动范围扩展到全国甚至全世界①,在苏南模式因改制陷入困境之时,温州模式反而因其私营性质的内生动力而保持良好的发展势头。这一"小共同体"充分代表村民的话语权,在引入外部企业或应对行政政策时,以村民利益为考量出发点来构建决策逻辑。

但在2008年金融危机后,劳动密集型的工贸型乡村又面临着新的产业转型难题,发达地区乡村的土地成本和劳动力工资攀升,使低端制造业综合成本不断上涨而失去在国际市场的价格优势;而粗放型加工企业造成的环境污染问题引起高度重视,污染整改投入成本大幅提升,利润空间不断压缩,产业亟须升级转型。

工贸型乡村的空间形态不可避免地出现了城镇化的异化现象。"家家点火、村村冒烟"的农村工业化带来了严重的环境污染,破坏了原本美丽的乡村风貌;在土地增值、增减地挂钩政策下,城郊乡村通过"原地规划、就地起居"或"撤村并居、集中居住"等方式实现了"农民上楼",宅基地平整的转化为城市建设用地指标,而集中化耕地由资本通过土地流转实现规模经营②。原本分散的居民点被整合为"城市化"集聚式的居民区,乡村整体村落格局"城镇化",一定程度上忽视了乡村安土重迁的乡土文化需求并引发土地征用利益问题;为了获取更多土地余量、达到节地目标,建筑类型选择了有异于传统独栋建筑的多层甚至高层公寓,建筑风格也失去了乡村地域特性,最终在建筑形态上也趋于"城镇化"。

4.4.4 旅游型乡村:外源式与内生式的分异

随着旅游业兴起,乡村也逐渐成为观光、休闲、度假、旅居的重要目的地,旅游业这一绿色经济模式为乡村带来了新的发展契机,被认为是乡村复兴的核心动力,其中古村落风貌、山水风光和乡土文化是乡村最具有异质性的旅游资源。根据旅游业经营主体的差别将旅游型乡村分为外部资本投资经营的"外源式"和村民自主经营的"内生式"两个类别,而这两个类别出现了明显的主体权利与空间特征的分异现象。

(1)"外源式"经营:支配关系下的主体失语与空间异化

"外源式"主体经营是较为普遍的乡村开发模式,资本与政府权力强强联合,弥补了村民自主经营旅游业水平与资金不足的缺陷,促进了旅游业的快速发展。以传统古村落宏村开发为例,由于早期交通限制,旅游业起步较晚,村民辗转12年的经营始终未见旅游业的显著发展,在1997年后给予外来资本宏村30年的经营权。在较长经营年限下,进驻资本考虑了长远旅游利益,进行大规模的公共旅游设施开发,系统化地整合了旅游产品与服务内容,保护了水系与村落外部空间,年游客人次从2000年的8万人提升到2018年的250万人,门票收入达1.59亿③,实现了宏村旅游业的快速发展。

---

① 林永新.乡村治理视角下半城镇化地区的农村工业化:基于珠三角、苏南、温州的比较研究[J].城市规划学刊,2015(3):101-110.
② 李旺君,王雷.城乡建设用地增减挂钩的利弊分析[J].国土资源情报,2009(4):34-37.
③ 黟县宏村镇人民政府.黟县宏村镇人民政府2019年政府工作报告[EB/OL].(2019-03-05)[2019-06-28]. http://zw.huangshan.gov.cn/OpennessContent/show/1295726.html.

但在主体权利层面，"外源式"开发模式实质为"强政府—资本"与"弱村民"的地位关系，村民主体的话语权被挤压而被沦为被支配地位。首先，村民的收益权由于话语地位不高而不断受到挤压。在宏村案例中，初期门票收入分配中代表村民利益的村集体仅占一小部分比例，随着宏村知名度提升成为旅游热点后，村民一方面忍受大量游客涌入的消极影响，另一方面不满未得到显著提升的分红收入，多次进行了夺回经营权的谈判。资本因此将村民分红比例提高至8%，但其自身仍占有67%的核心收益，村民依然对利益分配机制不满。其次，村民的就业权未能在旅游业发展之时得到充分体现。原本乡村产业具有一定社会效益，自发为村民提供优先就业机会；但在资本操纵的产业中，以效率与利益最大化为先，竞争化的就业机会使村民只能顺应资本需求并争取其认同，被选中的村民实现了收入增长，而未被选中的村民则被排斥在利益链之外。在宏村，为了规范化管理，全村的村民导游均遭到解雇，村民的就业权被严重侵蚀[①]。

在主体结构层面，"外源式"开发模式导致了"绅士化"趋势。"绅士化"概念最早由英国社会学家格拉斯(Glass)于1964年提出，用于描述旧城更新后中产阶级进入旧城中心替代低收入阶级而引起的人口结构与社区空间重构现象[②]。高森(Gotham)则进一步将城市中某些区域因旅游项目开发重新建设而发展成为富裕区的现象称为"旅游绅士化"[③]。资本导向下的乡村旅游中，首先，旅游者、艺术家、退休人员等外来人员进入乡村，虽然未形成"人口替换"，但异质性人口的短期持续引入也产生了人口结构的变化，随之房产价格上涨、物价提升，乡村的消费价值得到彰显，乡村空间价值得到重构；其次，乡村居民在级差地租吸引、向往村外现代化生活、自身经营能力不足的综合因素下，或主动或被动地迁出乡村，将自己在村内的宅院出租给外来资本，产生了一定程度的"人口替代"；最后，资本往往借助旅游项目开展旅游配套开发而衍生出地产行为，为外来游客提供更为舒适的旅游服务空间、短期居住空间甚至长期居住空间，绅士化程度进一步提高。在宏村，资本将景区收入投入到周边旅游度假区的建设中，提升宏村的旅游接待能力与水平的同时，其自身也成为度假区地产收入的主要获益者。总体来看，绅士化过程为乡村带来异质化的人口活力，促进村民对乡村价值的再发现与认同，提升乡村人居环境品质，但也挤压了村民主体的生活空间和利益权利，值得警惕。

在村民主体被资本支配过程中，随着游客融入的绅士化，乡村空间作为权力结构的表征，产生了错位、排他的异化现象[④]。

空间错位化源自村民和游客对空间功能与景观的差异化需求。村民需要切实、日常的生产生活空间，而游客追求异质的旅游资源与舒适的服务设施，两者需求的满足存在建设时序问题；而资本在逐利目标下，往往按照消费主义逻辑，优先满足游客的需求，村

[①] 应天煜.中国古村落旅游"公社化"开发模式及其权力关系研究[D].杭州：浙江大学，2006.
[②] Glass R L. London：Aspects of Change[M]. London, UK：MacGibbon & Kee, 1964.
[③] Gotham K F. Tourism from above and below：Globalization, localization and new orleans's Mardi gras[J]. International Journal of Urban and Regional Research, 2005, 29(2)：309-326.
[④] 高慧智，张京祥，罗震东.复兴还是异化？消费文化驱动下的大都市边缘乡村空间转型：对高淳国际慢城大山村的实证观察[J].国际城市规划，2014，29(1)：68-73.

民的需求却被一再搁置甚至被迫牺牲,反客为主的身份错位最终导致空间错位,村民生活设施让位于旅游设施、日常生活空间转变为旅游体验空间、生产空间被替换为景观空间。

空间错位使乡村呈现出外来"他者"偏好支配下的空间表征,功能的商业化及风格的符号化进一步催生了空间的排他性。乡村的资源价值在消费主义下被抽取为可识别的空间符号和可消费的旅游商品。为满足城市游客的高端化、潮流化的需求,乡村空间成为满足游客乡土想象的符号体系、迎合游客偏好的新奇消费空间,却与原本村民的日常生活与人文精神脱离。而私营化和商业化的异化空间在功能转换、消费水平及欣赏品味上无形划分了空间使用者的"贫富""雅俗"以及"城乡"隔阂,定向吸引城市精英阶层,对本地村民产生了软性的排他性,挤压了一些本应免费服务大众的公共资源和生活空间①。如丽江古城、周庄古镇、西递古镇中超过85%的居住空间转换为面向游客的商业空间②,昂贵的物价与突破日常需求的商品让村民无所适从;而在浙江浦江野马岭开发项目中,整个传统村落被圈定为面向高端游客的精品酒店,村民不消费则无法进入,原本作为公共空间的古村落却对村民呈现整体的排他性(图 4-10)。

图 4-10 野马岭精品民宿

(来源:左:作者重绘;右:作者自摄)

在"外源式"经营模式中,由于村民与资本诉求不同,而村民在政府与资本的联合体面前难以保有话语权,乡村受到一场权力与资本的"隐形规训","反客为主"的身份错位更让空间走向肤浅的符号化,过度的商业化导致空间对村民的排他性,文化异质性随着日常生活消逝而减弱,乡村旅游仅仅依靠同质化的消费景观将难以为继。

---

① 刘彬,陈忠暖.权力、资本与空间:历史街区改造背景下的城市消费空间生产:以成都远洋太古里为例[J].国际城市规划,2018,33(1):75-80.

② 保继刚,林敏慧.历史村镇的旅游商业化控制研究[J].地理学报,2014,69(2):268-277.

（2）"内生式"经营：村民自治下的渐进发展

"内生式"乡村由村民自主开展旅游开发，依托村民主体地位，个人的收益及福利直接与旅游发展挂钩，有效激励村民参与、并愿意将资金积累滚动投入用于乡村空间品质的提升，最终形成良性循环。

古村落西递便是以"内生式"模式进行旅游开发，村民主体早在1987年便抓住了旅游业发展契机，由村委会自主成立村办旅游公司独立开展旅游经营，并一直未将西递旅游开发权上交县旅游局。尽管村办公司旅游开发能力的专业化程度不高、投资资金有限、管理体制偏人情化，旅游开发的整体进度较慢，只能通过全村村民义务劳动清理溪流、整治环境起步，通过贷款逐个修复景点、保护文化古迹；但所有权与经营权清晰，为集体所有，旅游业收益直接转换为村民分红，带来了明显的集体经济效益和村民个人增收，正向促进了村民积极从事乡村环境的保护。在旅游业快速发展的溢出效应下，带动了餐饮、住宿、娱乐及商业等服务的繁荣，解决了西递村80%以上的劳动力就业问题。集体在旅游业中积累的资本，又投入到乡村公益事业中，提升基础建设与公共福利设施，并预留作为村落遗产的保护资金，有助于旅游业的可持续发展。

不过，"内生式"经营在村民"草根化"的自治管理中难免陷入低端化运营，难以突破现有发展瓶颈，阻碍乡村价值的进一步提升，仍需更多探索。

4.5 "乡村振兴"战略时期（2017至今）：何为农业型乡村的韧性发展路径

2017年底，党的十九大提出"乡村振兴"战略，农业农村首次被提升到优先发展的战略地位，乡村建设进入了历史新时期，农业型乡村的振兴尤为重中之重。

依据"韧性乡村"的评估方法，对转型重构期的农业型、工贸型及旅游型乡村进行韧性的评估与比较，寻找农业型乡村的转型范式（表4-15）。在社会韧性方面，小共同体的工贸型乡村与内生型的旅游型乡村由于较低迁出率、刺激了村民的学习与教育能力、掌握较为主动的话语权、较为紧密的社区联系、满足公众需求的公共服务水平而具有较高韧性；在环境韧性方面，内生型的旅游型乡村在村民主动维护生态环境和提升建成品质方面均较为突出；在经济韧性方面，工贸型乡村在提升村民收入方面最具潜力，但也易受到全球化经济影响而有发展风险。

综合来看，本研究聚焦的农业型乡村的系统韧性为最低，尤其是在社会韧性和经济韧性维度，但现有其他乡村类型均存在不同维度的韧性缺陷。工贸型乡村均由于自然环境的保护不足与生产污染而面临着环境韧性危机；旅游型乡村需要依托自身独特的旅游资源且对村民增收的覆盖面仍然有限；大共同体工贸型与外源型旅游型乡村还面临着社会韧性不足的风险。因此，对于广大农业型乡村而言，需要积极探求新的综合韧性发展路径，把工贸型及旅游型乡村韧性不足之处视为前车之鉴，以实现可持续发展转型。

表 4-15　重构转型期不同类型乡村的韧性比较

目标层(A)	维度层(B)	分项层(C)	指标层(D)	农业型 资本介入型	工贸型 大共同体	工贸型 小共同体	旅游型 外源型	旅游型 内生型
A1 乡村系统韧性	B1 社会	C1 人口特征	D1 迁出率	高	低	低	中	低
			D2 村民受教育程度	低	中	中	低	中
		C2 社会网络关系	D3 村民话语权	低	低	高	低	高
			D4 社区联系紧密度	低	低	高	低	高
			D5 公共服务水平	低	中	高	中	高
		社会综合韧性排序		③	②	①	②	①
	B2 经济	C3 产业水平	D6 村民平均收入	低	高	高	中	中
			D7 非农就业率	低	高	高	高	高
			D8 农业生产率	高	—	—	—	—
		C4 区域影响	D9 经济受全球化影响程度	中	高	高	中	中
			D10 政府补贴依赖程度	高	低	低	低	低
		经济综合韧性排序		④	①	①	③	②
	B3 环境	C5 自然环境	D11 水体绿地保护情况	中	低	低	高	高
			D12 物种多样性	高	低	低	高	高
			D13 景观多样性	高	低	低	高	高
		C6 建成环境	D14 基础设施水平	低	高	高	中	高
			D15 居住环境水平	低	高	高	中	中
		环境综合韧性排序		③	④	④	②	①

（来源：作者自绘；注：编号从①到④为该维度内韧性从高到低的排序）

4.6　本章小结

本章旨在建立乡村营建特征与系统韧性状态的关联。首先，从历时性层面，选择传统自治、二元限制、快速变革、重构转型四个时期，解析各个历史时期乡村面临的外部环境扰动，在微观层面解析了乡村营建"主体—产业—空间"三向度的要素特征，并依据"社会—经济—环境"韧性评估方法评价了各个时期的宏观韧性状态（表4-16）。其次，从共时性层面，选取了农业型、工贸型、旅游型三种类型乡村，建立乡村营建特征与系统韧性状态的关联，并发现各类乡村存在的韧性缺憾。本章内容通过理解乡村系统在历史中的复杂演变过程，促进对现状乡村问题复杂性的根源认知；发现乡村系统通过主体、产业和空间的适应行为应对外部扰动的稳定、恢复和转型过程；并根据不同类型乡村面临的潜在韧性异化危机，提出应探索农业型乡村的综合韧性发展新方向。

表 4-16 各时期与各类型乡村的韧性评估汇总

	传统自治期	二元限制期	快速变革期	重构转型期				
				资本介入农业型	大共同体工贸型	小共同体工贸型	外源旅游型	内生旅游型
社会韧性维度	高	中	低	低	中	高	中	高
经济韧性维度	中	中	低	低	高	高	中	较高
环境韧性维度	高	中	低	中	低	低	较高	高
整体韧性	高	中	低	低	中	较高	中	高

（来源：作者自绘）

5 "韧性乡村"认知框架的要素识别与机制解析

依据乡村系统演化的综合分析框架,需要判定韧性演化的先决条件、决定要素和表观特征。基于乡村系统各个时期和不同类型乡村"主体—产业—空间"的营建特征与"社会—经济—环境"韧性评估的关联,可初步推导出系统开放性、主体组织化、主体话语权、主体行为涌现出产业与空间的复杂性为与韧性最具紧密关联的要素。初步判断各个要素对系统韧性不同的作用方式:①系统保持对外界环境的开放性是韧性系统的先决条件;②主体组织化和主体话语权是培育、发挥主体适应能力的必要方式,因此是系统韧性建构的决定要素;③产业与空间作为主体演化的系统标志产物,成为韧性系统的表观特征,其复杂性和动态适应性的提升也会在一定程度上对系统韧性产生反馈作用(表5-1)。

表5-1 乡村韧性的基本认知框架推演

乡村演化分析框架	内容	韧性建构框架	要素	要素对韧性的作用
演化条件	系统开放	先决条件	系统开放性	形成对环境的开放与双向要素流动
	非线性			
	涨落			
演化动力	适应	决定要素	主体组织化	提升主体适应与协同力
	协同		主体话语权	发挥主体适应力
演化过程	突变	表观特征	产业与空间特征	主体适应演化的产物,主体适应力的表观特征,也具备一定反馈机制
	跃迁			
系统的表观特征	主体层级			
	系统层级			
	标识			
	多样性			

(来源:作者自绘)

5.1 系统韧性建构的先决条件:开放性

5.1.1 开放性的衡量指标和影响因素

系统开放性是系统韧性建构的先决条件,这是基于开放性是系统演化的前提这一认识。

开放性即"系统与外界有能量、信息或物质的交换"①,系统在开放状态下,内部要素与外界环境进行能量交换,环境的变动性激发主体的动态适应性,促使各个要素通过合作、竞争等方式,造就了系统的复杂性,从而完成从混沌到有序、低级到高级的演化,过程中塑造了系统韧性。而对于乡村系统,外部环境即城市系统,开放性影响着城乡间不同要素流的交换流动方向和速率的变化,形塑成不同的城乡地位关系,从而影响着乡村系统的韧性。

系统开放性可以要素在城乡间的流动性特征为衡量指标,定义要素在城乡间双向流动为"开放"、单向流动为"半开放"、无流动为"封闭"。根据这一衡量方式,传统自治时期因重农观念下城乡身份的自由转换、自由市集交易、土地流转以及乡里共同体的乡约教化,在人口流、物质流、资金流和信息流层面均具有缓慢的开放性,而此时系统具有适应制度变化的韧性;二元限制时期则由于城乡二元户籍和迁移限制、统购统销政策约束,人口流动封闭化,物质和资金流动为乡村向城市输送为主的半开放化,整体系统开放性受限,系统韧性也僵化;快速变革时期制度改革后,乡村系统重新回归到开放状态,系统韧性一度得以提升,但随着城乡差异不断增大,离乡观念加剧了人口从乡村到城市的单向流动,系统韧性也随之降低(表5-2)。在这一过程中,可得到系统开放性与系统韧性存在正相关,是引发其他要素变化的先决条件。

表 5-2 各时期的系统各要素流的城乡开放程度

	传统自治时期	二元限制时期	快速变革时期
人口流	开放	封闭	半开放(乡村输出)
物质流	开放	半开放(乡村输出)	开放
资金流	开放	半开放(乡村输出)	开放
信息流	开放	开放	开放
综合开放性	缓慢开放	半开放	初步开放
系统层级	高级	中级	低级
综合韧性	高	中	提高又降低

(来源:作者自绘)

通过历史的回溯,系统开放性的影响因素为制度、观念等方面,改善系统开放性可由此着手。制度对乡村系统的开放性具有直接作用,通过户籍管理制度、经济制度、土地制度、公共服务制度等对城乡要素的流动实行直接控制,作用效果快而强烈。而观念对乡村系统的开放性为间接作用,传统自治时期的重农思想影响着农民有地留乡、官绅告老返乡、商人买地回乡而不断补充乡村人口活力,而快速变革期因城乡差距不断拉大而产生乡村是落后象征的观念,又不断刺激着乡村精英的外流,观念对城乡要素的流动产生潜移默化的影响,作用效果慢而长久。

---

① 钱学森,于景元,戴汝为.一个科学新领域:开放的复杂巨系统及其方法论[J].自然杂志,1990,12(1):3-10.

5.1.2 当前时期的乡村系统开放性

在当前"乡村振兴"战略时期,制度与观念的转变为乡村的系统开放性提供了良好的基础。

在制度层面,首先是城乡二元户籍制度的松动,城乡人口流动的限制逐步消失,2014年国务院印发《关于进一步推进户籍制度改革的意见》,要求取消农业户口和非农业户口性质的区分、建立城乡统一的户口登记制度,建立居住证制度,将常住地享受的基本公共服务与户籍人口等同化,根据城市规模确立落户条件、逐步放宽城市落户限制。其次是促进土地流转、完善产权的土地制度,以及经营性建设用地入市为先导、宅基地有偿使用与自愿退出机制的试点制度,降低了农业经营与用地开放的限制。最后,以"乡村振兴"为导向的各类乡村政策,提高了社会各界对乡村的关注,加速了城乡间的物质流动速率。

在观念层面,乡村在文化、景观、体验、生态等方面的多功能价值被挖掘,突破了贫困、落后的刻板印象,而成为乡愁记忆、美丽田园、传统文化的载体,激发了城市群体对乡村体验的需求,通过乡村旅游甚至返乡创业促进了人口、资金等各要素从城市流向乡村。

以人口流、物质流、信息流和资金流的流动特征衡量开放性,则当前时期乡村系统具备良好的开放性,为"韧性乡村"的营建提供了先决优势。

① 人口流在城乡间呈现了"长居转向城市—短游回流乡村"的双向流动模式。一方面,户籍制度的深化改革促进了乡村人口向城市人口的自由转移,从2002年到2017年底,全国流动人口数量从1亿人升至2.44亿人[①];另一方面,乡村旅游为乡村带来了大量的人口活力,2012—2017年我国休闲农业与乡村旅游人次从7.2亿增加至28亿,2017年56%旅游者的出游目的地为乡村[②]。尽管在城镇化背景下,乡村人口流向城市是大趋势,据学者预测,我国2030年城镇化率将达到80%[③],但现存频繁、短期、大量的城市人口向乡村移动的现象,依然为乡村不断带来异质化的人口活力、就业机会等各种资源,开启了城乡互动阶段的起点,为乡村系统的开放性提供了人口基础。

② 物质流和资金流的城乡交换不断升级。随着市场化深化,农产品、土地经营权、集体经营性建设用地等拥有越来越大的流通自由,乡村获得资金积累,促进了城乡资源的公平双向流动。在2004年"最低收购价"为核心的国家宏观调控与市场化综合作用的粮价体系下,粮价得以稳定,还产生了有机种植、生态农业等高品质种植模式,提高了农产品的交换价值;农地的产权完整化、经营权的金融抵押融资许可化将进一步活化农地价值的发挥;集体建设用地入市等一系列政策激活了集体资产中占比规模最大的乡村土地的要素动能、释放其用益物权,重新给予乡村土地发展权。

③ 信息流则依托互联网、智能手机、网络社交平台等新媒体与自媒体形式得到即时、广

---

① 国家统计局.中华人民共和国2017年国民经济和社会发展统计公报[EB/OL].(2018-02-28)[2019-06-28]. http://www.stats.gov.cn/tjsj/zxfb/201802/t20180228_1585631.html.
② 中商产业研究院.2018年中国乡村旅游市场前景研究报告[EB/OL].(2018-08-03)[2019-06-28]. http://www.askci.com/news/chanye/20180803/1814191127762.shtml.
③ 兰海强,孟彦菊,张炯.2030年城镇化率的预测:基于四种方法的比较[J].统计与决策,2014(16):66-70.

泛的城乡流动。农业农村部2018年《农业农村信息化发展前景及政策导向》指出,我国农村地区网民规模达2.09亿、互联网普及率达35.4%、宽带覆盖的行政村占比超过96%[①],信息基础设施的逐步完善有效促进了农业资讯、农业技术、公共服务等信息快速、高效、低成本地传播,加强了对信息的搜寻、利用和交互能力,降低信息交流的交易成本。

5.2 韧性演化的决定要素:主体组织化与话语权

5.2.1 主体组织化

(1) 系统韧性与主体特征

乡村系统与生态系统的演化过程存在异质同构的特征。在生态系统中,物种的变化能力越强、数量越多、种群类型越多,构成的食物链关系就越复杂,生态系统的稳定性越高,抵抗环境变化的能力越强,系统韧性就越强。相应地,在乡村系统中,主体的适应能力、数量、类型、社会网络关系复杂度等主体特征影响着系统韧性(表5-3)。

表5-3 生态系统和乡村系统韧性要素的类比

	生态系统	乡村系统
基础要素一	物种个体能力	主体个体能力
基础要素二	物种数量	主体数量
基础要素三	物种类型	主体类型
决定要素	食物链关系(复杂程度)	主体社会关系(组织化程度)

(来源:作者自绘)

主体数量和类型越多,适应行为越丰富,自发产生的产业与空间模式越丰富,越有可能适应外部环境的变化,越能够抵抗动态的制度环境,系统的韧性就越大。因此,人口外流的乡村,产业和空间模式将单一化,系统韧性将变低;而外来不同群体进入乡村,将增加乡村主体类型的异质性,有可能产生不同的产业和空间模式,有助于提升系统韧性。

主体间的社会关系复杂度或者说组织化程度,建立在主体的个体能力及一定的主体数量和主体类型上,主导了系统的适应能力,因此是系统韧性的决定要素。其与系统韧性为正相关的决定关系。主体组织化程度越高,主体间的作用力越紧密,主体间的关系越复杂,主体分工越多元,面临外部环境的变化越具有调节能力,系统的韧性越得到提高。因此,主体高度组织化的乡村系统一般塑造了较高的韧性,如宗族组织、合作社等具有相同目标或者高度认同感的社会团体,具备较高社会韧性而具有强韧的生命力。

此外,乡村语境中存在自组织、他组织两种组织化类型。自组织是主体自发开展的组织

---

① 唐珂.《农业农村信息化发展前景及政策导向》的发布有什么意义?[EB/OL].(2018-04-23)[2019-06-28]. http://www.sohu.com/a/229174972_261655.

过程,依赖于主体数量和类型的多元与社会关系的网络化,以传统自治时期北宋后的乡村宗族自治为代表,系统韧性较高;而他组织是行政力的强制干预,通过上下级的科层关系线性下达,人民公社时期的行政控制是典型的他组织,系统韧性明显下降。在社会网络关系的复杂度上,自组织的组织化程度要高于他组织,因此其系统韧性也高于他组织系统(表5-4)。

表5-4 系统韧性与主体组织化类型的关联性

	传统自治时期	二元限制时期	快速变革时期
主体数量	稳定	稳定	流失
主体类型	多元	较单一	单一
组织化类型	他组织到自组织	他组织	自组织到无组织
组织程度	低→高	中	高→低
系统韧性	低→高	中	高→低

(来源:作者自绘)

(2)社会网络分析法下的组织化程度量化

主体组织化程度是较为抽象、模糊的概念,为方便不同系统的比较以及具体地理解其内涵,借用定量社会学中的社会网络分析法(Social Network Analysis,SNA)进行网络关系的量化和图示化分析。"组织化"是主体按一定方式进行连接,即通过某种力量互相联系形成社会网络,因此该方法对其具有适用性。

社会网络分析法是将网络视为行动者(即系统内各主体)之间形成的社会结构并将之量化的研究方法,具有"行动者"和"社会关系"这两个基本要素,通常用于分析多个主体的人际交往模式,如亲属模式、派系、社区结构、决策群体、社会圈等[①]。其定量分析通过可视化的网络拓扑图和数据化的关系矩阵展开,产生了网络密度、整体中心度、点中心度和中间中心度等量指标(具体计算过程参见附录)。

在乡村社会网络中,各个量化指标产生了新的内涵。①网络密度可以用以衡量村民等多元主体间的合作强度即组织化程度;②整体中心度则能判定乡村组织的集权程度,乡村与外界沟通时哪个角色是系统的核心成员,谁最具有集中的权力,权力的集中者是单个还是多个,谁又成为乡村系统的边缘者;③点中心度表达单个村民个体与其他人的联系度,考察个体的合作能力和网络影响力;④中间中心度用于确定乡村群体中资源的"中介者"和"垄断者",谁承担协调多方的责任,谁是信息传递过程中绕不开的角色,这个角色是否能为村民利益考虑则是资源、信息共享的关键(表5-5)。

表5-5 社会网络分析指标与乡村系统主体特征的对应关系

社会网络分析指标	乡村系统主体特征
网络密度	组织化程度
整体中心度	社会网络的核心

---

① 斯科特.社会网络分析法[M].刘军,译.重庆:重庆大学出版社,2007.

(续表)

社会网络分析指标	乡村系统主体特征
点中心度	个体的合作能力、网络影响力
中间中心度	中介者和垄断者、系统的信息共享程度

(来源：作者自绘)

将社会网络分析法运用于不同类型乡村，通过对比有助于发现不同主体在组织化过程中的新特征，这里将有外来资本介入的农业村和旅游村等乡村归纳为"外源型乡村"，将由经济能人带动、小共同体主导的工贸村和村民自主经营的旅游村归纳为"内生型乡村"。①网络密度仅在内生型乡村中有所提升，说明通过经济能人的带动形成了凝集力，提升了乡村整体的组织化程度，而普通农业村、外源型乡村村民仍为原子化状态，尤其是外来资本的介入并未提升乡村内部的组织化。②在整体中心度方面，在大部分乡村类型中村两委与经济能人始终是社会网络的核心，而在外源型乡村中，村民被挤压到网络的边缘，自立程度较差，对其他主体存在高依赖性。③在相对点中心度方面，乡村基层权力组织村两委的值在不同乡村类型中始终最高，占据最高的网络影响力；政府的相对点中心度在外源型和内生型乡村中均有提高，更好地发挥了其对乡村发展的影响力和支持作用；而村民的相对点中心度仅在内生型乡村中具有较高的数值，表明在自组织作用下，村民发挥出了较强的合作能力和网络影响力，同时意味着在普通农业村和外源型乡村中，村民的主体地位受到挤压、合作能力较弱，难以发挥出影响力。④在相对中间中心度方面，在普通农业村和外源型乡村中，村两委的值非常高，且是唯一的中介者，对信息的传播具有垄断趋势；在内生型乡村中，村两委不再是唯一的中介者，且相对中间中心度的值较小，经济能人也成为信息的传递者，表明乡村系统中的信息共享达到较高水平，资源的分享效率和公平性得到大幅提升。(表5-6，图5-1)

表5-6 重构转型期不同乡村类型的社会网络分析拓扑图与指标比较

	普通农业村			外源型乡村				内生型乡村			
网络关系拓扑图											
网络密度/组织化程度	0.4			0.4				0.8			
多元主体	政府	村两委	村民1,2,3	政府	村两委	外来资本	村民1,2,3	政府	村两委	经济能人	村民1,2,3
整体中心度/社会网络核心	7②	4①	7②	8②	5①	8②	9③	8③	5①	5①	6②

（续表）

	普通农业村			外源型乡村				内生型乡村			
相对点中心度/个体合作能力	0.25	1	0.25	0.4	1	0.4	0.2	0.4	1	1	0.8
相对中间中心度/中介者和垄断者	0	1	0	0	0.9	0	0	0.15	0.15	0	0

（来源：作者自绘）

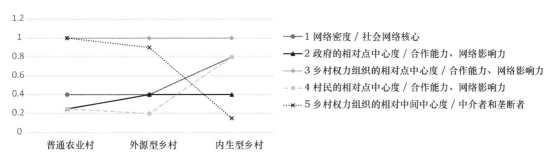

图 5-1　不同类型乡村系统的社会网络量化指标的对比

（来源：作者自绘）

通过社会网络分析法可发现，提升系统网络密度、提高村民的相对中心度，保持村民在系统中的主体地位，避免其变为网络的边缘者，减少垄断型的"中介者"，增强各个主体的独立性，弱化单中心的集权现象，增强信息共享率和传播效率，是保证村民主体组织化有效性的重要手段。

5.2.2　主体话语权

（1）主体、话语与权力关系

系统韧性与主体组织化的分析中，已隐藏着村民主体地位对韧性的重要作用，可用话语权来衡量，是系统韧性的第二个决定性要素。以下对话语权展开详细诠释，解构话语权的实际内涵，为村民赋权提供实际可操作的分项。

"话语"（discourse）最初源于语言学，指"社会关系中语言的运用"。法国哲学家福柯将"话语"的概念引入社会政治领域，将"话语"与"权力"联系起来，他认为话语是一种体现社会权力的控制力，拥有话语权的主体也就拥有了权力[1]。福柯对权力的理解，突破了以往以法律、国家等中心化机构为代表的"压制化权力"的认知，而认为存在一种无处不在、微观的"正常化权力"[2]，当各个陈述主体（subject）间产生不对称依赖的社会关系时便产生了权力。

---

[1] 袁荃,夏琼.福柯权力观探析[J].浙江外国语学院学报,2011(3)：13-20.
[2] 张海柱.公共政策的话语建构[D].长春：吉林大学,2014.

出于自我表达的目的,话语建构了陈述主体,并予以主体陈述的能力,但实际上看似自由的陈述权力受到话语规则的支配,而话语规则是由社会关系中的权力筛选决定的。权力通过"正常化"的"规训"话语规则,给予主体特定位置使其进行规范化、合法化的话语实践,从而强化了话语规则。通过这一过程,主体行使了特定话语隐含的权力,也成为权力的对象和工具①(图5-2)。正是从这一逻辑上,福柯打破了知识是客观中立、独立于权力的传统认知,他认为知识作为话语的表达结果,其产生过程已受到权力的控制和筛选,权力通过话语的表达形成知识,知识成为权力的共生产物②。这警示我们批判性地看待知识的发言人——精英所站的权力立场。

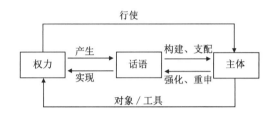

图5-2 权力、话语、主体之间的关系

(来源:钱圆铜.话语权力及主体位置:基于福柯理论的分析[J].
西南农业大学学报(社会科学版),2011,9(10):116-118.)

在权力关系网中,陈述者获取话语权成为权力主体需要一定的条件:一是陈述者需要能够处于特定位置,特殊位置决定了权力关系;二是陈述者需掌握、遵守特定话语的规则,才能被许可发声;三是陈述者有相应的受众认可③。这为乡建过程中村民获取话语权的条件提供了分析框架:一是村民必须处于一定的权力地位能够表达相关话语,二是村民能遵守话语规则、符合所在地位的立场,三是村民的话语权须受到其他主体的认同。而第二点、第三点是基于第一点而成立的,因此按第一点,村民是否处于权力地位成为衡量村民主体是否具有话语权、是否是权力主体的关键,获取相关权力地位也是村民主体获取话语权的重要途径。

(2)村民话语权分解与系统韧性

根据乡村中权力的支持来源,对话语权进行细化解构。根据上文福柯认为的知识是权力的共生物,结合实际乡村建设还受到治理主体及资本的重要影响,话语权可看作由政治话语、知识话语与资本话语三部分构成。政治话语意味着村民能真正参与到乡村营建过程中,知识话语则表示村民具备理解和表达的能力与权力,资本话语权则需村民有能力在营建过程中投入资本,而综合的话语权则代表村民对事件的决策权(表5-7)。村民以外的主体占据这些话语权,由于权力立场不同,并不能真正为村民发声。逐一核对村民持有话语权的程

---

① 钱圆铜.话语权力及主体位置:基于福柯理论的分析[J].西南农业大学学报(社会科学版),2011,9(10):116-118.
② 袁荃,夏琼.福柯权力观探析[J].浙江外国语学院学报,2011(3):13-20.
③ 张一兵.从构序到祛序:话语中暴力结构的解构:福柯《话语的秩序》解读[J].江海学刊,2015(4):50-59.

度来确定村民是否具有话语权：若村民持有全部话语权，则定义村民为话语权力的"主体"；若村民未完全持有所有话语权，则定义村民为话语权的"半主体"；若村民未持有任何话语权，则定义为话语权的权力"对象"，仅有服从权。

表5-7 话语权的构成与内涵

	分解	内涵
话语权构成（决策权）	政治话语权	参与权
	知识话语权	理解、表达的能力和权力
	资本话语权	资本投入能力

（来源：作者自绘）

在历史演进中，在传统自治时期，乡绅阶层作为乡里共同体的代表，在皇权上升回到县级后具有宗族自治的政治话语权，科举赋予的知识话语权，土地、财富等积累的资本话语权，可以认为所有话语权均为村民自持，村民是话语权的主体。在二元限制时期，乡村从自治转为人民公社治理，知识的输入来源于外部的"上山下乡"运动，乡村中的资金积累由人民公社进行分配管理，所有话语权均非村民自持，村民不具有话语权，而沦为权力的操纵对象。在快速变革时期，乡村恢复为村民自治，但仍受到上级政府的较大介入影响，乡村精英在城镇化进程中外流而使村民失去知识话语权，而随着外来资本带着投资下乡介入乡村建设占据了资本话语权，村民仅为话语权的半主体。这一阶段大部分乡村陷入衰弱，系统韧性较低（表5-8）。

可见，乡村系统韧性与村民占有话语权的程度存在正相关。当村民为话语权的主体时，系统韧性较高；当村民失去部分或全部话语权、成为权力的半主体甚至沦为权力的对象时，系统的韧性将显著降低。

表5-8 乡村系统各时期村民话语权与系统韧性关系

	传统自治时期	二元限制时期	快速变革时期	新时期变革方向
政治话语权	他持→自持	他持	自持→自持+他持	→自持+他助
知识话语权	自持	他持	→他持	→自持+他助
资本话语权	自持	他持	→他持	→自持+他助
村民的综合话语权	主体	对象	→半主体	→主体
系统韧性	低→高	中	→低	回升

（来源：作者自绘）

而在现状的各类型乡村中，村民话语权也存在普遍差别，为系统韧性最低的农业型乡村如何选择转型方向提供了一定参考价值与警惕意义。工贸型乡村中，由大共同体主导的乡村村民并不持有政治、知识与资本的话语权，系统韧性低于小共同体主导的乡村；而旅游型乡村中，外源式乡村的政治、知识、资本话语权均为乡村的他者持有，村民仅为权力操作的对象,系统韧性也远低于内生式乡村(表5-9)。

因此在当下的新时期,乡村系统韧性的提升将有赖于村民话语权的强化,以已有多元主体的力量协助村民占据话语权,使其自持政治、知识及资本的话语权。

表 5-9 各乡村类型村民话语权与系统韧性关系

	农业型	工贸型 (大共同体)	工贸型 (小共同体)	旅游型 (外源式)	旅游型 (内生式)
政治话语权	自持+他持	他持	自持	他持	自持
知识话语权	他持	他持	自持	他持	自持
资本话语权	他持	他持	自持	他持	自持
村民话语权	半主体	对象	主体	对象	主体
系统韧性	低	中	高	中	高

(来源:作者自绘)

5.3 韧性演化的表观特征:产业与空间的复杂性

根据复杂适应系统理论,产业和空间的复杂性特征由主体行为决定,作为主体适应环境演化的结果,成为乡村系统的标志物;而产业与空间的复杂性对系统具有反馈机制,加强并维持着系统的韧性状态(图5-3)。

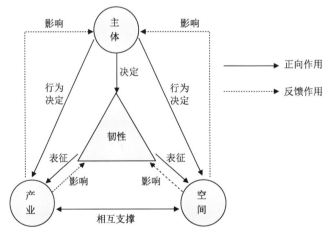

图 5-3 系统韧性与主体、产业、空间的机制关系

(来源:作者自绘)

5.3.1 主体适应力作用下产业与空间的演化机制

产业与空间的演化基于主体对环境的适应性,是自下而上、从微观到宏观的过程。在微

观的主体行为层,乡村主体主动适应环境调整自身的行为模式,由于个体的差异、思维的非线性和选择的随机性,产生了多元、异质的产业行为和空间行为,有着适应环境能力的差别,优胜劣汰之下微观层次的产业与空间营建主体自发加强了对高适应力行为的模仿与学习,塑造了定向适应环境的特定经营模式和营造方式;主体行为层的定向聚集,涌现到群体行为层,在中观尺度上塑造了涵盖一、二、三产业体系,并分化出居住空间、生产空间和公共空间等丰富的乡村空间类型和建筑形态;群体行为层进一步涌现到宏观的系统层,产业体系建构了宏观的经济结构成为乡村系统的产业子系统,建筑空间在空间上进一步聚集,形成村落聚落的空间结构,为乡村系统的空间子系统(图5-4)。

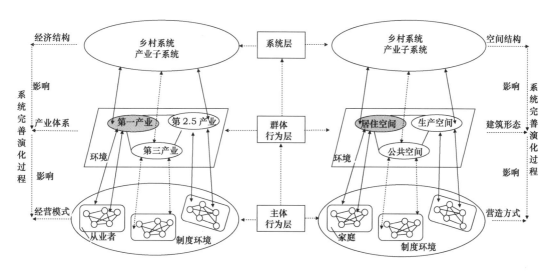

图 5-4 乡村产业与空间系统演化机制

(来源:作者自绘)

韧性系统在产业与空间层面具备一定复杂性的表观特征,包括类型多元化、地域共性和时间动态性。首先由于非线性作用而产生类型的多元化,由于个体之间的思维逻辑非线性、微观产业环境的差异以及具体场地的特殊性,个体主体采取的产业与空间行为具有类型的多元性与异质性(图5-5,表5-10);其次存在协同效应下的地域共性特征,特定地域具备类

图 5-5 安吉碧门村针对竹资源的多元竹产业

(来源:左:作者自摄;中、右:项目组)

似的市场、区位、消费观念和资源等影响产业行为的环境因素,以及具备气候、地理地貌、材料、施工技法等决定空间行为的环境因素,因此尽管主体选择的产业与空间行为有差异,但在自组织的协同与竞争中,最终都趋同于最适应所在环境的方式而具备地域共性(图5-6);最后具备适应环境变化的时间动态性,在乡村系统中,农业具备强烈的自然属性,根据作物生长特征而出现农忙农闲的动态变化,而空间特征也随着施工技法、处理材料能力的加强而不断改变。

表 5-10 安吉碧门村竹作坊的多元化空间形态

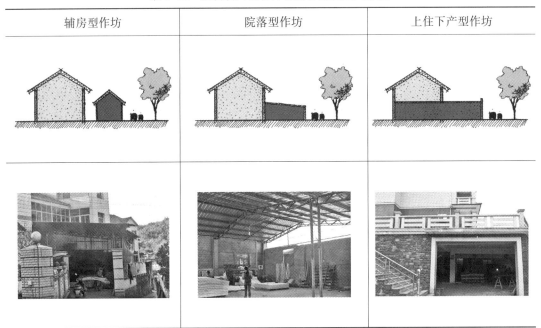

(来源:项目组)

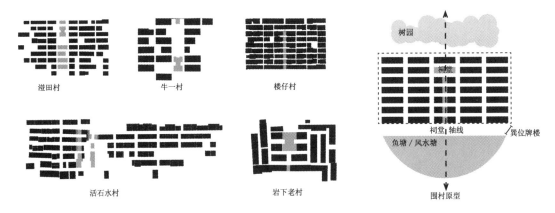

图 5-6 广东英德九龙镇村落的围村式地域共性

(来源:王竹,徐丹华,王丹,等.客家围村式村落的动态式有机更新:以广东英德楼仔村为例[J]. 南方建筑,2017(1):10-15.)

5.3.2 产业与空间复杂性对系统韧性的反馈机制

从反馈机制角度看,产业与空间的复杂性将有助于塑造系统的韧性。第一,产业与空间的多元化和动态性能有效应对系统开放性下的环境变动,提高适应的可能性。在一个同质的、静止的封闭系统中,单一的产业模式、固定的空间样式或许能够满足主体一时的需求;但在一个充满异质性的、不断动态变化的开放系统中,只有多元化、动态化的产业与空间行为才能灵活应对环境的变动,增强适应环境的可能性,才能提升系统韧性。此外,产业与空间的复杂性是满足村民主体差异化与动态需求的伦理要求。城市社会学家桑内特也指出:在开放城市中,应有意识地创造多样性和复杂性[①],这个论断也同样适用于乡村。第二,产业与空间的地域共性促进主体内部的网络化与外部的联系度而提高系统韧性。在产业层面,地域性共性促进产业主体间的学习与协同,形成网络化的组织凝聚力而具有市场话语权,由此产生规模化的产业集聚效应,减少了其他群体对该产业的搜寻成本,从而提升产业的市场竞争力;在空间层面,地域特征不仅塑造了村民对集体的文化认同感和文化自豪感,也是发展旅游业的重要吸引物,均有助于保持乡村人口的活力。

因此在开放性的前提条件下,系统具备了主体组织化与村民话语权的决定要素,"韧性乡村"的具体落地建构依旧离不开产业与空间的实体营建,需以类型多元化、地域共性、动态性等复杂性为原则开展营建。

5.4 本章小结

本章基于构成要素的搜寻与作用机制的解析建构了"乡村韧性"的认知框架(表5-11)。

首先,系统开放性是韧性建构的先决条件,受到制度与观念的影响,其开放度由物质流在城乡间的双向流动状态衡量,当前时期乡村具有较高的开放性。其次,主体组织化与话语权的持有是韧性建构的决定要素,主体组织化可用社会网络分析法深化理解,而话语权可分解为政治话语权、知识话语权和资本话语权三部分,小农组织化与村民话语权的自持是"乡村韧性"的关键。最后,产业与空间的复杂性是"乡村韧性"的表观特征,主要体现为类型多元化、地域共性、时间动态性三方面,而其自身对韧性也具有反馈作用,需注重培育产业与空间的复杂性特征。

表5-11 "乡村韧性"认知框架的要素与机制

韧性建构框架	要素构成	作用机制解析	作用机制子项
先决条件	系统开放性	影响因素	制度开放
			观念开放
		衡量工具	物质流在城乡的双向流动状态

---

① Sennett R. The open City[M]//In the Post-Urban World. New York: Routledge, 2017: 97-106.

(续表)

韧性建构框架	要素构成	作用机制解析	作用机制子项
决定要素	主体组织化	量化分析工具	社会网络分析法
	主体话语权	话语分解	政治话语权：参与权
			知识话语权：理解力与表达权
			资本话语权：投入能力
表观特征	产业与空间特征	复杂性与反馈作用	类型多元化
			地域共性
			时间动态性

（来源：作者自绘）

6 "韧性乡村"的营建策略与方法

根据"韧性乡村"的认知框架,"乡村振兴"战略下的乡村已基本具备了开放性的先决条件,则需从作为决定要素的主体组织化、话语权以及作为表观特征的产业与空间复杂性切入提升系统韧性,即从主体、产业与空间层面提出"韧性乡村"的营建策略,且产业与空间策略应基于主体策略展开。此外,情景规划作为韧性规划的重要操作手法,为营建实施提供了应对不确定风险的方法。

6.1 主体:赋权转型小农的乡建共同体建构

从主体视角出发的营建策略旨在提升乡村营建过程中社会维度的韧性,增强乡村社会联系紧密度、提高村民话语权、加强村民受教育程度、提升公共服务水平、降低人口的迁出率。社会韧性的提升,将使村民平均收入、农业生产率等方面的经济韧性也得到促进。

6.1.1 融合内外部动力的乡建共同体

随着新农村建设的开展、"乡村振兴"战略的实施,村民、返乡者、资本、科技人员、市民等多元主体介入乡村营建,"韧性乡村"逐步形成了来自乡村内部与外部的主体驱动力,将建构村民内部共同体与融合外部力量的乡建共同体。

(1) 内部的村民共同体

原本原子化的乡村在外出人员返乡、村组织引领、"乡贤理事会"补足和合作社建立等内部驱动力的机制作用下,塑造新的有凝聚力的村民共同体,在经济合作、公共事务管理等方面逐步加强联系,加强了对家乡的地域认同感。

① 外出人员返乡预示精英的回流

在"城市推力—乡村拉力"的作用机制下,2008 年后出现了大量乡村外出人员的返乡潮。在城市端,农村外出者尤其是迈入老年但又未能在城市站稳脚跟的"农一代"(1980 年代出现的第一批外流农村劳动力),在城市生活成本较高、金融危机导致的就业机会骤减、均等化公共服务保障缺乏、心理常年承受"疏离感"与"低认同感"压力等城市推力作用下选择返乡。而在乡村端,社会主义新农村建设初见成效,乡村物质空间建设明显提升,随着 2008 年一号文件提出改善农民返乡创业环境以来,政策不断通过补助、贷款、培训等方式加大返乡创业的扶持,激发了一定数量的农民返乡创业的主动性;而预期不低于城市打工收入的创业收益、自身具备的城市就业经验也增强了外出人员返乡创业的意愿;此外农村留守家庭对亲情的回归需求也有一定拉力作用。

外出人员的返乡标志着乡村精英的回流,开启就地非农就业的可能性,有利于带动地区内部的就地城镇化、城乡均等化发展,是能够承担"韧性乡村"营建动力的核心力量。其"外出"行为已经决定了其精英的属性[①]，代表着其具有较强的学习与创新能力，并富有冒险精神，在城市工作与生活的经验中，培养了组织管理能力、熟悉了市场规律、积累了一定资本和社会网络[②]。据统计，2019年初返乡下乡创业创新人数为780万人，主要包含农村户籍的农民工、中高等院校毕业生和退役士兵等返乡人员，创办的实体企业82%为农产品加工流通、休闲旅游、电子商务等覆盖一、二、三产业[③]。

② 村组织引领

行政村是最基层的乡村组织单位，由村民自治委员会（简称"村委会"，由村主任主管）自治，并受到村共产党支部委员会（简称"村支部"，由支部书记领导）领导，村委会与乡镇政府不再是行政上的"领导关系"而是"指导关系"[④]，要求乡镇在行政事务中为村庄基层组织充分赋权。这样结合行政和自治关系的"村两委"，一方面能以乡村建设为工作职责，根据上级制订的乡村振兴科学内涵、推进思路、发展目标、阶段任务等顶层设计，依据在地情况制订工作计划，清晰各项惠农政策展开相应的申报、落地性建设，确保乡村建设有序开展[⑤]；另一方面，村两委往往由村内的政治精英或经济精英担任，能够切实了解村民需求、考虑村民利益，而其在村民中良好的威望则能顺利组织村民自治、带动村民积极参与建设。因此，当地政府与村两委是营建"韧性乡村"中最重要的组织力量。

③ "乡贤理事会"补足

村两委作为官方的基层组织，时常受到上级乡镇的行政压力，难以承担整合村民利益的重任，村集体财政不足时又无法提供村庄发展的公共必需品，而在自然村或村民小组层级涌现的"村民理事会"或"乡贤理事会"则一定程度上弥补了这些不足。理事会是由村民自发成立的内生型民间组织，往往由村内威望较高的老人、退休回乡精英、回乡创业精英、关心村庄事务的外出人员等组成，能激发社会参与的活力，克服原子化的村民个体与庞大的政府权力之间的不对称现象，有利于提高乡村组织化程度，拓宽村民利益表达通道[⑥]，是构建"韧性乡村"的协助力量。

④ 合作社建立

合作社模式通过个体"自愿入社""民主管理"等原则组成"联合体"共同抵御市场风险，在稳定农业发展与农产品价格、为农户提供市场信息及科技推广等服务、搭建与政府沟通优惠政策的桥梁等方面能发挥重要作用[⑦]。2008年《中华人民共和国农民专业合作社法》的颁布给予合作社法定地位、规范了合作社的组织和行为后，专业合作社如雨后春笋般大量建立。据国家统计局第三次全国农业普查主要数据公报，2016年在工商部门注册的农民合作

---

① 李京生,张昕欣,刘天竹.组织多元主体介入乡村建设的规划实践[J].时代建筑,2019(1)：14-19.
② 蔡宜旦,汪慧.助推"返乡创业潮"的政策思考：浙江省青年农民工返乡创业意向调查研究[J].青年探索,2010(4)：59-64.
③ 央视网.返乡下乡创业创新为乡村注入新动能[EB/OL].(2019-01-10) [2019-03-29]. http://sannong.cctv.com/2019/01/10/ARTIPKhUPEz3y0bMNy10fy3d190110.shtml.
④ 王定军.村民自治权与行政权[D].成都：四川大学,2005.
⑤ 黄祖辉.准确把握中国乡村振兴战略[J].中国农村经济,2018(4)：2-12.
⑥ 徐晓全.新型社会组织参与乡村治理的机制与实践[J].中国特色社会主义研究,2014,5(4)：86-89.
⑦ 张晓青,杨靖,多英学.国外农业合作社发展模式比较及经验启示[J].黑龙江畜牧兽医,2018(22)：34-37.

社总数已达 179 万个①，它们在我国农业现代化、乡村产业发展方面起着重要作用。

⑤ 村民共同体的运作机制

在村两委官方组织的支持下，返乡精英和乡村能人通过互相信任的纽带关系组织乡贤理事会加强村庄公共事务的管理，发挥能人经济的带动作用，建立产业经济协作的专业合作社，促进乡村整体的经济发展，最终形成联系紧密、具备高度认同感的利益共同体。(图 6-1)

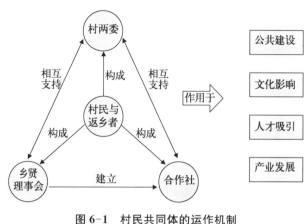

图 6-1 村民共同体的运作机制
(来源：作者自绘)

其中，返乡者出于对乡土的生活依赖、创业就业等与自身利益密切相关的需求，主动参与并承担乡村营建的重要责任。一方面，返乡精英往往有志于改造传统农业、支持城镇建设，其创业目标从农一代的"生存型"转向农二代的"发展型"②，主动关注、直接提出规划建议甚至直接担任乡村营建项目的执行者。另一方面，存在着关心家乡建设发展的高频探亲返乡群体，他们在城市生活积累了更宽阔的视野和契约精神③，甚至具有相当的经济负担能力和政策敏锐度，可能提供信息获取、建设资金筹措、项目申报、专业技术、社会关系网络等多元支持。

乡贤理事会成为政府、村两委与村民联系的桥梁，形成了有利的分治格局。首先，这是对传统宗族乡绅机制的一种效仿和替代，在熟人社会中受到信任的乡贤能人能够动用其在乡村中的社会网络关系调动原本原子化的村民参与公共事务的热情；其次，理事会参与公共设施建设、文化影响、人才吸引、产业发展等内容治理④，如出资修建道路设施、成立合作社等，对与村民利益密切相关的事业进行集中资源输入，具有强烈的公益性、非营利性；最后，理事会一般由政府和村两委积极培育、有意扶持，与政府主导的建设方向一致，不是对其权

---

① 国家统计局.第三次全国农业普查主要数据公报（第一号）[EB/OL].（2017-12-14）[2019-06-28]. http://www.stats.gov.cn/tjsj/tjgb/nypcgb/qgnypcgb/201712/t20171214_1562740.html.
② 张改清.农民工返乡创业：意愿、行为与效应的代际差异比较[J].统计与决策,2011(18)：94-97.
③ 李京生,张昕欣,刘天竹.组织多元主体介入乡村建设的规划实践[J].时代建筑,2019(1)：14-19.
④ 程颖.我国分散型村庄中乡贤参与乡村治理研究：以湖北省李家岗湾乡贤理事会为例[J].科技经济导刊,2018,26(24)：177-178.

力的分割,而是弥补其治理能力的分治。

专业合作社的成立则突破"公司(龙头企业)+农户"的农业产业化经营模式,而形成"公司+合作社+农户"①的新模式,弥补了公司与农户在市场与政策波动下较为脆弱的利益关系,一方面通过组织化方式提高农民在市场中的谈判能力、降低市场风险和生产成本②、提升农民市场竞争力并维护广大农民利益;另一方面降低了公司与分散农户沟通的交易成本,使公司与农户有更好的衔接关系。

在村庄管理组织关系上,形成行政村由村两委负责管理,自然村由理事会进行公共事务自治管理,由合作社开展经济协作自治管理的格局,乡村治理逐渐由原子化走向组织化自治(图6-2)。

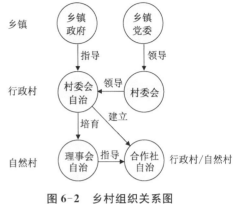

图 6-2　乡村组织关系图

(来源:作者自绘)

(2)内外融合的"五位一体"的乡建共同体

在乡村外部,资本、科技力量、市民等多元主体在乡村营建过程中也发挥着重要作用,融合这些相关外部动力,加强了决策方案、融资渠道、知识来源的多元化,增加乡村营建的多样性和可能性。

① 资本下乡

资本在涉农优惠政策引导下纷纷下乡,为乡村发展提供了农业支持和产业发展的资本力量。第一,促进农业发展。受到政策引导,企业和工商资本借助土地流转、招商引资等展开了对农业的投资,使得农业作为一个投资回报周期较长、市场风险和自然风险均较高的产业依然获得大量发展机会,鼓励了农民继续保有农业生产热情和信心③。第二,引领产业融合。下乡企业通过对农业技术开发、平台整合、资金投入进入农业流通领域和生产要素领域,引导了农业产业化经营与产业链的纵向一体化;在雇佣当地劳动力、农业科技、农业教育、农产品加工与经营等环节形成了竞争态势④,开拓了乡村一、二、三产业融合发展的格局;通过民宿开发、旅游管理等方式对乡村旅游发挥了引领示范作用。

② 以建筑规划专业者为主的科技支农

随着社会各界进入参与乡村建设的队伍,科技力量担任了最具专业能力的作用。首先,作为乡村规划专业者的规划师与主导空间建设的建筑师率先发挥专业能力,在乡村规划编制、农居点规划设计与建设、公共服务空间与设施提升等方面提供助农服务;其次,高校等科

---

① 黄祖辉.发展农民专业合作社,创新农业产业化经营模式[J].湖南农业大学学报(社会科学版),2013,14(4):8-9.
② 黄祖辉,扶玉枝,徐旭初.农民专业合作社的效率及其影响因素分析[J].中国农村经济,2011(7):4-13.
③ 黄祖辉.准确把握中国乡村振兴战略[J].中国农村经济,2018(4):2-12.
④ 仝志辉,温铁军.资本和部门下乡与小农户经济的组织化道路:兼对专业合作社道路提出质疑[J].开放时代,2009(4):4-26.

研机构的涉农专业工作者与乡村地区开展产学研合作,将科研成果、科技优势向乡村辐射,以科技扶贫的方式服务乡村;最后,民间志愿者组织等主动下乡进行在地支农,运用自身能力为乡村在公益事业、传统文化和生态环境保护等方面开展策划、筹款、运营等多种助农服务,如"古村之友"全国古村落志愿者网络、黑土麦田公益组织等。各种不同的科技力量增强助农意识,以各自的知识背景为乡村建设出谋划策(图6-3)。

图6-3 建筑规划专业者下乡支农
(来源:作者自摄)

③ 市民力量介入

市民通过对乡村农业食物安全价值与景观休闲旅游价值的再发现,以市场方式介入到乡村建设中。

农业价值升级层面,一方面随着城市居民人均可支配收入的增加,于2019年达到42 359元;另一方面食品安全问题频现,导致市民群体对乡村安心食物的需求大幅增加,促进了"社区支持型农业"(Community Supported Agriculture,简称CSA)的兴起,这是社区消费者和乡村生产者之间遵循"健康生产、承诺、互助、本地化、直销"原则的生态农业生产模式①,通过市民与农民的直接联系、安心健康的耕种方式、高价值的农产品、可预知的销量等方式降低农民生产风险、大幅提高农民收益(图6-4)。

乡村旅游价值层面,市民对乡村景观、民俗活动等"乡愁式"稀缺资源的向往,触发了休闲农业、乡村旅游的热潮,成为农村地区发展的动力之一,促进了农民的"兼业"增收②。有的甚至通过中短期居住在城郊型乡村成为"新村民",不仅给乡村带来多元职业背景的人口活力,甚至还以土地、房屋租赁契约等开展投资与二次创业,并积极介入乡村利益保障、基础设施建设、环境保护等公共事务。

---

① 么振亚,周飞跃.我国社区支持农业文献综述[J].中国集体经济,2015(31):78-79.
② 王红扬,吴刚.国内外经验与新农村建设的海南模式[J].城市规划,2009,33(B09):86-91.

图 6-4　我国的社区支持型农业探索
(来源：左：小毛驴市民农园网站；右：作者自摄)

④ "五位一体"的乡建共同运作机制

多元主体相互协同凝聚为"乡建共同体"，内外部驱动力的融合实现资源、信息的共享，群策群力、弥补互相间的资源短板，能对乡村的可能风险、特征要素、组织状况、市场前景等复杂信息有综合认知，共同探索出具有地域性、符合当前需求的营建路径，通过相互间的社会学习加强知识的完整度和社会网络结构的联系程度，整体提升社会韧性。

各个主体在共同体的关系网中承担着不同而又相互依存的社会角色。村民及其合作社与乡贤理事会等组织是乡村建设的核心主体，需要发挥自治能力，而非旁观者和跟随者；政府作为各项政策的顶层设计师，引导村两委实施，是各项乡村建设事务最具权威的组织者；资本通过农业投资、龙头企业带动、产业链整合成为乡村产业的引领者，为乡村发展开拓有效路径；各专业者、科研工作者及志愿者等科技力量运用各自的知识背景并坚守社会责任感，成为关注村民利益的协调者；市民则通过市场渠道也作为参与者介入乡村建设。这五大参与者共同形成"村民组织主体、政策主导、资本助力、科技支撑、市民参与"五位一体格局的乡建共同体，具有互利共赢的共同目标、以村民为主体的认同感及城乡一体化的美好愿景(图6-5)。

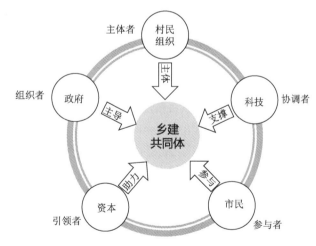

图 6-5　五位一体的乡建共同体
(来源：作者自绘)

在乡建共同体中，通过多元主体的组织化塑造了主体关系的复杂性，提高了乡村抵抗外界变化的能力，确保了乡村主体向度的组织化韧性。首先，主体数量在村民回乡、市民介入等多元主体的参与下得到回升，使乡村系统持续保有主体活力；其次，主体类型多元，各个主体的适应动力机制均为非线性并呈现差异化,建构了相互依赖、异质性程度高、复杂的社会关系网络;最后,组织化类型为自组织与他组织相结合,既由村民组织进行自治,又受到政府引导、规划管控、企业引领,组织化程度高(表6-1)。

表6-1 乡建共同体的组织化与韧性特征

	主体数量	主体类型	组织化类型	组织化程度	系统复杂性	社会韧性
特征	回升	多元化	自组织+他组织	提高	提高	提高

(来源:作者自绘)

6.1.2 转型小农的主体话语权赋权

作为乡建共同体中的核心主体,以转型小农为主要群体的村民是否具备话语权是衡量乡村系统社会韧性的重要指标,应在营建过程中通过决策机制、资本运作机制和培训机制对村民进行政治、资本及知识三方面的话语赋权,通过"他助"的手段让村民逐步获得话语权的自持。

(1)政治话语:从公共参与到社区营造

根据阿恩斯坦(Arnstein)①的"市民参与阶梯"理论,公共参与的层次存在伪参与、象征性参与、实质性参与三个层级(图6-6)。在乡村营建中,村民是最重要的利益相关者(stakeholder),村民拥有政治话语权意味着其能以实质性参与的方式影响乡村事务的决策。

在营建决策过程中,乡建共同体应充分结合村民的知识水平,采取最大化激励村民参与意愿的工作方式,助力村民的实质性参与。第一,由乡建共同体中的政府减弱行政管制与干预,提供平等对话的平台,邀请尽可能多的村民参与讨论式工作坊,使村民获得明确的参与机会,引导其表达自己的需求、想象乡村愿景;第二,乡贤理事会、合作社通过组织化作用和社会关系激发村民主动参与乡村事务的热情,提高乡村组织的决策积极性和判断能力;第三,乡建共同体中

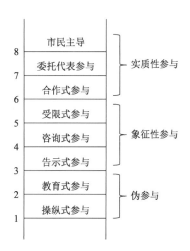

图6-6 市民参与阶梯

(来源:Arnstein S R. A ladder of citizen participation[J]. Journal of the American Institute of planners, 1969, 35(4): 216-224.)

的专业者则需发挥社会责任感,以专题培训、入户访谈等形式深入村民的社会交往网络中,建立信任、鼓励村民表达;第四,采取面对面对话的形式引起村民的实质性参与兴趣,而不是仅通过苍白的、少人得知的、无人关心的布告栏公示仓促了事。

而更进一步,通过乡建共同体引导村民自主开展社区营造。"社区营造"最早源于日本

---

① Arnstein S R. A ladder of citizen participation[J]. Journal of the American Institute of Planners, 1969, 35(4): 216-224.

"居民为提高生活品质而进行的自下而上推进的社区空间规划行动"①,是社区魅力提升的核心动力。相比公众参与,社区营造强调村民自身改善家乡的愿望,自发进行环境整治、建筑修缮、传统传承、文化保护等营建行为,形成对地域文化的认同感和凝聚力,政、产、学等其他主体则起平台搭建、经费补贴、技术帮扶等支持作用。如我国台湾地区南投桃米村在"9·21"地震后面临乡村衰弱的困境,村民在NGO组织的协助下重新认知了乡村环境,自愿开展"大家来清溪"环境清理活动等一系列营建行动,培育了集体组织能力,具备独立运营能力的村民开展了基于自身特色的生态休闲旅游业(图6-7),由衰败村转型为具有高度认同感的"韧性乡村"。此外,社区营造中也需注意引导外来进驻者的志愿参与,如德国南部乡村怀扬村(Weyarn)面对外来者申请长期居住的住房优惠政策时,将是否愿意担任社区营造的志愿者作为一条重要的考核依据②。

图6-7 台湾桃米村"大家来清溪"和生态旅游业运营

(来源:颜文涛,卢江林.乡村社区复兴的两种模式:韧性视角下的启示与思考[J].国际城市规划,2017,32(4):22-28.)

(2)资本话语:平衡和培育

以逐利为目的的外部资本被政策鼓励下乡,通过投资与开设企业等方式攫取了乡村的资本话语权,可能产生严重挤压村民利益的风险。一是承载着发展现代农业、促进乡村发展希望的工商公司资本进入农业领域,其真正意图却在于套取国家政策补助,以逐利为本质的资本未能发挥政策预期的公益效应;二是当地政府在财政压力下,选择与资本形成利益共谋,各项税收减免、财政扶持、金融服务等优惠政策向大资本倾斜,小农权益由此受到一定威胁③;三是资本有雄厚资金支付土地租金而开展大规模的土地流转,因此限制甚至排挤了本地务农者进行扩大经营规模的可能性,存在"消灭小农"的趋势;四是土地被资本流转后,原承包户仅有一小部分能进入企业工作,而微薄的土地租金则让更多农民陷入失业或隐性失业处境,失去了土地保障生活的依托。

让村民获得资本话语权有赖于相关制度的改进,对外来资本进行平衡和一定限制,并培

---

① 樊星,吕斌,小泉秀樹.日本社区营造中的魅力再生产:以东京谷中地区为例[J].国际城市规划,2017,32(3):122-129.
② 刘嵩.农村的远见:德国怀扬村"远见农场"[EB/OL].(2018-12-01)[2019-03-29]. https://www.ptsplus.tv/.
③ 赵祥云,赵晓峰.资本下乡真的能促进"三农"发展吗?[J].西北农林科技大学学报(社会科学版),2016,16(4):17-22.

育村民集体的资本话语,根据一些成功案例,具有以下几方面的启发:①以村民利益为基点设立资本下乡的准入条件,通过控制土地用途、提供本地就业机会等条件控制其对乡村带来的负面影响,如日本不允许在非农民之间进行农地流转,并且不得抛荒、不得更改农地性质[①],而德国怀扬村(Weyarn)对入驻企业提出要求,必须承诺能够为当地提供一定数量的就业岗位,才能给予进驻企业丰厚的创业与场地租赁优惠[②]。②发挥土地的商品价值,在资本下乡时村集体以土地等生产要素进行入股,形成"公司+集体"股权结构下的利益共同体,使村民依靠土地使用权保有资本话语权和土地增值收益权,若集体土地在股权结构中占优势还保障了村民的主导话语权,村民也因此能长期享受股份红利而不用担心因失地造成的生活基本保障问题。③鼓励乡贤投资,现代乡贤作为乡村精英,往往具有一定的经济实力与有志于建设家乡的责任心,基于对乡村情况的熟悉和对市场运用的了解,其参与乡建的投资建设能代表村民占据资本话语权。

(3) 知识话语:村民在协调者作用下形成知识主体

村民获得知识话语权有两个途径,一是外力协助的赋权,科技力量发挥社会责任感,从专业者向协调者角色转变,动员村民参与,并以专业知识协助村民使其有能力展开话语表达;二是内生学习的赋权,通过外部培训教育与内部乡贤带动,使村民自身获得知识,增强对乡村的认同、增强参与意识、掌握相关技能,使"乡贤"群体扩大,凝聚为知识主体直接表达话语。

① 外力赋权:专业者向协调者转变

面临乡村营建中多元主体的利益纠葛,村民缺乏相关知识而难以清晰表达需求,规划师及其他专业者也往往对在地情况不熟悉,因此在规划伦理上要求规划师、建筑师从"技术专家"转型为"协调者"[③],从"取悦政府"或"服务老板"的职业道德偏失回归到"保障社会公平"的代言人身份,所采用的规划范式应从"精英规划"转向"沟通规划"。在沟通规划范式中,所有利益相关者无论地位高低,均具有发言权并有权力影响决策制订[④],作为"协调者"的规划师,需主动地参与到决策过程中,从以往单一的"向权力讲授真理"到复合的"参与决策权利"[⑤],与各方利益主体进行交流、沟通,通过对话、协调最终达成规划共识。因此,规划师需要调动更多专业能力以外的技能,开展现状困境调查、利益相关者动员参与、各方利益诉求厘清、矛盾关键点识别、多方提议倾听、解决方案提出、谈判沟通等工作[⑥],通过综合性的沟通协调能力最终帮助消除分歧、达成共识。

在乡村营建过程中,沟通规划具体步骤可按如下操作:第一步,搭建透明的公众参与平台,借助村两委、乡贤理事会和合作社等村民组织及志愿者等第三方力量的调动,尽可能邀请所有利益相关者加入,筹备沟通流程与场地,其中规划师需督促公众参与机制的建立和履

---

① 陈锡文.把握农村经济结构、农业经营形式和农村社会形态变迁的脉搏[J].开放时代,2012(3):112-115.
② Chigbu U E. Village renewal as an instrument of rural development: Evidence from Weyarn, Germany[J]. Community Development, 2012, 43(2): 209-224.
③ 姜涛.关于当前规划理论中"范式转变"的争论与共识[J].国际城市规划,2008,23(2):88-99.
④ 宋彦,李超骕.美国规划师的角色与社会职责[J].规划师,2014,30(9):5-10.
⑤ 张庭伟.从"向权力讲授真理"到"参与决策权力":当前美国规划理论界的一个动向:"联络性规划"[J].城市规划,1999,23(6):33-36.
⑥ 钱云.存量规划时代城市规划师的角色与技能:两个海外案例的启示[J].国际城市规划,2016,31(4):79-83.

行;第二步,以问卷调研、入户走访、圆桌讨论会等形式开展交流(图 6-8),这些面对面的交流方式有助于建立信任关系,在透明交流的氛围中逐步推进各类利益主体发现乡村问题、提出需求、讨论解决方案,其中规划师应不以先入为主的价值观压制各类利益主体价值观的表达①,充分理解其多元化的意图和愿景,并充分关注弱势村民和贫困村民的到场与表达,为其创造平等对话、不受控制压力的语境②;第三步,通过与各个参与者的沟通和协商,做出决策和可操作的行动方案,规划师在整个过程中应发挥独到的专业作用,动员村民发声、倾听村民需求、理解村民意图并专业化表达其所需,促进村民在认知、协商、决策等层面的参与,以协调者身份为村民赋权。

与村民沟通　　　　　　　　入户访谈　　　　　　　　村级座谈会

图 6-8　沟通规划方式

(来源:课题组)

② 内生赋权:村民向知识主体转变

村民作为乡村系统中的有机主体,具有充分的模仿与学习能力,尤其体现在聚落建设与产业集聚中,与自然和谐共生、极具地域特色的聚落形态与温州模式的乡村产业集群便是力证。因此,资本及专业者在乡村建设过程中引导村民学习进行内生式的"教育赋权",能实现村民自身成为知识主体而持有知识话语权。

规划师等外部知识机构可在营建过程中启发村民形成"参与式学习"而对其进行潜移默化的教育赋权。在营建初期,入户访谈、村民会议等沟通方式使村民获知乡村发展的信息、了解村庄建设的动态与公众参与途径;方案讨论、案例学习、教育培训等交流过程,扩展了村民对乡村发展的知识面,影响村民对于乡村价值的再认知,激发村民对乡村的远景想象;村民在参与社区营造的建造及运营活动中,培养了乡村美学把控能力、项目执行力③;而在与规划师、政府、企业及其他村民面对面交流过程中,村民也锻炼了自身的表达能力、理解能力、认知能力、沟通能力甚至决策能力。这也要求外部知识机构能够持续与村民保持接触,开展长时的"陪伴式乡建"④"驻村营建"及"跟踪研究"。

---

① Davidoff P. Advocacy and Pluralism in Planning[J]. A Reader in Planning Theory,1973,31(4):277-296.
② 张京祥.西方城市规划思想史纲[M].南京:东南大学出版社,2005.
③ 杨槿,陈雯.我国乡村社区营造的规划师等第三方主体的行为策略:以江苏省句容市茅山陈庄为例[J].现代城市研究,2017,32(1):18-22.
④ 支文军,王斌,王轶群.建筑师陪伴式介入乡村建设傅山村 30 年乡村实践的思考[J].时代建筑,2019(1):34-45.

进一步地,村民还需通过"专业式学习"进行职业能力建设。通过政府搭台,由企业这一产业引领者与其他知识机构发挥社会责任心,积极开展乡村项目策划、空间美学、产业经营、运营管理等知识教育、职业技能培训,从"雇村民"到"教村民",协助村民自主开展产业建设,促进村民成为知识主体。

通过"参与式学习"和"专业式学习"的知识赋权过程,使村民转型为"知识主体",将有效增强村民自治的能力和信心,鼓励村民参与乡村建设的规划、营建与监督,加强村民对社区的认同感和责任心。

通过对村民主体内部及外部的组织化,借助外力对村民政治、资本、知识等话语权的一一赋权,乡村系统的韧性建构获得决定性基础。

6.2 产业：多元复合产业链的深化与延伸

6.2.1 产业链内涵

在农业型乡村中,农业无疑是既有产业中最为重要的部分,而农业的自然属性决定着农业生产固有的弱质性和脆弱性,产业链理论可为农业升级转型提供韧性化的方向。

从原料生产到商品上市的生产过程得到专业化分工后,产业的各个阶段互为独立但又呈上下游的联系,由此形成了产业链。产业链也是价值链,在纵向深化以及从上游到下游的横向延伸过程中,产品价值不断增值①。在传统农业产业链中,仅包含生产、出售这两个环节,产业链较短,产品价值较低,深化或者延伸产业链能有效提升农业价值。农业产业链的纵向深化包括提升农产品质量、提高农产品价格和增强农业协作等②,需要产业的各个环节向高技术、高知识、高资本密集和高附加值演进③。横向延伸则为向第二、三产业迈进,包括农产品深加工、农业观光、休闲体验等。(图 6-9)

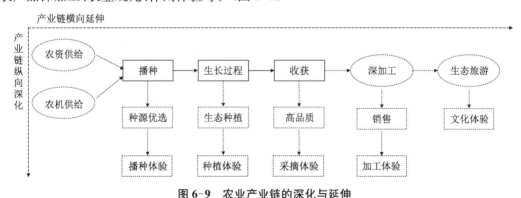

图 6-9　农业产业链的深化与延伸
(来源：作者自绘)

---

① 王艺,王耀球.构建新型农业产业链[J].中国储运,2004(5)：29-31.
② 谷永芬,吴倩.我国农业产业链升级路径选择[J].江西社会科学,2011,31(8)：88-93.
③ 崔春晓,邹松岐,张志新.农业产业链国内外研究综述[J].世界农业,2013(1)：105-108.

以农业为基础,深化、延伸产业链,形成复合化的产业结构,以提高村民平均收入、提升非农就业率与农业生产率、降低乡村经济受全球化影响程度为目的,提升乡村系统在经济维度的韧性。

6.2.2 深化:组织化和品质化的农业生产

(1) 加强网络联系的现代小农组织化

目前在提升农产品质量、提高农产品价格和增强农业协作等农业产业链深化路径中,最大的阻碍是小农分散经营。家庭联产责任承包制下的小农分散经营在激发农户个体生产积极性的同时,也导致了农产品质量的非标准化、市场议价能力的低下,亟须以组织化方式集中加强相互间的网络联系。现有的农业组织模式根据参与主体与运行机制的差别可分为公司模式、家庭农场模式和合作社模式。而针对农业的季节性特征,精耕细作的家庭组织经营土地产出率最高,粗放化管理的公司模式组织面临高额的监督成本而难以真正盈利,合作社组织则能为经营主体争取市场话语权、提高议价能力、提供产前中后的各项服务,保障农户利益。因此,取长补短的"家庭农场＋合作社""公司＋合作社"等复合化模式是较为理想的组织化方式,能够有效提升村民务农收入、保持较高的农业生产率,增强乡村系统的经济韧性。

(2) 高品质化的小规模农业生产

小规模农业仍是重要的生产方式,为其提升农产品质量、提高产品价格是深化产业链的重要路径,社区支持型农业(Community Supported Agriculture,简称CSA)等新型现代农业模式适用于小规模农业,成为龙头企业开设规模农场深化产业链以外的新模式。CSA是农场按照本地消费者要求的健康耕种方式并直销给消费者的一种契约农业模式,于20世纪70年代的环境危机下在日本和欧洲应运而生,而后在发达国家范围广泛兴起,倡导有机种植或生态种植,消费者和农场生产者之间遵循健康生产、承诺、互助、本地化、直销的原则。这一模式中,农产品的质量安全和精耕细作下的优质品质让价格大幅提升,去除了中间环节又使农户的利润得到最大化,起到了保护小规模农场及农民利益的作用,又因其主要市场为本地消费者,减少了经济全球化的影响程度,增强了小规模农场抵抗风险的能力。

我国于2006年起逐渐开展了CSA的实践探索,随着市民具有越来越强的购买力,以北京、上海等一线城市为典范,在全国各地涌现了百余家CSA,以小毛驴市民农园、绿手指份额农园为代表。而近年来,"互联网＋"农业的创新模式增强了农业资源配置的优化,加强了"农民—市民"的信任与互动,促进了CSA的发展①。

6.2.3 延伸:灵活多元的产业格局

(1) 多元化的多功能农地空间

乡村空间范围内具有延伸农业产业链、开展上下游产业的基础,农产品收获能即时加

---

① 王竹,徐丹华,钱振澜.基于精准助农的"小微田园综合体":概念、模式与实践[J].西部人居环境学刊,2019,34(3):89-96.

工、农业基地即是旅游地,农业与农产品加工、生态旅游等产业之间具备了时间联动和空间联动的条件。承载农业种植、农业加工、休闲旅游等多功能的农地空间通过产业联动,有效延伸产业链,提升农业的附加值,增加乡村非农就业、促进村民增收。

农产品的加工业与农业联动,达成农产品价值提升,并为乡村提供新的就业机会。其中农产品深加工业往往需要大型的专业设备,生产过程也较为标准化,是资本和技术密集型产业,且利润较高、风险比种植业较低,因此是企业下乡的主要产业领地之一,以"龙头公司+合作社"组织形式培育村民产业知识、带动村民增收。据高诗雨等[1]在安徽省的实证调查,农产品加工业产值每增值1%,农民人均纯收入就提高0.281 8%,增收带动能力显著。

观光农业(Agritourism)是农业的旅游化产业,可进一步融合体验经济进行产业联动。派恩(Pine)和吉尔摩(Gilmore)在《体验经济》一书中指出,物品的经济价值从"产品—商品—服务—体验"逐级增进,体验活动使每个人以个性化的方式参与其中的事件并形成个人的记忆,意味着能高度符合顾客的需要并形成有差别的竞争地位,增加产品的附加值[2]。在农业生产、农产品加工及观光旅游的产业模式中融入体验模式,开展农业播种、种植、采摘、加工和文化体验等活动,将产业链价值增值最大化(图6-10,图6-11)。

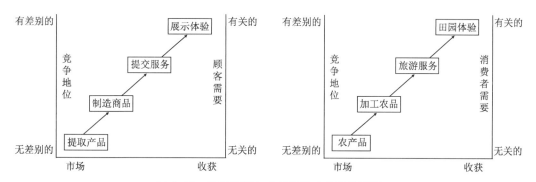

图6-10 体验经济与农业经济中价值的增进
(来源:作者自绘)

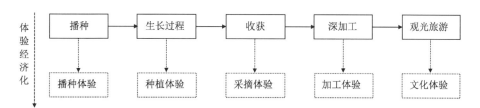

图6-11 农业各个环节的体验经济模式
(来源:作者自绘)

---

[1] 高诗雨,万伟刚,江激宇,等.农产品加工业发展对农民收入影响实证研究:以安徽省为例[J].辽宁工业大学学报(社会科学版),2019,21(2):28-32.

[2] Pine B J, Gilmore J H. The experience economy[M]. Boston:Harvard Business Press,2011.

（2）动态的产业结构弹性

在开放的乡村系统中，外界的自然环境、市场环境和制度环境不断发生着变动，产业模式的策划再精确也无法预测到所有变动，因此需保持产业在共时性层面的多样性和历时性层面的动态性。

同一时期产业类型的多样性能增强产业对抗环境变化的韧性。产业发展模式始终保留多样性的探索空间和变化潜力，一方面，在农业领域形成多元化的种植结构，以生态平衡能力提高对病虫害的抗性、土地肥力的恢复；另一方面，产业模式不固化，以多样性适应环境动态变化的不确定性，防止资本垄断下的产业单一化，鼓励村民主体发挥主动适应性，进行一、二、三产业多元化的可持续产业探索。浙江省安吉碧门村在2008年金融危机下其支柱产业传统竹加工业遭遇整体发展困境，而村民群体中已存在的其他产业模式适应了新的市场环境而产生新的产业生机，通过村民的互相模仿学习、适应性调整，碧门村呈现了电商平台发展、升级式竹产品加工、特色农产品销售的复合化产业新格局，较好地适应了市场环境的变化[①]。（表6-2）

表6-2 碧门村遭遇的产业困境与转型路径

产业衰败	  
产业新格局	 竹产业电商分布  竹文化展览馆

（来源：项目组）

乡村系统演化存在时间上的过程性，一步到位的产业策略无法及时应对演化过程中新涌现的变化，因此产业结构应根据不同预测情景制订分期、分阶段的动态产业策略，并在过

---

① 张子琪，徐丹华，王竹.浙北工业型村落的自组织与他组织协同更新策略探究[J].华中建筑，2018，36(1)：6-10.

程中及时随外界环境变化进行动态调整,以智慧变化的发展模式适应演化过程。特别地,农业型乡村的主导产业——农业,对时间具有高度敏感性,其整体产业结构更应突出策略的时间弹性以顺应季节变化。首先,顺应作物的生长季节特性,合理进行种植、培育、生长、收获等过程的管理,并通过协调作物的轮种、间种等农业技术手段保持土壤生态环境的肥力;其次,基于作物的季节景观特色,选取最具旅游潜力的时间段发展休闲观光等第三产业,充分进行产业联动,促进产业的复合化;最后,针对个别季节景观吸引力不足的现象,引入不受季节限制的产业内容和活动主题,补足该时期的乡村吸引度。

6.3 空间：综合韧性目标下的适应更新

乡村空间更新在村庄规划、节点设计、细部处理等不同尺度上均对系统韧性具有综合性影响,分别从环境、经济、社会三个目标维度提出提升乡村韧性的空间策略。

6.3.1 作为生态基底的空间营建

(1) 基于环境承载力的发展规模

目前乡村营建中,老村拆建、新村安置、公共服务设施增设、基础设施提升、增加旅游服务功能等一系列增加乡村建设用地、引入旅游人口的举措成为乡村发展的重要手段,为乡村带来现代化生活、城镇化面貌、经济发展的同时,不加控制的旅游人口规模和建设用地蔓延一定程度上挤压了乡村的生态功能,系统抵抗自然灾害风险的韧性下降。

在常规的规划人口预测基础上,应根据乡村的环境承载力预见其所能持续供养的人口数量,以此确定人口数量和用地规模的发展阈值,设定缓冲弹性、防止出现资源满载甚至超载的情况[①]。首先,增强风险意识,衡量不同资源环境风险(暴雨、水污染、滑坡等)情况下环境承载能力的变化,调整资源约束阈值;其次,根据不同时期环境恢复力与旅游业淡旺季的差异,对各个时期的旅游人数进行弹性动态的约束;最后,依据资源约束阈值限定建设用地开发的范围、规模,尽量采取存量开发模式,对水体、绿地等能发挥生态恢复力的区域设定保护界限。

(2) 风险评估支撑的规划用地格局

高韧性的用地格局,应在空间布局模式实现较低的脆弱性。在防灾领域,脆弱性由暴露度、敏感性和适应能力构成。暴露度为风险灾害发生的可能性,即与灾害的接近程度;敏感性是地块在灾害发生后的改变程度,即受灾害影响的容易程度;适应能力指从灾害中恢复的能力[②]。

乡村的规划用地格局,针对各地块脆弱性的风险评估,进行以降低空间脆弱性为目标的规划布局。首先,建设用地的选址应避开高暴露度的区域,功能布局中人类活动密集区域与危险区域间设立安全距离,直接减少灾害发生的可能性,如尽量避开泥石流、滑坡易发生区

---

① 李彤玥.基于弹性理念的城市总体规划研究初探[J].现代城市研究,2017,32(9):8-17.
② 李彤玥.基于"暴露—敏感—适应"的城市脆弱性空间研究:以兰州市为例[J].经济地理,2017,37(3):86-95.

域及洪水泛滥区,对居住区与危险功能的工厂区域进行隔离。其次,降低高敏感地带的土地开发强度和环境污染程度,减少建设活动,降低灾害发生时对人口和经济活动造成的损失,如对湿地、海滩等生态敏感区的保护与排污管控。最后,提升一般用地的适应能力,提高基础设施布局的均衡性,设立绿地等自然缓冲带,减少灾害带来的破坏,提高乡村的恢复能力。

(3)提升生态稳定性的基础设施网络

乡村基础设施可分为灰色基础设施和绿色基础设施。道路、排污、防洪等灰色基础设施的设置最初是为了促进乡村发展,但硬化的道路、改弯为直又边界硬化的河道反而使乡村丧失了应对暴雨洪灾等灾害的弹性;绿色基础设施则由自然水道、湿地、森林和绿地等自我恢复力较强的自然要素构成,其相互联系形成的网络格局,在应对气候变化风险时具有较强的涵养水土、保持生态平衡的功能。

将灰色基础设施和绿色基础设施进行结合,并有效串联起来,建构景观基础设施网络①,能够有效提升乡村的生态稳定性与整体韧性。首先,交通设施、防洪设施与绿地的结合,不仅给硬化空间增加渗水空间、减弱雨洪灾害的破坏力,也使原本单一功能的道路、堤坝增加了景观功能,成为适于停留、休憩、活动的多功能公共空间;其次,网络化的基础设施,将单个的绿色敏感区进行"通道"联系和"孤岛衔接"②,有助于原有绿地单元上的物种迁移、排水平衡,提升了整体的恢复能力,此外连通的景观基础设施网络也限制了建设用地的蔓延;最后,冗余设置的基础设施才能应对突发风险的需求,但由政府公共财政支持的设施供给仅能达到基本保底水平,应结合民间资本、乡贤等社会力量对公共服务设施进行加密化、多元化、品质化的投资、建设和运营,通过多元主体的供给、存量设施的优化加快城乡公共设施空间的均等化发展。

6.3.2 协同产业发展、村民交往的"乡村性"支撑

(1)"乡村性"解析

乡村聚落的空间形态特征是乡村主体根据宗族文化、气候环境、地理地貌等多要素自组织生长的、为村民提供生产生活的物质载体,传承其具有在地性的空间特征,并提升其空间品质,一方面能促进旅游业的发展、带动村民增收,从而提升经济维度的韧性;另一方面,能延续村落中的交往生活和社会关系,加强村民对文化与地域的认同感,从而保持社会维度的韧性。而乡村营建中的在地空间形态特征可用"乡村性"这一概念进行概括。

"乡村性"最早出现在乡村地理学研究中,主要是对乡村现状特征区别于城市的一种中性描述。克洛克(Cloke)认为乡村性可以代表乡村发展程度,并把人口、住户满意度、就业结构、交通格局和区位等作为乡村性指数,对英格兰地域划分为5种发展程度的类型③。龙花楼等延续这一乡村性内涵,根据我国乡村发展实情将耕地变化率、人口流失率、第一产业就

---

① 翟俊.协同共生:从市政的灰色基础设施、生态的绿色基础设施到一体化的景观基础设施[J].规划师,2012,28(9):71-74.

② 周艳妮,尹海伟.国外绿色基础设施规划的理论与实践[J].城市发展研究,2010,17(8):87-93.

③ Cloke P J. An index of rurality for England and Wales[J]. Regional Studies,1977,11(1):31-46.

业率、农地产出率和农业生产率等列为乡村性指标①。其指标体现不一定是乡村的魅力,有些甚至体现的是乡村的缺点。

"乡村性"被引入旅游学后,则成为对乡村优势的描述,表达乡村独有的、可识别的、有别于城市的异质化景观与文化特征,为"乡村之所以为乡村"的条件,是乡村旅游核心吸引力②。周武忠认为"乡村性"是在农业生产、乡村生活和乡村旅游中需保持的适合乡村实际的、原汁原味的风貌③。布罗曼(Brohman)提出以小规模经营、本地人所有、社区参与、文化与环境可持续是在乡村旅游过程中保持乡村性的关键④。

"韧性乡村"目标下,空间形态的"乡村性"内涵与旅游学视角下的理解比较接近,即为集田园风光、村民活态生产生活、特色乡土建筑风貌于一体的乡村意象。"乡村性"的延续与提升,不仅是作为商品与体验空间,吸引游客开展乡村旅游进行异质化的"空间消费体验",更为日常生活的载体,为村民提供日常化的"生活交往网络"的可能,是协同产业发展、村民交往的重要物质支撑。

建筑规划学既有研究已对乡村性的空间特征展开了丰富的诠释。在宏观层面,倪凯旋⑤运用景观生态学的"斑块—廊道—基质"理论解析乡村生态格局;在中观层面,杨凯健等⑥从乡村形态角度梳理了江苏省乡村聚落肌理具有带状、团状、棋盘网格状三种类别;在微观层面,大量文献总结了不同地域乡土建筑的平面布局、风格流派、装饰构造特征等。而王竹、钱振澜⑦对乡村空间有机秩序的认知较为全面,基于传统乡村空间格局、肌理、形制、形式四个层面提出有机更新策略;针对非物质遗产的场所保护,又涌现出"文化场所"概念。基于既有研究,可从景观格局、聚落肌理、建筑形态和文化场所这四个维度提出提升空间形态"乡村性"的策略。

(2)景观格局的整体保护

景观格局是乡村性宏观尺度的体现,根据景观生态学,乡村景观格局是人工或自然的斑块(patch)、廊道(corridor)、基质(matrix)⑧等景观单位在空间中分布的结构特征。斑块指与周边环境不同、具有一定边界、内部较有均质性的景观空间单元,如湖泊为自然斑块,乡村聚落组团为人工斑块,具有较高异质性的斑块是乡村旅游中重要的吸引物;廊道为与相邻环境不同的带状或线状的单元,河流为常见的自然廊道,道路则为人工廊道,是构成乡村演化重要的生态轴线和发展轴线;基质是分布较广、连续性较大的背景景观,广阔的农田、森林等即是自然基质,连续的居住区为人工基质,是村庄功能分区的基础。

在乡村营建过程中提升"乡村性",首要的是从整体景观格局中彰显地域特色,对关键区

---

① 龙花楼,刘彦随,邹健.中国东部沿海地区乡村发展类型及其乡村性评价[J].地理学报,2009,64(4):426-434.
② Lane B. What is rural tourism? [J]. Journal of Sustainable Tourism, 1994, 2(1/2): 7-21.
③ 周武忠.新乡村主义论[J].南京社会科学,2008(7):123-131.
④ Brohman J. New directions in tourism for third world development[J]. Annals of Tourism Research, 1996, 23(1): 48-70.
⑤ 倪凯旋.基于景观格局指数的乡村生态规划方法[J].规划师,2013,29(9):118-123.
⑥ 杨凯健,黄耀志.乡村空间肌理的保护与延续[J].小城镇建设,2011(3):65-69.
⑦ 王竹,钱振澜.乡村人居环境有机更新理念与策略[J].西部人居环境学刊,2015,30(2):15-19.
⑧ 邬建国.景观生态学:格局、过程、尺度与等级[M].北京:高等教育出版社,2000.

域的景观元素、空间位置和空间联系进行保留和优化。首先,根据乡村中斑块、廊道、基质在空间中的整体分布情况,认知山水格局、自然与聚落关系的总体景观格局特征;其次,保护构成总体格局的山地、农田、水体、森林等景观基质,通过蓝线和绿线划定水体和绿地的保护区,控制开放强度和环境污染程度,防止人工化建设对整体生态环境产生破坏,具体关注各基质面积与质量的变化率;再次,通过河流、道路等廊道要素与地形关系的梳理,构建景观视觉廊道和体验路径,并保证营建内容不会影响廊道的视线通达性;最后,对人工斑块的边界扩张进行评估与控制,避免造成对整体格局的破坏,设定合理的发展界限。对于景观格局的整体保护,不仅是为旅游业发展提供原生的宏观吸引物,更是村民生活环境生态安全的保证。

（3）聚落组团的肌理延续

"乡村性"中观层面的表征是聚落组团的肌理,由建筑与街道、广场等户外空间互为图底关系而构成(图6-12)。肌理延续的价值体现在两方面：一是作为乡土文化的重要标志,有机的聚落形态具有极强的旅游观赏价值和体验价值;二是传统的肌理格局,塑造了富有亲切感、人性化尺度感的街巷空间和节点空间,促进交往的发生、熟人社会的维持、乡土记忆的延续,加强村民对空间的认同感和归属感,有利于社会关系网络的重塑和巩固。

 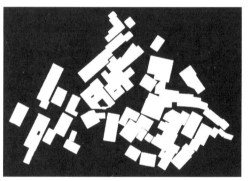

图6-12 乡村肌理的图底关系

（来源：作者自绘）

聚落空间的肌理延续策略应在几个层面开展：①保护传统村落格局,不进行大拆大建,对建筑根据建筑质量状况进行分类处理,保留质量较好的、修缮局部完好的、拆除或原址重建破损严重的,并保留原有的街巷体系以维持原有的邻里关系(表6-3);②谨慎对待整村迁移,村落整体迁移不仅关乎聚落文化的丧失,更会引起社会融合、乡村交往关系重塑等社会难题,实施整村迁移必须经过详尽充分的必要性考察;③对新安置村民居住点的规划应考虑肌理的布局,这并不意味着要完全照搬原始聚落的错杂布局,而是要结合场地地理特征,形成以地貌单元与人居单元结合的空间布局,并学习原有村落的街巷尺度、建设密度、建筑布局、建筑高度、节点格局等空间特征,重新激发新乡村的邻里交往活力(图6-13)。

表6-3 保留街巷关系的乡村有机更新

	老屋与老屋	老屋与新屋	新屋与新屋
现状			
整改策略			
整改意象			

(来源：项目组)

图6-13 地貌单元和人居单元的结合

(来源：项目组)

（4）建筑形态的文化传承

乡土建筑形态的文化传承不仅是对乡土建筑文化的保护，在传统建筑受消费主义影响而成为乡村旅游消费体验符号的背景下，这也是增强旅游吸引力的重要手段。此外，挖掘建筑文化,也有助于激发社区认同感。日本古川町乡村在衰弱之时,协助社区营造的西村幸夫团队发现了其传统建筑中称为"云"的装饰性雕刻部件的价值,系统性地调查出了169种"云"(图6-14),并总结了当地木匠的派系,重新激发了社区的自豪感和认同感,村民自发运用传统技术建设了"匠师文化馆",以此为起点持续性地开展了社区营造,塑造了丰富的乡村性[①]。

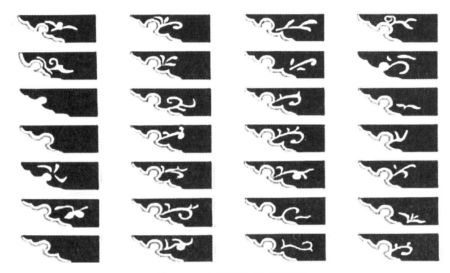

图6-14 古川町的"云"饰调查

(来源:塚本由晴/东京工业大学塚本由晴研究室.窗,时间与街景的合奏[M].蔡青雯,译.台北:脸谱出版社,2014)

对乡土建筑的文化传承,首先要充分认知传统建筑的特征,不仅围绕场地格局、平面布局、结构体系、装饰与构建、材料和构造等多方面展开分析,更需深层解析其对地域和文化的适宜性机制,避免仅作符号化解读,并将认知运用在重点传统建筑的保护中;其次对于一般民居建筑进行非保护性改造时,应尽可能保留建筑的整体传统文化信息,与周边风貌协调呼应;最后,在新乡村建筑设计时,应传承传统建造智慧、结合现代需求与技术、考虑现实限制因素,尽量摒弃不具乡村特色的做法,也杜绝仅带有传统符号化构件却缺乏文化内涵传承的设计,而是以生态、适宜、地域的形式与乡村环境协调。

(5) 文化场所的活态复兴

"文化场所"(Cultural Place),也称"文化空间",指定期举办传统文化活动或集中展现传统文化表现形式的场所,是非物质遗产研究中的专有名词,早在1994年《奈良真实性宣言》(The Nara Document on Authenticity)中提出对有形与无形文化的保护,并强调物质遗产(空间)与非物质遗产(活动)的共存与联系性。重新在原本的文化场所开展传统节庆活动是对"乡村性"的活态展示,不但能加强空间的体验性以吸引游客参与,而且更为重要的是对塑造乡村主体凝聚力大有裨益(图6-15)。

[①] 西村幸夫.再造魅力故乡:日本传统街区重生故事[M].王惠君,译.北京:清华大学出版社,2007.

图 6-15　西兴运河古镇文化场所的非物质文化复兴

(来源：项目组)

以村民自组织形式复兴传统节庆活动，重新发挥文化场所的价值。朱晓明等[①]对浙江 3 个乡村的节庆活动展开研究，发现节庆的路线对农耕场所、风水景观、宗教宗族场所的串联，加强了村民对村落结构的认知强化；节庆时间的时令选择则拉近了人与物候秩序季节性与周期性的关系；自组织合作的节庆活动使村民锻炼了活动组织力、增强了内部凝聚力、传承了民间手工艺技术，并引导村民关心乡村公共事务与生活环境；而节庆"公共规模"的属性通过全员参与加强了集体的文化认同，形成公共价值和集体共识。

文化场所复兴还通过游客体验传统节庆活动获得更深意义。一方面，对游客而言，体验促使"文化场所"转换为可观赏、可参与的"文化景观"，有助于对乡村文化的传播；另一方面，节庆文化场所虽然表象上是服务村民内部狂欢活动的场所，但实际是对村落整体秩序的物化认知，祠堂、庙宇等空间因其与节庆的关联而成为具有识别性的场域，游客对文化场所的深度体验将提升其对乡村的认知、加强对乡村文化的认同。

6.3.3　利于社区认同的空间设计

在纷繁复杂的乡村系统中，空间设计不一定能直接解决问题，但设计作为系统的一种外部干扰手段，在一定程度上影响着系统演化的路径[②]，空间优化依然能带来激活乡村活力的新价值，以下从空间类型的关注重点、设计观念和更新方式三方面展开论述。

（1）联络社会网络的公共空间

韧性社会层面的提升依托于社会网络关系的紧密与信任，无法由个体单独建构，需要由社会成员之间的良性互动维系与强化，因而具备集体特性的"公共性"。乡村公共空间，为村民开展日常、频繁、无涉利益的交往活动提供了空间载体，频繁、持久的互动将熟识的"弱关系"转变为互相认同的"强关系"，创生了紧密的社会关系网络。扬·盖尔也认为户外空间环境品质的提升有助于激发自发性活动，而自发活动的高频化将显著强化社会网络关系的紧密度（图 6-16）。因此，公共空间的多元化和品质提升是乡村营建过程中提升社会

---

① 朱晓明,高增元,何巍.物质文化遗产与非物质文化遗产实践合作研究：以浙中三个节日场所为立足点[J].同济大学学报(社会科学版),2011,22(1)：35-43.

② 桑内特.开放城市[EB/OL].(2019-03-06)[2019-03-29]. https://zhuanlan.zhihu.com/p/58516152.

韧性的关注重点,通过乡村公共空间类型和功能的丰富性,承载各类日常、本土、庆祝的多元化活动。

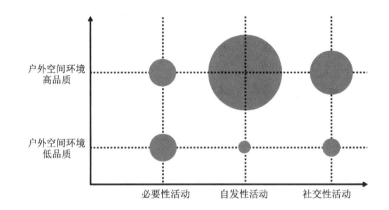

图 6-16　户外空间环境品质对活动发生频率的影响

(来源：盖尔.人性化的城市[M].欧阳文,徐哲文,译.北京：中国建筑工业出版社,2010.)

在类型上,乡村公共空间在熟人社会文化的影响之下,形成了正式公共空间和非正式公共空间两种类型。正式公共空间为祠堂、寺庙、村民议事厅等公共建筑空间及其广场,是为公共事宜而专门设立的;而非正式公共空间则是村民在日常生活中自发聚集、停留的活动空间,如入户门口、树下、桥头、街巷、小卖部甚至某户家庭客厅等场所,这些空间不一定专为公共活动而设立,有些甚至为私人产权空间,但与村民的日常交往更为密切,因此在乡村营建更新等过程中,除了对公共建筑的关注外,更需注意对户外非正式公共空间的保留与延续。

在功能上,需融合传统公共空间和现代公共需求,文化、商业、娱乐、体育、观演等功能不仅是城市所需要的,也是一个宜居的"韧性乡村"应具备的。具体的规模可根据村落规模和建设能力确定,可以采用小型化的固定空间和临时的移动空间相结合的策略减小村庄建设压力,如可参照欧洲小城镇,在日常的固定市场空间外,每周的临时市集既丰富居民的消费选择,也成为一场定期的盛事。在乡村中建造观演建筑可能不切实际,但临时搭建戏曲舞台或是通过小型投影设备进行电影放映仍具有可行性,这将大幅提升村民的文化生活和交往机会。

公共空间的品质提升则需吸收传统村落中具备良好交往氛围的空间特征。首先从乡村村民行为的空间偏好中提取适于交往的空间条件,通过对交往空间尤其是吸引群体集聚的非正式公共空间分析可发现,合适的街巷高宽比、自然材质、半围合空间或灰空间、界面连续性等是宜人交往的必要因素;其次梳理既有空间交往节点在村域范围内的分布,对公共空间可达性较差的区域新增布点,通过节点之间的串联形成公共空间网络;最后对节点置入或加强功能,运用适应村民交往的空间手法进行设计,提升空间整体品质,激活乡村空间活力以承载乡村多元主体的交往活动(图 6-17)。

图 6-17　联络社会网络的公共空间设计

(来源：项目组)

(2) 开放包容的设计观念

为提升公共空间的交往氛围、促进不同主体间的社会网络紧密化，应采取开放包容的设计观念，体现在开放态度和"公—私"界面处理上。

乡村空间对本地村民和外来者应具备平等的开放态度，使各类主体包括弱势群体具有不受物理、权力、货币威胁的可达性。一方面可鼓励村民欢迎游客、长期进驻者、投资者等多元主体对乡村空间的关注与营建参与；另一方面在资本干预下的乡村空间应保持对村民主体的良好开放性。其中商业空间原本是乡村中重要的正式公共空间，具有较强的吸引村民交往集聚的作用，也是资本常见的介入空间形式，需保留一定的开放度供公众使用，保护村民的空间使用权，防止空间被过度商业化。

公共空间的界面可采取模糊化、渗透性的手法提升空间的开放度。桑内特分别以"边界/实墙"(boundary/wall)和"交界/薄膜"(border/membrane)来生动地描述封闭空间和开放空间的界面处理[①]。替代实墙的实际分割，通过通透界面、灰空间、高差变化、材质差异等手法作为空间区隔的暗示，形成具有渗透性的"公—私"过渡空间带，弱化空间的隔离感，使多元主体无压力地、放松地开展观看、休憩、交流、集聚等各类活动，提升空间的活力氛围(图6-18)。

---

① Sennett R. The open City[M]//In the Post-Urban World. New York：Routledge，2017：97-106.

图 6-18 具备可渗透性的界面

(来源：梓耘斋建筑.南京东路街道贵州西里弄微更新[EB/OL].(2019-03-25)
[2019-06-28].https://www.gooood.cn/.)

(3) 模块化的动态更新方式

固定的空间模式无法应对乡村系统中主体多元化、发展变化等动态需求,可采取具备可拆分、组合、更新和更换的模块化空间设计手法,适应环境与系统需求变化进行动态更新;而独立的模块在其他模块失效时也仍能发挥作用,使系统始终能保持自组织的能力。

模块化策略有助于实现空间单体的差异性与整体的统一性。列维纳斯(Levinas)从伦理学角度认为人与人之间存在不可逾越的差异性[①],在人际交往中,通过理解、认同形成"邻里"关系,但个体的差异仍然无法被消除。在有限预算下,采用基于集成设计的模块化方式,通过要素的拆分、组合构成不同的形态,能在一定程度上满足不同村民的差异化需求,规避一成不变的设计方案。此外模块化采用标准化、"兼容性"的空间单元,使差异化的形态在聚落层面仍保持着异质同构的统一性。

模块化设计给予村民主体参与式营造的动态更新弹性。以非完型、"未完成"的基本空间模块,赋予主体在需求变化之时进行改动、填充、更新的使用弹性,有意给村民留下自己发挥、自行改造的余地。如2016年普利兹克奖得主智利建筑师阿拉维纳(Aravena)为金塔蒙罗伊社会保障房项目设计了"半成品房屋",保障基本需求的同时预留了增长空间,居民可在

---

① Friedman M. Martin buber and emmanuel levinas: An ethical query[J]. Philosophy Today, 2001, 45(1): 3-11.

自身家庭人员增加、经济能力状况改善之时进行完善"高完成"的填充改造①(图 6-19);在广东客家围村,座椅、晾晒、堆柴等模块化的生活设施形成了日常生活空间体系,可通过组合方式改变、按需增设、更换维护等方式满足村民变化的需求(图 6-20)。

图 6-19　金塔蒙罗伊社会保障房项目的"未完成"设计与居民"高完成"改造

(来源:https://www.gooood.cn/)

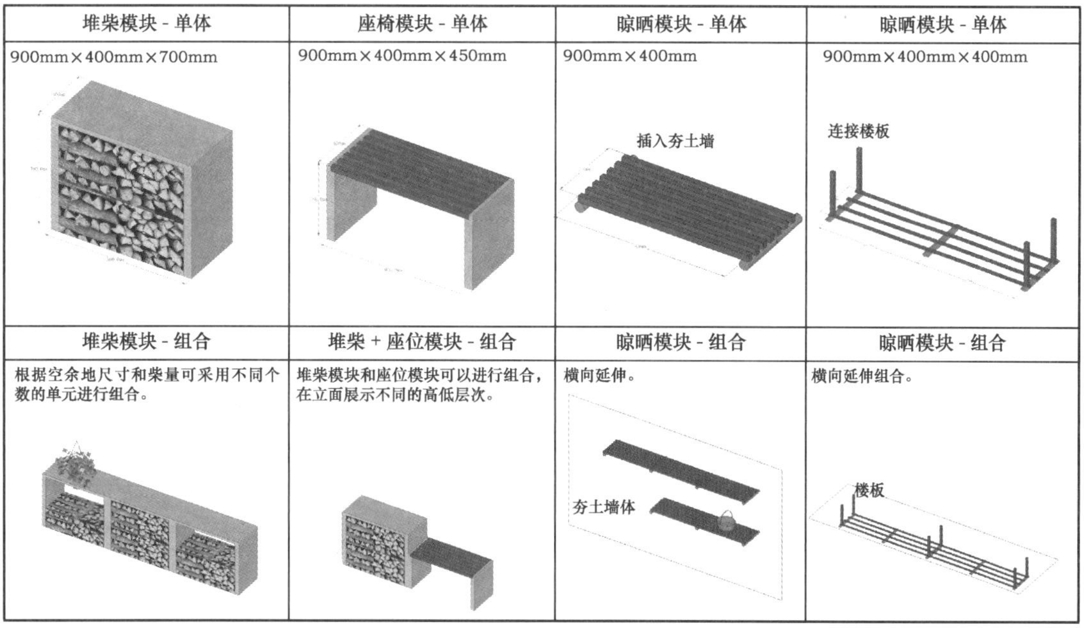

图 6-20　广东客家围村的生活设施模块与其组合方式

(来源:王竹,徐丹华,王丹,等.客家围村式村落的动态式有机更新:以广东英德楼仔村为例[J].南方建筑,2017(1):10-15.)

---

① 黄蕙昭.我们不只需要更开放的城市规划,更需要一种新的城市伦理[J].公关世界,2017(5):78-83.

6.4 基于情景规划的"韧性乡村"营建方法

6.4.1 应对不确定性的情景规划内涵

情景规划(Scenario Planning)被视为应对未来不确定和复杂性、提升系统韧性的重要规划方法。最早发端于二战的军事战略,指在不确定的战争环境中想象和预测敌方采取的措施而制订应战策略的战略方法[①]。随后情景规划被运用在商业预测、风险管理、公司战略和公共政策中,通过对系统未来的可能性想象、未来发展的动力描述,协助决策者发现远期规划中的不确定因素与风险认知盲区,加强预测的科学性和可靠性。如1972年罗马俱乐部《增长的极限》一书根据资源消耗状况想象不同的发展情景而提出资源危机的警示,催生了可持续发展策略的广泛讨论。随着对城市复杂性的认知加强,情景规划也被引入城市规划研究中,运用在城市远景发展规划(芝加哥2020、荷兰2020、鹿特丹发展情景)、土地利用[②]、交通规划[③]、空间发展模式[④]、存量规划[⑤]等研究中,逐步形成一套公认的规划态度和操作方法。在城市规划语境中,"情景"指城市发展在潜在驱动力作用下适应未来不确定因素的可能情形,"情景规划"是为了达成某一协商一致的情景过程中一系列应对可能风险、辅助决策的分析、策略、机制与程序。

情景规划有效弥补了传统规划方法在应对系统不确定性方面的弱点。系统的不确定性由"已知"和"未知"两部分构成,传统规划是根据过去规律进行经验推测、模型预测处理已知不确定性事件,但随着系统不确定性、复杂性、动态变化性增加,这种理性、主观、蓝图式的规划方法存在预测有效性有限、知识容量不足、时间应变不足的问题。而情景规划的引入,首先突破"从过去推导未来"的逻辑限制,以"从未来反推现在"的思维角度从"未知的不确定性"中分离出"可以想象的结果",通过"探索""预期"的情景想象提高不确定性的预判、减少未知不确定性;其次,情景规划建立于公众参与的多方协商之上,不同背景的群体利益相关者具有不同的切入视角、知识基础和需求目标,不仅有助于增加对"不确定"想象的丰富性,尽可能挖掘不同的外在风险和内在驱动力可能性,提升整体的知识面,加强情景想象与真实趋势的匹配性,还能促进利益团体间的理解、"互相学习"、在分歧中达成共识,提高情景的一致性;最后,情景规划要求根据过程监测指标的变化而调整情景策略,通过分阶段的规划与

---

① 陈铭,郭键,伍超.国内基于情景规划法的城市规划研究综述[J].华中建筑,2013(6):20-22.
② 王垚,马琰,范凡.基于情景规划的城市新区土地使用性质的"弹性"研究:以石嘴山环星海湖控制性详细规划为例[J].现代城市研究,2014(3):51-56.
③ Zegras christopher,Sussman joseph,Conklin christopher,等.应用于区域交通战略规划中的情景规划[J]. 国外城市规划,2006(6):101-111.
④ 赵民,陈晨,黄勇,等.基于政治意愿的发展情景和情景规划:以常州西翼地区发展战略研究为例[J].国际城市规划,2014,29(2):89-97.
⑤ 戴锏,孙澄.基于情景分析的存量规划方法研究:以波士顿"大都市未来"计划为例[J].城市建筑,2015(25):118-121.

持续渐进的过程提高策略质量、降低事前决策风险、适应长期的不确定性[1]。(表6-4)

表6-4 传统规划和情景规划的比较

		传统规划	情景规划
系统不确定性		未知的不确定性／已知的不确定性	未知的不确定性／可想象的不确定／已知的不确定性（情景规划的作用）
不确定性预测方法	方法	经验推测、模型预测	情景想象
	逻辑	从过去推导未来	从未来反推现在
	特征	主观、数据与模型影响结果有效性	增加未知不确定的了解
不确定性预测主体	主体	规划师	不同背景利益相关者的参与公众、规划师等
	特征	知识容量不足,难以应对系统的复杂性	多方参与,知识扩充;协商出共识
灵活性		终极蓝图,随时间、条件变动难以更改应对	过程式,根据监测指标变化更新情景与策略

(来源：作者自绘)

6.4.2 "韧性乡村"的情景规划营建方法

情景规划作为一种过程规划方法,其对"韧性乡村"营建的启发在于并非要确立终极、唯一、静态的理想图景,而是在探索未来情景可能性的同时增强对不确定性、驱动力的认知,以想象、协商、动态反馈的方式逐步提升乡村系统应对变化的韧性。借鉴情景规划理论,"韧性乡村"的情景规划技术方法可划分为四个阶段：问题辨析、情景界定、规划决策和动态评估[2](图6-21)。

问题辨析阶段,通过实际调研、村民访谈、专题会议等方式获取乡村基本信息,确立焦点问题、梳理内外部驱动力。搜集乡村中主体、产业、空间等各类要素信息,从乡村在土地制度等政策的转型、周边市场竞争同质化程度、外来资本接入状况、乡村主体自主性与气候灾害的发生等方面搜寻乡村面临的核心风险问题,分析乡村系统当前的开放性程度,判断不同的

---

[1] 赫磊,宋彦,戴慎志.城市规划应对不确定性问题的范式研究[J].城市规划,2012,36(7)：15-22.
[2] 宋博,陈晨.情景规划方法的理论探源、行动框架及其应用意义：探索超越"工具理性"的战略规划决策平台[J].城市规划学刊,2013(5)：69-79.

利益相关者对外部风险的应对能力和灵活性,尤其核对村民的组织程度及话语权状态,探索乡村进一步发展的内外部驱动力。

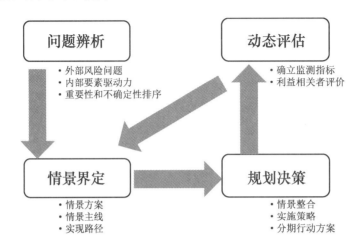

图 6-21 "韧性乡村"的情景规划方法

(来源:作者自绘)

情景界定阶段,依据多元主体的集体想象,构建多个情景方案,并形成情景主线,确立可能的实现路径。根据不同背景、不同专业、不同出发点、不同诉求的村民、当地政府、新乡贤、资本、旅游者及规划专业者等不同利益相关者的远景畅想,设立不同乡村发展方向的情景方案,并依据焦点风险问题、主要驱动力确立韧性目标的情景主线,针对主线情景从主体、产业、空间不同层面,广泛地讨论实现这些情景的必要操作路径。

规划决策阶段,整合情景,制订具体实施策略,编制灵活的分期行动方案。规划师将不同情景作为资料库,比较并协调各个情景的共识与差异情况,根据情景主线并整合其他相关情景的风险与驱动力状况确定主要的情景目标,从主体、产业、空间三个层面建立具有统一性、考虑多样风险、融合多种驱动力、实现多维韧性目标的可操作性实施策略,并制订分期行动方案,以阶段的"过程性"规划策略灵活应对不确定风险的发生。

动态评估阶段,根据主客观的指标对乡村营建的韧性状态进行监测评估,并不断调整实施策略和行动方案。由于各类风险因子及驱动力的变化会导致情景的偏差,确立乡村韧性评估的客观指标和利益相关者的主观评价,通过这些可观察的指标进行长期监测,一旦有关指标变动值超出相关阈值,便意味着需要进行乡村发展情景的重界定和决策策略的调整、优化与转型。通过这一循环往复、相互嵌套的动态调整过程,不断刺激情景规划应对环境与驱动力的变化进行反复的自我更新,提升乡村系统韧性。

6.4.3 营建策略实施的原则

从主体、产业、空间三个微观层面出发提出的策略具有增强乡村系统在社会、经济、环境宏观维度韧性的作用,能不断提高乡村系统吸收突变扰动、渐变波动的能力,提升环境发生重大紊乱时系统恢复正常运作的能力，培育应对环境变化的适应能力（图 6-22）。

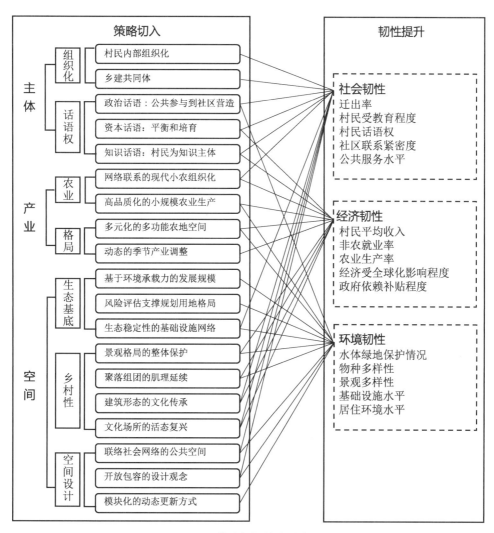

图 6-22　策略与韧性的对应关系
（来源：作者自绘）

在针对具体乡村进一步建构实施策略时，需把握以下原则。

① 动态适应性。在乡村系统的开放状态下，城乡间的要素自由流动日益频繁，乡村外部环境的不确定性不断加强，需增强应对各类分类风险的意识。以往固定、单一、孤立的策略模式以及终极式的"蓝图"规划会导致系统的僵化而无法灵活应对环境扰动。应根据集体想象的不同风险情景，制订、采取多元化和灵活性的策略，在外部风险发生时，不断以问题为导向，及时、动态地对各项策略进行因地制宜、因时而异的适应性调整，提高乡村系统的灵活性和快速反应能力。

② 系统协调性。乡村是一个复杂适应系统，而营建过程也是一项系统工程，因此各项策略之间应具有协调性和系统性。注重主体、产业、空间各项子系统之间的协同作用，

避免"就空间论空间"和注重产业发展而忽略村民主体利益的局限,采取空间营造促进产业发展、以产业发展推动村民受益的模式,通过微观策略的协同演化共同涌现为系统的韧性特征。

③ 村民主体性。在乡村这一适应系统中,村民作为演化动力的主体具备自主学习的能力,因此在基础调研、风险预测、情景想象、策略制订、行动实施等营建过程中,应尽可能调动村民的主体作用,从以往的"命令和控制"村民到引导其"学习和适应",鼓励和培育村民的创新与学习能力,继续发挥其自组织能力和个体适应行动的灵活性,以村民作为微观主体实现乡村系统的自力更生能力和自我更新能力。

6.5 本章小结

本章基于"韧性乡村"的认知框架,针对农业型乡村提出营建策略与方法。首先,从主体、产业、空间三个层面提出提升韧性的营建策略。在主体层面建构以赋权转型小农为主体的乡建共同体建构,包括融合内外部动力的"五位一体"共同体模式与协助转型小农获取政治话语、资本话语与知识话语的自持;在产业层面实现多元复合产业链的深化与延伸,从组织化和品质化的农业生产与灵活多元的产业格局两方面切入;在空间营造层面,以综合韧性目标开展适应更新,从生态基地营建提升环境韧性,从协同产业发展、村民交往"乡村性"支撑建设促进经济与社会的韧性,从利于社区认同的空间设计进一步提高社会韧性(表6-5)。其次,以情景规划确立营建实施的方法与流程,从问题辨析、情景界定、规划决策和动态评估四个阶段展开,并在营建实施中遵循动态适应性、系统协调性和村民主体性的原则,以综合提升乡村的系统韧性。

表6-5 "韧性乡村"营建策略汇总

总目标(A)	策略(B)	子策略(C)	细则(D)
韧性乡村	主体:赋权转型小农的乡建共同体建构	融合内外部动力的乡建共同体	村民内部组织化
			五位一体的乡建共同体
		转型小农的主体话语权赋权	政治话语:从公共参与到社区营造
			资本话语:平衡和培育
			知识话语:村民在协调者作用下形成知识主体
	产业:多元复合产业链的深化与延伸	组织化和品质化的农业生产	加强网络联系的现代小农组织化
			高品质化的小规模农业生产
		灵活多元的产业格局	多元化的多功能农地空间
			动态的季节产业调整

(续表)

总目标(A)	策略(B)	子策略(C)	细则(D)
韧性乡村	空间：综合韧性目标下的适应更新	作为生态基底的空间营建	基于环境承载力的发展规模
			风险评估支撑的规划用地格局
			提升生态稳定性的基础设施网络
		协同产业发展、村民交往的"乡村性"支撑	景观格局的整体保护
			聚落组团的肌理延续
			建筑形态的文化传承
			文化场所的活态复兴
		利于社区认同的空间设计	联络社会网络的公共空间
			开放包容的设计观念
			模块化的动态更新方式

（来源：作者自绘）

7 实证研究：遂昌古坪村的"韧性乡村"实证营建

7.1 案例选取与研究视角

7.1.1 案例选取背景

所选的研究对象位于浙江省丽水市遂昌县，由上坪村和下坪村两个自然村合并而成，合称为"古坪村"，农业仍为乡村的主导产业，且存续势头良好，政府政策、资本下乡、村民组织化等多元主体行为提供了构建"乡建共同体"的基础条件。因此在古坪村开展"韧性乡村"营建的实证研究初步具备了可行性。

遂昌地方政府在浙江省"美丽乡村"建设行动的带动下具有积极的乡村建设热情。鼓励乡村开展"美丽乡村""美丽宜居示范村"建设；在浙江省提出"四边三化"环境整治行动基础上提出"六边三化三美"，以实现城美、村美、房美目标；鼓励旅游业、休闲农家乐和农业产业化的提升发展，并分别设立了专项扶持资金；积极关注传统乡村保护工作。

返乡乡贤与外来资本携手下乡介入古坪村建设。上坪村具有浓厚的"毕姓"家族文化，也是当代知名国画家、音乐家毕瑞先生（生于1922年）的故乡。为弘扬毕瑞先生的作品和毕氏家族文化，毕姓乡贤与其他外来资本共同携资返乡，旨在建设毕瑞艺术馆，满足毕瑞作品展览、艺术研讨会、艺术酒店等功能，提高古坪村的旅游吸引力，带动家乡发展。

村民初步组织化。古坪村内由于浓厚的宗族文化，村民凝聚力较强，在互利合作的宗旨下，成立了古坪农产品专业合作社，对村内一些重要的农产品如山茶油、红提等开展了组织化管理和销售，初步锻炼了小农的组织化能力。

笔者所在的研究团队一直开展乡村人居环境的研究与实践，并于2014年突破"以空间就空间"的乡建局限，持续进行了以农民增收为导向的"小美合作社"精准助农实验，不仅在乡村建设规划设计层面能提供专业化的技术输出，更在产业帮扶层面具有实践经验和指导能力，于2015年开始助力古坪村的空间建设和产业发展。

7.1.2 研究目标

以往的乡村规划设计，通常以物质空间为核心，未能重视产业策略，尤其易忽略小农生产的现代化升级需求；蓝图式的规划结果也难以应对动态变化的外部环境，并且外来资本介入后缺乏维持村民主体地位的操作方法，无助于乡村的韧性和可持续发展。

古坪村实践尝试对"韧性乡村"的认知框架进行适应化运用，为"韧性乡村"营建的理论和实践继续探索规律、积累经验。依据情景规划方法确立营建流程，首先开展问题辨析，通过资料收集、田野调查、村民访谈等提取乡村要素特征,分析预测可能存在的发展风险和契机,梳理内外部动力;其次,进行发展情景想象,提出古坪村的不同发展路径情景;再次,应对潜在风险,依据韧性认知框架中主体的组织化与话语权的决定作用,率先建立"乡建共同体",提出并实践村民话语权的赋权机制;然后,基于"乡建共同体"机制和乡村要素特征,建构与古坪村相适应的、复合动态的产业策划,以产业为导向,以村民为主体展开空间适应性更新设计与实践,以空间营造强化乡村系统的韧性;最后,根据项目经费、组织状态进行策略实施的阶段划分,并在营建过程中不断根据诉求变化与韧性反馈动态调整。

7.2 要素特征提取与发展定位

7.2.1 古坪村要素特征的田野调查

从古坪村所在地域出发,调查各类要素特征,梳理寻求发展契机。要素特征具体包括气候、地理地貌、山水景观格局等自然要素特征,交通与物流通达状况、城乡关系等区位要素特征,历史典故、风俗节庆活动等历史文化要素特征,周边市民消费、市场潜力等市场要素特征,土地资源和耕种作物、一二三产业发展状况等产业要素特征,建筑质量与特色、基础设施、公共服务设施等建设要素特征,人口数量和结构、组织化程度和活跃程度等人口要素特征(表7-1)。

表7-1 乡村要素特征

	1 自然	2 区位	3 历史文化	4 市场	5 产业	6 建设	7 人口
内容	气候、地理地貌	交通与物流通达状况	历史典故	周边市民消费	土地资源和耕种作物	建筑质量与特色	人口数量和结构
	山水景观格局	城乡关系	风俗节庆活动	市场潜力	一、二、三产业发展状况	公共服务与基础设施	组织化程度和活跃程度

(来源:作者自绘)

(1)自然要素

古坪村在气候上属中亚热带季风类型,冬冷夏热,四季分明,雨量充沛,空气湿润,山地垂直气候差异明显,年内降水量六月最多,十二月最少。其所在的遂昌县地处浙江省西南部,素有"九山半水半分田"之称,境内山川秀美,生态优越,是浙江省重要的生态屏障地区。古坪村地处山地丘陵地貌,乡村聚落位于山地低丘缓坡处,海拔高度为610米,被群山环抱,低丘呈梯田状,溪流"桃溪"一道三弯从村落东南侧流过,生态景观风貌完整,形成"山水环抱、低丘拱卫、人地共生"的景观格局(图7-1)。

(2)区位要素

古坪村地处遂昌、龙游、金华三县(市)交界地,区位优势明显。古坪村主要对外交通路

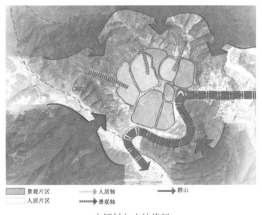
古坪村与山地格局

古坪村夯土聚落与山地关系

上坪村鸟瞰

下坪村鸟瞰

图 7-1　古坪村的山地景观格局与实景

(来源：课题组)

线为峡北线，距离龙丽高速公路高速出口车程仅为 10 分钟，而该高速公路上连杭金衢、下接金丽温，因此古坪村到其他县市具有较高的通达性，通过高速到达杭州仅需 3 小时，距离遂昌县城 31 公里(约 40 分钟)，距丽水市约 96 公里(1.5 小时)，到达遂昌县内各景点交通相对较为便利。(图 7-2)

在县域范围看，古坪村位于遂昌县北大门的北界镇，并处于遂昌"神龙谷自驾游环线旅游带"的北端，与北界古窑址群、石姆岩景区等景点近在咫尺，古坪村有条件被纳入其旅游经济圈内，进行资源整合，组织旅游游线。

(3) 历史文化要素

古坪村具有丰富的历史文化。①在物质文化方面，具有毕氏宗祠(清乾隆年间)、潘氏宗祠(清)、元代古桥、毕氏香火堂、徐王庙等多个具有历史价值的传统风貌建筑；整个下坪村的住房几乎均为保存较好的夯土木构建筑，整体统一的夯土古村落格局具有较高的文物价值；此外村内具有多处古樟树群，均有几百年历史。②在非物质文化方面，上坪村的毕氏具有浓

7 实证研究：遂昌古坪村的"韧性乡村"实证营建

图 7-2　古坪村区位
（来源：项目组）

厚的宗族文化，每年元宵节会举行隆重的祭祖典礼，离乡村民也都会回乡参与；作为知名画家、音乐家毕瑞先生的故乡，村民也有作画爱好，具有一定的艺术文化氛围；而在农耕文明下，形成了独特的人文生产文化，如打板栗、打年糕、榨山茶油等季节性传统。（图7-3）

图 7-3　左：古坪村物质文化分布点；右：古坪村非物质文化活动
（来源：课题组）

(4) 市场要素

从传统村落旅游角度看,一直以来,丽水市作为浙江省传统村落分布数量最多的地区,是长三角发达城市游客古村落旅游的重要目的地,整体客源市场前景较大。但在丽水市境内,古坪村面临的古村落旅游竞争激烈,国家级传统村落数量最多的松阳县拥有着古村落观光的绝对吸引力。不过,由于古坪村中下坪村具有统一的夯土建筑群,于2016年入列第四批传统村落名录,将加强其在遂昌县的知名度,竞争力有大幅提升。

从休闲旅游业角度看,遂昌县作为"九山半水半分田"的山区县,群山连绵、自然风景优越,尽管受山区交通限制,遂昌县休闲旅游整体发展较晚,但发展速度较快,已取得"中国十大特色休闲基地"等称号,塑造了"金山林海、仙县遂昌"的县域旅游形象。而古坪村位于遂昌北大门的区位优势,将得到有力带动,其突出的山水格局和稀缺的国家级古村落旅游资源在县域内具有较强竞争力。

从优质农产品需求角度看,长三角发达城市的中产阶级数量可观,具有较强的优质农产品需求和较高的购买能力;借助江浙沪地区发达的物流体系和交通网,依托农产品电商平台,古坪村的优质农产品将具有较好的发展前景。

(5) 产业要素

古坪村现状以农业为主,具有少量的加工业,旅游产业尚在起步阶段,总体产业发展水平较低。其中,农业以种植业和养殖业为代表,进行了高山蔬菜及少量水稻田的农作物种植,具有山茶果树、高山土茶、红提、板栗、猕猴桃、香榧、杨梅等经济作物,养殖以土鸡、水鸭、石斑鱼等为主;全村耕地面积约为400亩,经土地流转后由5~6户开展适度规模的经济作物经营;油茶树为野生作物,山茶油以合作社形式开展组织化经营,以分户采摘、集体剥壳、统一榨油,由合作社进行统一收购和统一销售,最终按采摘果重分配销售额;茶园为村集体所有,也以合作社形式开展采茶、炒茶和销售。加工业包括毛竹加工厂、酿酒坊、榨油坊等小型作坊。旅游业方面,目前村域内仅有一家兼具餐饮和住宿的农家乐接待游客。(图7-4)

(6) 建设要素

古坪村的建筑特色在上坪村、下坪村间存在较大差异。上坪村夯土民居保存不多,一半以上的夯土建筑在2000年起的原址拆旧建新时更新为钢筋混凝土双坡屋顶的住宅,一般为3~4层,建筑质量较好,具备现代化的厨卫设施,外墙贴有面砖或涂有涂料;而其他夯土建筑多为年久失修,建筑质量较低。尽管建筑风貌与传统风貌差异较大,但由于多为原址重建并保持坡屋顶形态,村落的整体聚落格局得到保留。而下坪村保留了绝大部分的夯土民居,最早建于1920年代,多为1~2层,具有较好的文物价值,但建筑质量较低,住房内缺乏现代化厨卫设施,降低了村民的生活品质(表7-2)。

7 实证研究:遂昌古坪村的"韧性乡村"实证营建

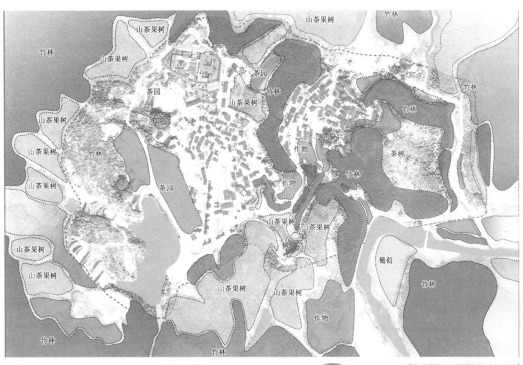

图 7-4 古坪村产业要素现状

(来源:课题组)

表 7-2 上下坪村建设要素特征

	上坪村	下坪村
鸟瞰图		

(续表)

	上坪村	下坪村
肌理图底关系 • 均肌理格局完善 • 紧凑度有差异		
新旧建筑分布 ■ 钢筋混凝土新建筑 ■ 传统夯土建筑	传统夯土建筑数量占 48%	传统夯土建筑数量占 96%
新建筑风貌 • 3～4 层 • 钢筋混凝土结构 • 瓷砖或粉刷立面 • 彩色陶瓦屋顶		
旧建筑风貌 • 夯土建筑 • 马头墙 • 木结构 • 瓦屋顶 • 个别抹灰	西南立面图／剖面图	南立面图／剖面图

（来源：课题组）

古坪村的空间性质较为丰富,但总体而言公共服务设施较为缺乏。具有毕氏宗祠、毕氏香火堂、徐王庙等宗族公共建筑,村民议事厅、星光老年活动中心等乡村公共服务建筑,油坊、茶坊、酿酒坊、农家乐等乡村手工业产业建筑,较大中心广场、邻里小广场和其他小型户外空间是村民主要的户外交往活动空间,但缺乏医疗、教育、体育等公共服务设施。在村民访谈调研中,大部分村民均反映了居住条件水平较低、户外活动休憩场地不足、医院学校及养老院的便利度较差等问题。

在基础设施方面,道路初步系统化,具有车行与步行两个层次。绝大部分主要道路硬化适合车行,上坪村机动车道路已形成环路,但局部地势坡度较大,而下坪村在个别地方道路过窄,机动车无法顺利穿行,存在道路瓶颈。此外缺乏正式停车场,村民活动广场、道路被占用为停车场所,带来一定交通混乱。而在村域范围内慢行道路随着村庄格局呈现网状形态,并顺着地形有较多上下坡。电力、自来水、公共厕所、网络、物流、污水处理等设施较为完善,但村民还保留着使用山泉水的习惯。

(7) 人口要素

至2014年底,古坪村共130户,约600人,仅50个40岁以下劳动力长期在外,其余村民劳动人口均在村里务农或附近打短工,外出人口比例较低,人口未呈现空心化,具有良好的人口活力。

村民对于经营和发展农产品特色产业具有信心,各类特色农业产业不断引进、培育、壮大,生活与经济水平逐年提升。1994年人均可支配收入为1 677元,2004年人均可支配收入达到3 045元,2012年农民人均纯收入达到9 090元,高于当年丽水市农村居民人均纯收入(8 855元),但仍低于同期浙江省农村人口人均纯收入的14 552元,村民的收入水平仍亟须提高。

7.2.2 发展风险与定位

通过对要素特征的提取和主体行为的分析,古坪村具有区位交通、特色历史文化资源、自然生态资源、人口结构和组织化等方面的优势,但同样也面临产业发展水平过低、乡村旅游接待能力严重不足且竞争激烈的劣势局面,也需警惕资本下乡的村民话语权弱化风险。但在休闲农业兴起、优质农产品的电商化趋势下,结合乡贤与资本的毕瑞艺术馆计划和本研究团队的"小美合作社"助农平台,古坪村的发展有了新的契机。

古坪村的发展定位,依托现存的夯土聚落风貌、当代名人毕瑞、山水环抱格局、农业产业基础等资源,探索以村民为主体的"农业产业链"联动与以休闲农业、艺术展览为特色吸引物的"村落观光"相结合的复合产业模式,以此为导向将村落空间相应梳理为休闲农业体验区、艺术产业区、传统风貌居住观光区、村民宜居服务区等功能混合区、安置区,形成双轴、四区、多节点的规划空间结构(图7-5)。

在营建过程中,结合政府与村两委、村民与组织化合作社、返乡乡贤与外来资本、高校乡建团队与市民消费者,组成以村民为主体的"团结大乡建"共同体,充分对村民赋权,让其利益增收最大化;产业模式以延伸和深化产业链为策略开展多元探索与动态调整;空间营建以产业发展和适应性宜居为导向,基于生态基底、乡村性维护、社区认同强化的方向进行设计与实践。通过共同体塑造、产业探索和空间营建协同作用，共同达成帮扶小微产业主体、适应动态环境变化、村民赋权的"韧性乡村"演化目标。

图 7-5　规划结构图

（来源：课题组）

7.3 "团结大乡建"共同体的主体动力

7.3.1 共同体建构

基于村民主体、村庄韧性发展的共识，项目构建了"政府与村两委为主导、村民与组织化合作社为主体、返乡乡贤与外来资本为助力、高校乡建团队为支撑和市民消费者参与""五位一体"的"团结大乡建"共同体（图7-6）。

具体地，以当地政府及村两委为主导，根据古坪村实际情况，以"组织者"的身份对中央政府"乡村振兴"战略的科学顶层设计、内涵、推进思路等进行在地解读，以鼓励性政策、示范点建设等方式把握和引导乡村营建的整体方向；以村民合作社为主体，以"核心主体"的身份充分享有话语权，在古坪村的产业发展和空间建设等方面具有表达需求、提出建议、进行决策等主体权

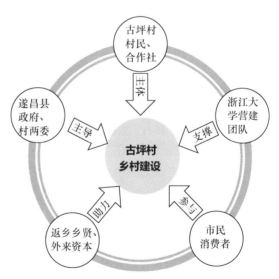

图 7-6　古坪村"团结大乡建"共同体

（来源：作者自绘）

力;以返乡乡贤和外来资本为助力,担任产业发展的引领者,通过资本投入、前沿的经营理念、发挥个人社会网络关系,开展休闲农业、古村落旅游业等产业融合的探索,为古坪村开辟复合化的产业升级路径;以高校营建团队为支撑,以协调者身份动员村民参与、传达规划理念、厘清各方利益相关者的诉求,并以专业素养进行技术输出,提出具备可行性的产业模式策略和空间营建方法;市民消费者通过市场吸引力与古坪村产生联系,通过农产品消费、体验采摘、古村落观光体验、中短期住宿等参与到古坪村韧性的建构中。

"团结大乡建"模式将地方开展乡建过程中分散的智库、技术、产品、资本整合协同,旨在尽可能团结各方力量,发挥"上下双向联动、体制内外结合"的组织机制效能,消除资源与成效的碎片化、不连续问题。从营建过程来看,村民的话语权是否被充分赋权是机制运作是否有效的核心;从营建结果来看,产业的多样化发展、村民的收入大幅提高甚至达到中产阶级水平、宜居生活的满意度提高是成功的判断核心。

7.3.2 政治话语赋权:公共参与机制

为村民赋予政治话语权,即村民实现公众参与的权力,能够出席会面、表达意见、参与决策讨论,并且最终决策以村民利益为衡量基点。因尼斯(Innes)提出的沟通规划七原则可以作为组织者提供公共参与机制中应确保的要素:①所有利益相关者全数到场;②利益相关者被平等充分地告知其代表的利益;③发言权力不受场外地位干扰;④确保讨论始终以有利于公共利益的方向开展;⑤允许所有主张和假设能被质疑;⑥参与者尽可能表达自己的真实主张;⑦团队应寻求共识[①]。

在整个古坪村规划设计过程中,村两委组织了多次实地调研、讨论会和汇报会,除了邀请外来资本和高校乡建团队参与,还主动邀请了关心公共事务的热心村民、较有威信的经济能人、合作社成员等出席,确保了村民主体代表的在场和参与,建立公众参与平台、接受民主监督、展开民主决策;在意见发表中,高校团队通过入户访谈、会议提问等方式搜寻村民的观点和看法、征询村民对方案的意见;村民对于自身需求的表达意愿在和团队熟悉、建立信任感之后得到了大幅提高,由最初对团队调研的好奇与沉默,到后期听说团队到村后主动来听汇报讨论,并给予更具体的资源信息和发展期望。村民被赋予了政治话语权,也越来越适应公众参与的机制,他们对村庄事务的关注程度明显提升。

以社会网络分析法来检验"团结大乡建"共同体的关系特征:①网络密度达到0.79,村民组织化程度高;②整体中心度中,村两委、高校营建团队及村民合作社均处于社会关系的核心地位,权力结构平衡;③村民相对点中心度较高,具有良好合作的能力;④村两委、高校营建团队和合作社的中间中心度为0.10,表明信息的中介者有3个,不存在唯一的信息垄断者,村民的信息来源渠道较多,且中间中心度的值较小,系统的信息共享程度高。(表7-3)

---

① Innes J E.Information in communicative planning[J]. Journal of the American Planning Association,1999,64(1):52-63.

表 7-3　"团结大乡建"共同体的社会网络关系拓扑结构图与量化指标

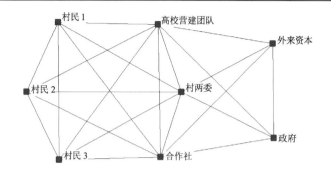

网络密度：0.79						
多元主体	政府	村两委	外来资本	高校营建团队	合作社	村民1,2,3
整体中心度/社会网络核心	10	7（核心）	10	7（核心）	7（核心）	9
相对点中心度/个体合作能力	0.57	1	0.57	1	1	0.71
相对中间中心度/中介者和垄断者	0	0.10	0	0.10	0.10	0

（来源：作者自绘）

7.3.3　资本话语赋权：法人乡建模式

以"法人乡建模式"推动村民主体获得资本话语权的自持。在传统的村民与外来资本合作模式中，村民往往由于资本不足而被排斥，失去话语权，因此本研究借鉴公司法人制度中的股份配比来决定主体话语权的大小。首先，由村民农业合作社成立运营公司，形成法人主体A；其次，本研究团队在浙江省省政府和浙江大学的支持下，联合校内农业经济管理、旅游管理、环境资源等涉农专业学科的20多名教授自发组成涉农"教授合作社"，形成法人主体B，以具备乡村建设相关专业技术、解决乡村问题社会责任心的动力驱使下组成介入乡村营建的"新乡贤"力量；最后，合作社法人主体A、智库法人主体B与外来资本法人C共同形成法人主体D，合作社法人主体A以土地承包权和房屋所有权进行入股，发挥乡村固定资产的货币化商品价值，并确保合作社法人的股份为主体股份，以此赋予村民主体资本话语权（图7-7）。

在实际古坪村毕瑞艺术馆项目中，营建团队介入之时，外来资本已在集体土地被征收为国有土地后获取了土地开发权，村民获得了一次性的征收补贴，失去了该

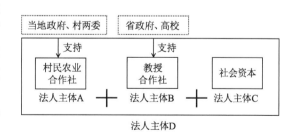

图7-7　古坪村法人乡建模式

（来源：作者自绘）

用地的土地发展权和控制权。在营建团队介入后,村民吸取教训,尝试将"法人乡建模式"用于古村落的旅游开发项目中,将空废老宅通过产权流转转为集体所有,作为集体入股资本,与"教授合作社"法人、外来资本展开股权合作,获得可持续的分红与主导的决策权和利益权。

7.3.4 知识话语赋权:"小美"公益助农平台

高新营建团队充分发挥协调者的角色,通过外力赋权方式动员村民参与到乡村的产业与空间营建中,并促进村民进行内生式的知识学习,其中以"小美"公益助农平台最具有直接作用(图 7-8)。

传统的企业帮扶农业,以大规模农业为基础,以规模经营的投入产出获取盈利,但古坪村多山地形下耕地资源有限,村域总耕地面积仅 400 余亩,且为梯田式布局,每块土地面积小、分布分散,难以吸引规模

图 7-8 小美合作社模式
(来源:课题组)

企业的介入。为此,营建团队探索了发挥小规模农业精耕细作优势的模式,以农产品的"小"规模和品质"美"为原则,开展了"市民—农民"点对点精准助农的公益电商实验平台——"小美合作社",其是基于微信服务号自主进行程序改良开发的集农产品展示、购买、物流、客户反馈一体化的互联网平台。在真实的市场环境下,将市民与农民的优质农产品直接联系,通过严格的筛选流程、透明的社群机制,协助村民进行优质农产品的议价,并由村民获得绝大部分收益,实现其有效增收。

该平台执行严格的农品筛选流程。首先,营建团队对古坪村实地考察,通过耕种土质的采样、周边污染工厂的排查、耕种过程的了解、农民品格的考察,来基本判断农产品的可信任度;其次,对土质和农产品进行专业机构的严格检测,只有通过检测才会进入对接考虑范围;再次,需要寻找一位对产品了解、有公信力的社会人士做产品推荐人,担保产品质量、签订产品质量承诺书;然后,邀请多位具有公信力以及较高美食鉴赏能力的市民对农产品品鉴,受到口感认可的产品方能成功进入平台上新;最后,由营建团队为农民设计农产品包装、确认物流方式、展开合理议价、撰写图文故事,并发布在"小美合作社"助农平台上,并积极为农产品营销、对接市场。市民则通过平台订购产品,农民通过简易培训就可通过系统查看订单并进行及时的发货管理(图 7-9)。

该平台采取透明的社群机制。市民通过平台了解产品故事,并和提供农产品的村民通过微信社群建立了透明沟通的环境,市民实时了解到农作物的种植方式、生长时期、产量状况,即时表达对农产品的口感、新鲜度等评价,农民在此过程中形成了对具体消费者的责任心和生产信心。交流沟通机制形成了对农户的监督,而食品质量安全可溯源、耕种主体可联系则提升市民的粘滞度,降低了一般大型企业中需要大量资本投入的监管和营销成本。在互信的社群氛围中,古坪村的热门产品如油豆腐等还受到了市民消费者的热情追捧,需要抢

购才能获得。

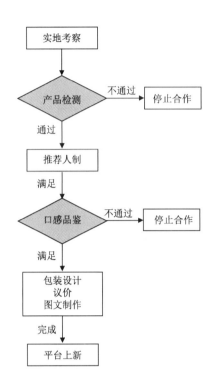
"小美"公益助农平台的产品上新流程

"小美"的产品展示页

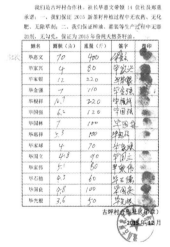
古坪村合作社的质量承诺书

专业检测公司的检测报告

图 7-9 "小美"公益助农平台的产品上新流程、产品展示页与质量评估手段

(来源：项目组)

该平台以助农、公益为属性。在销售过程中产生的绝大部分利润收益都由农民直接获得。平台仅收取基础运营费用。在古坪村,营建团队已开展了山茶油、油豆腐和青钱柳茶叶等产品的持续对接并充分发挥了市场对接能力,为农户增收起到了重要作用。如在2015年冬季营建团队与山茶油合作社合作中,为山茶油进行了质量把控、包装优化、议价提升和营销推广,大幅提升了产品的价格和销量,通过小美合作社平台销售的销售额达到8万余元,比往年村民自售销售额增加1倍有余,而85%收益均由合作社农民所得,村民获得显著增收。

该平台促使农民向知识农民的身份转变。通过参与助农平台,古坪村村民一方面通过社群机制增加了智能手机的使用,学习锻炼了客户服务、网络操作的技能;另一方面,开始主动思考如何使产品更好,增强学习意愿,主动参与营建团队组织的各类涉农讲座和知识交流,互相间也开展农家乐、民宿等新业态的经营学习。

7.4 多情景的产业策划

7.4.1 产业链复合化:产业多元联动

(1) 农业产业链的深化与延伸

对古坪村从业人口最多、依赖程度最大的主导产业——农业,开展产业链深化与延伸的可能性探索。

深入挖掘各个农产品产业链深化的可能性。发挥家庭经营的优势,不施农药化肥,采用精耕细作的生态种植方式,学习自然农法、精心管理、严守农时,保持土壤肥力、提升农产品质量;合作社提供产前、产中、产后服务,进行集资采购加工机械、宣传农业资讯、协助申报农业项目补贴等,并代表村民个体开展议价、营销;对农产品进行品牌打造、优化包装设计、提升产品附加值、增强产品影响力;利用"小美合作社"等互联网平台与城市居民建立直销关系,形成虚拟社群下的"互联网+"社区支持型农业,获得稳定的客户群。

加强对各个农产品产业链延伸的探索。对古坪村内的主要优势产品进行系统性梳理,搜寻其加工化的产品价值、景观价值和体验价值。现有农业作物和养殖主要有油茶、稻米、土茶、毛竹、板栗、猕猴桃、红提、香榧、土鸡、野生石斑鱼等。以油茶树为例,每年10~12月开花,来年4~10月为果实成长期,10~11月可榨取山茶油,生长周期长达13个月,从产品价值角度看,山茶油被誉为东方橄榄油,具有高品质的食用价值,山茶油还可用于润发护肤、具有日用价值,山茶木是制作高级弹弓、陀螺、纽扣的原材料,具有手工艺价值的潜力;从景观价值看,秋季油茶花开呈白色,在绿叶相衬下具有极佳的观赏价值,初冬油茶果成熟,村民采摘后进行铺开式的日光晾晒,形成气势恢宏的梯田式大地景观;从旅游体验价值看,山油茶的制作需要经历摘果、去壳、榨干、粉碎、榨油、过滤一系列工序,均为物理方法,适合游客在各个阶段进行参与(图7-10)。

通过深化农产品产业链提升农产品的品质,获得在城市市民群体中的知名度,吸引其直接来到原产地古坪村进行采摘、休闲农业体验,促进产品价值链的延伸,形成基于农业的产业联动格局。

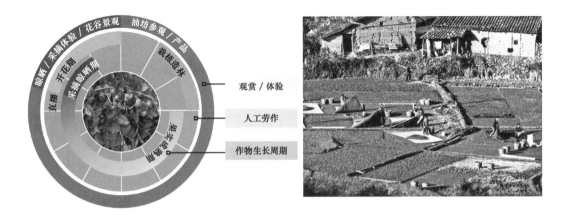

图7-10 左：油茶的产业链周期；右：油茶晾晒景观

（来源：课题组）

（2）古村落旅游产业链的复合

依托本营建团队古村落保护规划成果，下坪村在2016年被正式列入第四批中国传统村落名录，并获得了中央财政支持。基于下坪村的传统村落风貌和毕瑞艺术馆项目，古坪村具有充分的旅游潜力资源，以旅游产业链整合形成复合化的产业格局。针对不同客群发掘不同层次的旅游经营模式，以古村落参观、艺术作品展览吸引普通大众的短期观光旅游；以艺术家进驻、画廊经营等吸引特定人群的中期停留；以艺术研讨会、艺术节等经营形式形成瞬时大量的吸引度和参观度。

7.4.2 两种发展情景界定

为保留产业发展弹性，更好地应对市场与制度变动，鼓励农业产业链和古村落旅游产业链的协同发展，以促进村民演化出丰富的产业行为模式，提升系统的产业韧性，根据利益相关者的访谈分析、资料收集，确立两种发展情景，分别以旅游业切入和以农业切入开展产业链的协同整合，并以此导出空间建设路径，这两种情景可以并行发展、相互促进。

（1）情景1：旅游业切入的产业联动[①]

下坪村的夯土古建筑群落风貌与2019年落成的毕瑞艺术馆塑造的浓厚艺术氛围有吸引游客游览及艺术家进驻的潜力，以第三产业繁荣带来的游客流量又促进一、二产业发展。首先，以艺术家毕瑞和古村落风貌为切入点，建立艺术基地，吸引各个层级的艺术家或古村落参观群体。在空间建设上，在毕瑞艺术馆内设立短期艺术研讨空间，以特色传统民居加以

---

① 王竹，徐丹华，钱振澜，等.乡村产业与空间的适应性营建策略研究：以遂昌县上下坪村为例[J].南方建筑，2019（1）：100-106.

改造作为艺术家或游客与村民共享的民宿,使其充分体验古村落生活,并提供停车场等交通配套系统。其次,设立学生写生基地。把下坪村传统风貌保护区作为写生教育基地,并根据学生群体的消费能力,在上坪村现代化住房中提供经济型民宿、餐饮等服务。再次,艺术家长期进驻期。选取特色风光的空置夯土民居进行保护式更新,将之转换为工作室租赁给艺术家,如选取古樟树群区的夯土屋,幽静的环境、乡土建筑氛围下,有利于激发艺术家的创造力。最后,由艺术产业带来参观流量,旅游人口的增加促进古坪村餐饮住宿的需求、特色农产品的销售、休闲农业的参与、手工作坊的体验等。此过程中,逐步优化的交通、民宿、餐饮等基础设施亦使当地村民受益,提升人居环境品质。(图7-11)

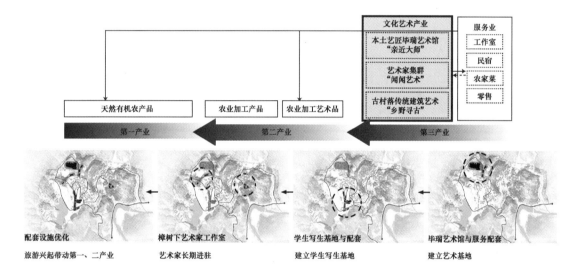

图 7-11 情景 1:旅游业切入的产业联动

(来源:课题组)

(2)情景 2:农业切入的产业联动①

以"小美合作社"平台联系城乡两端,增强农产品的影响力,并将城市客流吸引至现场进行实地考察、采摘体验等,进行空间建设支撑,以农产品的电子商务化促进二、三产业发展。首先,导入流量,通过"小美合作社"互联网助农平台为古坪村优质农产品进行升级优化,获得城市消费者青睐。其次,现场体验,由农产品品牌化的知名度和信任度带动当地体验经济,进行蔬果采摘、炒茶体验、手工压榨山茶油等"体验尝鲜"活动及享受自然风光"天然生态"的休闲活动,以农田空间、作坊空间、晾晒空间、特色民宿餐饮空间承载游客活动。再次,配套自洽,完善旅游大巴与自驾车的停车场、电瓶车观光路线、步行游览区等交通系统,改造空置传统建筑为精品民宿,优化榨油坊、炒茶坊、米酒坊等空间,设立餐饮、游客服务中心等

---

① 王竹,徐丹华,钱振澜,等.乡村产业与空间的适应性营建策略研究:以遂昌县上下坪村为例[J].南方建筑,2019(1):100-106.

公共服务设施。最终,线下旅游发展又正向促进线上有机农产品及加工品的销售,形成良性循环。(图 7-12)

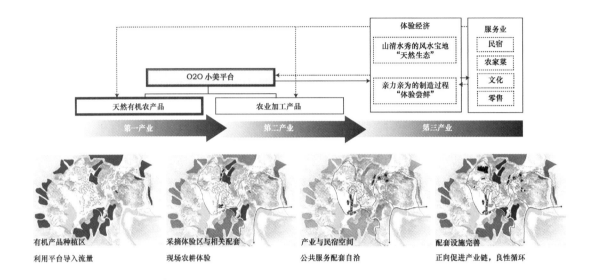

图 7-12 情景 2:农业切入的产业联动

(来源:课题组)

7.4.3 时间动态性:时节适应补足

古坪村产业的时间动态性反映在上述产业路径的分期发展外,还需适应农业产业的时节特征在不同季节采取不同的产业策略。

古坪村农业的产业链离不开季节的约束。由于作物生长、开花、结果的时节习性,其产品食用、景观观赏、体验活动等价值利用均具有季节性,这一季节性也是乡村性的体现,应不违农时,适应时节的变化特征,充分发挥其季节吸引力。而对于休闲农业吸引力不足的时期,则适应性地灵活引入不受季节限制的产业内容和活动主题,补足个别季节的乡村吸引度[1]。(图 7-13)

对古坪村特色农产品的季节景观特征进行梳理形成系统化的休闲农业年历,其中 8 月至 11 月休闲农业旅游吸引力较强,其他季节则吸引力较为逊色。可通过加强对古坪村艺术氛围和古村落价值的宣传、举办民俗节庆和艺术节等活动形成新的旅游吸引物增量,基于古坪村特色设定乡土风情、产业参观、丹青艺术、开放空间等主题游览路线,充分发挥乡村的异质性价值,以获得全年较稳定的客流量、保持产业活力。(图 7-14)

---

[1] 王竹,徐丹华,钱振澜,等.乡村产业与空间的适应性营建策略研究:以遂昌县上下坪村为例[J].南方建筑,2019(1):100-106.

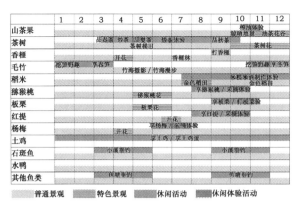
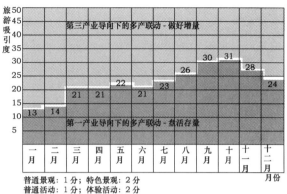

图 7-13　左：古坪村休闲农业年历；右：古坪村旅游吸引度全年分布

（来源：课题组）

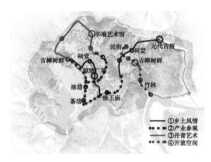
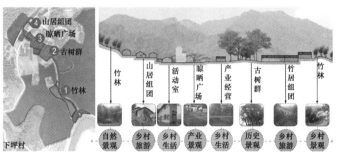

图 7-14　左：主题游览路线布局；右：开放空间路线及沿线景观吸引物

（来源：课题组）

7.5 适应性更新的空间韧性营建

7.5.1 生态安全格局：环境保护与宜居生活的协调

乡村中生态安全格局是支持自然生命系统的关键性格局[1]。古坪村地处丘陵地带，生态安全格局较为脆弱，大规模开发易引起自然灾害与生态系统的失衡；而根据调研，在村民住房、公共空间、旅游服务、基础设施等存在突出的数量与品质未满足问题。在韧性目标下，基于环境承载力设置旅游业人口规模与开发用地的阈值，并采取一系列举措在有限的用地内满足现代宜居生活的协调。①保护山水、存量开发，首先对山体、溪流确立保护范围，并设立与建设地块的缓冲区，其次对建设用地开发采取存量开发原则，充分利用旧有空置建筑、废弃空间进行更新；②多功能的土地混合利用，将靠近公共活动聚集区的商铺、工坊、小广场

---

[1] 俞孔坚,王思思,李迪华,等.北京市生态安全格局及城市增长预景[J].生态学报,2009,29(3)：1189-1204.

等空间设立为开放区域,作为公共空间与服务设置的补充,提高土地的公共使用率;③网络化的基础设施系统,通过道路系统梳理和停车点布局规划村民车行、游客车行、电瓶车、步行等复合交通网络,与其他村域联合共享共建能快速响应的服务支撑体系,并将雨污设施、景观带整合考虑,形成绿色基础设施系统,以节约用地、加强视觉效果景观化,在日常方便村民生活、协助旅游管理、增强雨洪防范能力,在灾害发生时能够灵活地开展救灾行动。(图7-15)

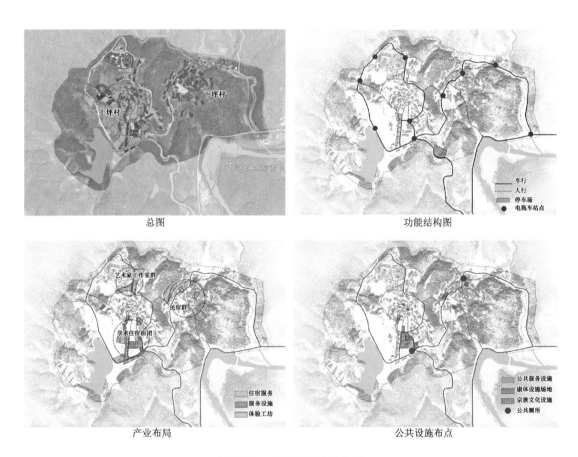

图7-15 古坪村各系统布局

(来源:课题组)

7.5.2 画里浙南乡村:景观与文化的多重乡村性体验

古坪村乡村性的保存与挖掘是游客异质空间消费体验的基础,也是促进村民加强文化与地域认同感的介质,对经济韧性和社会韧性均具有重要作用,具体从景观格局、聚落肌理、建筑形态和文化场所这四个维度进行塑造。

古坪村的景观格局,是村民的生产建设活动在历史过程中对自然环境适应演化的结果,对原生景观格局加以保护能继续保有较好的生态韧性。缓坡山林、梯田农业等景观基质构成了背景环境,保护生态环境;控制乡村聚落的斑块生长边界,严谨地控制开放强度;溪流桃溪、车行道路、山体形态形成了景观廊道,顺应这一视线廊道设置开放空间主体路线,加强乡村漫步中的生态性体验。

延续聚落肌理、传承乡土建筑风貌。将重要节点处的衰败空间更新为新商业空间,促进村民邻里交往的微循环,加强游客的乡村文化体验。上坪村村口是村民日常活动的主要集聚区,也是外来游客到达的首个开放场地,但现状散落着空废的夯土建筑,各个零碎的空地荒草丛生,缺乏鲜明的村口形象。对现有村口空废建筑群保留改造,以维持良好的聚落肌理与街道尺度关系;进行功能置换、提升空间品质,引入旅游接待中心、村民活动中心、农家饭庄、茶舍等开放型较强的功能,加强村口的现代生活活力与旅游接待能力;建筑改造保留夯土、内部木结构、坡屋顶的风貌格局,塑造乡村性的入口形象特征,并适当引入现代玻璃、钢构等加强空间透明性和结构稳定性;整理场地下垫面,联系零散空地,通向核心集市广场,利于公共交往活动的发生;梳理景观,恢复荒地中的水田,并植入荷塘景观,以产生季节性的变化景观(图7-16)。对具有多余空房间的新建钢筋混凝土住宅进行民宿化改造,采取乡村化的手段增强民宿与环境的协调程度,如整齐划一的条形新建住宅区可定位为面向写生学生的经济型民宿,但其与整体聚落风貌较不协调,可采用与夯土同色的涂料进行底色处理,并用色彩化的方式凸显艺术写生的民宿定位;而地理位置相对较为幽静、靠近山谷、对整体风貌影响不大的现代住房,定位为艺术家民宿,可采用现代极简主义的方式进行相应改造,增加户内环境的渗透性、提升美学品位(图7-17)。

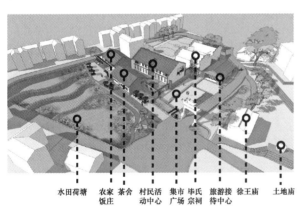

图 7-16 上坪村村口改造

(来源:课题组)

图 7-17 古坪村民居改造

(来源:课题组)

开展古坪村文化场所的活态复兴。古坪村保有丰富的文化场所,上坪村毕氏家族宗族文化浓厚,每年元宵节毕氏家族都在毕氏宗祠举行盛大的祭祖典礼,早在1921年出版的《上坪毕氏宗谱》就对各项宗族事务有详细的记录;毕氏香火堂则是村民日常供奉祖先的场所,在婚丧嫁娶中也扮演着重要的角色;徐王庙供奉《后汉书》中记载的西周徐偃王,以宣扬"仁义"的价值观;元代古桥则是用卵石砌筑的石拱桥,记录着元代的造桥工法;具有上百年历史的古樟树被认为是"樟树娘娘",是村民们遭受病灾祈福的场所。对这些文化场所的活动不断传承与复兴,将场所的叙事性在节庆、表演和文本中展现,一方面通过对古坪文化活动不断的组织、参与、述说,促进村民对家乡的认同感和自豪感,如将营建启动项目安排为下坪村潘氏宗祠的修缮与恢复使用获得了村民的首肯,加强了村民对村集体的认同;另一方面,游客通过对文化场所的活动体验加强了对异质性乡村文化的感知。

7.5.3 主客共享空间:日常生活空间的激活

空间的开放包容建立在村民占据主体地位的基础之上,尤其体现在空间运营过程中。由村民自发独立经营经济型学生民宿、农家乐餐饮等经营难度较低的产业;夯土民居经村民申请建造新屋时,另划宅基地安置,而将老建筑收为集体所有后,可统一租赁给有较强经营能力的外部资本进行精品民宿的设计改造、运营,但需充分考虑村民利益,如以集体资产入股等形式的"法人乡建模式"使村民变为股民、获得经营分红;引导村民对新业态的学习,提升其对市场变化的适应能力;控制经营规模和数量,防止出现过度商业化趋势;控制外部资本的进驻,预防出现外部资本过度租用村民住房而使原住民搬离村落的绅士化现象,保护现有良好的日常生活氛围①。

公共空间以促进社会网络联系为营造目标,充分考虑村民活动需求,并与外来游客共享、交流,成为城乡信息资讯交流的空间载体,以高渗透性、模糊的边界、可延展的设计手法赋予空间新价值、激活公共空间。下坪村几户围合的空地现状承载着丰富的村民活动,如晒果、休憩、晾衣等,但缺乏足够的服务设施支撑,无法成为村民、游客停留的休憩点。空地通向各个方向的街巷具有聚落特色的比例与尺度,周围一圈建筑主要为传统夯土民居,但个别混凝土建筑立面破坏了整体风貌。将空地视为村民与游客共处的村民广场,做如下设计调整:①沿传统建筑边界增设竹廊,提供遮雨、晾衣、休憩的场所,就地取材、凸显乡村地域特色;②竹廊的流线布局注重对景视线的引导,渗透性的设计体现开放性与包容感,使各类体验者能不受限制地使用空间;③中央依旧围合出广场空间,加强空间使用的动态性,农闲时作为村民和游客的休闲区,农忙时作为农作物晾晒空间;④对新建筑进行风貌调整,将竹廊延伸至巷道空间,以增强街巷的光影感和趣味性;⑤保留穿越广场的车行道,但仅供村民小汽车通行以方便其生活(图7-18)。

---

① 王竹,徐丹华,钱振澜,等.乡村产业与空间的适应性营建策略研究:以遂昌县上下坪村为例[J].南方建筑,2019(1):100-106.

图 7-18　下坪村村民广场设计

（来源：课题组）

7.6　本章小结

本章以浙江古坪村为例进行了"韧性乡村"营建的实证研究。首先，根据田野调查获取古坪村的各项基本要素的认知，依据情景规划方法确立了营建流程；其次，整合内外部动力，构建了"政府与村两委为主导、村民与组织化合作社为主体、返乡乡贤与外来资本为助力、高校乡建团队为支撑、市民消费者参与""五位一体"的"团结大乡建"共同体，并通过公众参与机制、法人乡建模式、"小美"公益助农平台为村民真正赋权；再次，根据产业的发展契机与潜在风险，确立了旅游业切入与农业切入两种产业策划情景，实现产业的多元联动和时间动态性；最后，以环境保护与宜居生活的协调、景观与文化的多重乡村性体验以及日常生活空间的激活为策略进行空间适应化更新，促进生态环境的保护、经济模式的多元化、村民社会关系网络的紧密化。

8 结语

8.1 总结与启示

8.1.1 研究总结

（1）提出了"韧性乡村"这一基于主体适应性、应对不确定性风险的综合发展模式

在当前的社会转型期，乡村系统处于快速城镇化、市场化、气候灾害等不确定变化的风险中，演化韧性开启了自下而上、从个别到整体、从微观到宏观的研究视角，将乡村认知为一个复杂适应系统，村民主体具备主动学习与适应环境的能力，即"韧性乡村"模式将风险防范意识转换为风险适应意识，在危机发生时能发挥稳定、恢复和转型的能力。此外，"韧性乡村"是综合性发展模式，从评估角度出发，分为社会、环境、经济维度，以人口特征和社会网络关系评估社会韧性，从自然环境和建成环境两方面观察环境韧性，以产业水平和区域影响力衡量经济韧性。

（2）进行了乡村营建"主体—产业—空间"三向度的综合化解析

乡村建设新时期要求乡村营建突破"就空间论空间"的内容范畴，综合考虑物质空间与"软环境"的提升，由此，对乡村营建进行综合解析。根据大卫·哈维"资本三级循环理论"解释资本逻辑推动空间生产的过程所揭示的空间属性，包括社会调节属性、资本要素属性和物质容器属性，推演乡村营建"主体—产业—空间"的三向度分析维度，以此扩展乡村营建的研究内涵，包括社会、经济、环境等维度内容，跨越前期策划、整体规划、项目设计、建造过程与运营维护的全过程，涉及政府、建筑规划专业者乃至村民的多元参与主体。乡村营建"主体—产业—空间"三向度解析的要素特征也与"社会—经济—环境"韧性评估建立了关联。

（3）总结出当前各类乡村存在不同韧性缺陷，农业型乡村应寻求新的韧性路径

乡村根据产业类型主要有农业型、工贸型及旅游型乡村三类，通过韧性评估发现，均存在韧性缺陷。其中农业型乡村在人口特征、社会网络关系、建成环境、产业水平、区域影响等方面均存在韧性危机，综合韧性最低；小共同体工贸型与内生旅游型乡村综合韧性相对较高，但仍分别存在环境污染与产业发展水平不高的韧性问题；大共同体工贸型与外源旅游型乡村综合韧性相对处于中等水平，主要存在村民话语权弱化等社会韧性缺失现象。对于量大面广、韧性脆弱的农业型乡村亟须建构韧性发展的路径，而其他类型乡村因韧性不足而无法成为其转型的范式，农业型乡村需探求独特的韧性路径。

（4）建构了"韧性乡村"的认知框架

通过对不同乡村的营建特征与系统韧性的关联与对比，建构了"乡村韧性"的认知框架，由系统开放性、主体组织化和主体话语权、产业与空间复杂性等要素构成，分别发挥着先决

条件、决定要素、表观特征的作用机制(表5-11)。由此,明确了各个要素之间的轻重缓急和因果关系,即在系统开放性的前提下,首先应促成现代转型小农的主体组织化并赋予其主体话语权,其次考虑产业与空间模式的复杂性。

这一认知框架为小农现代转型的迫切需求与乡村营建过程建立了联系,整合了小农组织与村民主体地位的关系,促使乡村营建首先从主体的组织机制开始开展,确保村民的参与权、受教育培训权与资金投入公共事务能力的实施和培育。物质空间建设与产业策划尽管是常规乡村营建中的主要内容,但仍需让位于主体建构,并根据反馈机制实现产业与空间的类型多元化、地域共性、时间动态性等复杂性特征,而非采取固定单一、效率为先的简单化处理。

(5)从主体、产业、空间维度展开"韧性乡村"营建策略

乡村营建愈发常态化,村民对其关注度也日益提高,其成为建构"韧性乡村"的重要途径。在"韧性乡村"营建的过程中培育系统在社会、经济、环境维度的韧性,采取情景规划方法,具体从主体、产业、空间三个向度建构策略。主体向度,以"组织化村民为主体、政策为主导、资本为助力、科技为支撑、市民为参与"的五位一体"乡建共同体"建构为起点,通过鼓励公众参与机制与社区营造、平衡资本介入、培育村民成为知识主体等方式对村民进行话语赋权;产业向度,通过转型小农的组织、高品质化的小规模农业生产、农地多功能化、产业的季节性动态调整深化与延伸产业链;空间向度,基于环境承载力的发展规模、风险评估支撑的规划用地格局、提高生态稳定性的基础设施网络提升环境韧性,以景观格局的整体保护、聚落组团的肌理延续、建筑形态的文化传承和文化场所的活态复兴塑造"乡村性"以协同促进社会与经济韧性,通过联络社会网络的公共空间、开放包容的设计观念、模块化的动态更新方式利于社区认同。

8.1.2 研究启示

(1)营建视角,从精英视角到小农视角

常规的乡村营建一般由政府领导,由建筑规划专业者等精英主导,并受到资本下乡的干预。由于精英城市本位的惯性思维,其对乡村在地诉求的认知局限以及村民参与机制的不成熟,乡村营建陷入了与村民需求产生偏差、村民地位弱势化甚至利益受损的困境。

韧性视角下,从理论层面认可了小农村民也具备主动学习、适应环境的能动性,为乡村营建提供了从精英视角转向小农视角的路径,通过共同体建构等组织化方式提升小农的凝聚力,通过参与权、知识权、投资权实现村民话语权赋权,鼓励村民从公共参与迈向社区营造的内生发展模式。

(2)营建路径,从静态蓝图建设到动态规划行动

蓝图式建设是目前开展乡村营建的主要方式,根据建设指标进行刚性控制,以规划蓝图为终极建设目标,不仅导致乡村营建集中在蓝图呈现的物质空间建设方面、忽略了对蓝图之外的"软环境"的关注,而且以静态、一成不变的蓝图始终作为目标,缺乏应对扰动冲击的调整弹性,也无法满足村民动态的发展诉求。

"韧性乡村"首先以社会、经济、环境的综合韧性为目标,拓展了乡村营建的内涵范畴,利

于满足村民的综合需求；其次要求制订分期行动方案，将营建目标分解为分阶段、易于操作的、便于调整的分目标，易于实现规划成果；最后设立了动态评估环节，通过对系统各项韧性指标的监测与利益相关者的评价，及时发现潜在风险与变动的需求，根据反馈灵活调整实施策略。

(3) 营建内容，从单一孤立到多元联系

既有的乡村营建将生态、居住区、农业、基础设施等各项内容单一孤立地考虑，缺乏联系性，导致经费消耗较大、功能单一化等缺点，在需求变化以及风险发生时便出现资源短缺的现象，功能孤立也减弱了村民日常生活的交往活力，降低了乡村的社会韧性。

"韧性乡村"鼓励多元联系，将不同功能的子系统联系起来考虑，并建立社会、产业与环境的互相支撑关系。在面对外部风险时，多元化可增加仍然适应新环境模式的可能性；多功能的利用方式不仅整合了相关资源，也相当于多一份冗余的备用系统，有效适应需求的变化。

8.2 不足与展望

本研究围绕"韧性乡村"的认知框架和营建策略，拓宽和深化了乡村营建的内涵，得到了一定结论，但由于能力与时间所限，研究中仍然存在一些不足之处。其中以下内容需进一步开展针对性的深化研究。

(1) 对不同地域"韧性乡村"认知框架与策略的调整

本研究针对农业型乡村初步探究了"韧性乡村"的认知框架和营建策略，在城乡交流频繁的发达地区乡村具有较好适用性，但我国地域辽阔，地理区位、资源条件、发展状况和市场环境千差万别，各个乡村面临的风险和困境也截然不同，难以适用于所有农业型乡村。需进一步根据不同地域潜力和风险加以解析，针对性地调整认知框架中的要素内容及作用机制，并依据地方特征适应性地建构在地的"韧性乡村"营建策略。

(2) "韧性乡村"营建策略与营建导则结合的可能性

"韧性乡村"营建策略覆盖主体、产业和空间方面内容，为营建增加了新的内涵，如能将各项策略细则深入细化，针对镇域甚至村域转换为更具行动指导性的《韧性乡村营建导则》，形成村民认可的乡规民约，将有效促进"韧性乡村"营建策略的落地。目前乡村营建的规范性指导文件也较少，主要依托国家级《美丽乡村建设指南》与省市级的《村庄规划编制导则》《村庄设计导则》以及各村编制的村庄规划，内容以物质空间建设为主，《韧性乡村营建导则》将是对其的有益补充。

(3) 乡村系统韧性评估的深化开展

本研究中提出的"韧性乡村"评估方法仅作为不同乡村比较的工具，以推导出各类营建要素与韧性状态的关联关系，各项指标以笔者主观判定为主。而对某一乡村进行营建前的韧性水平评估或是营建后的韧性提升效用评估，需采取更严密的方法与指标体系，可基于专家咨询结合层次分析法和德尔菲法重构韧性评估的指标模型，以村民主体的主观评价、客观数理数据、专家打分等方式获取韧性评价数据，获得具有综合性的评估结果，有助于对韧性营建成效的了解与反馈调整策略的开展。

(4) 案例村实施的跟踪研究与反馈调整

在浙江古坪村的"韧性乡村"营建实践中，营建策略为分阶段的行动规划，目前的营建阶段仍处在初步推进期，对系统韧性的提升效用有待进一步追踪观察与评估，亦需进行更为深化的实证研究。在主体策略方面，"团结大乡建"的乡建共同体初步建构，在产业帮扶、促进村民内生发展方面起到了一定作用，其在村民间的带动效应需进一步跟进了解；产业发展模式、空间建设项目均在起步建设期，对系统韧性的影响作用尚不明确，有待定期的回访评估。

参 考 文 献

A. 学术期刊

[1] Ahern J. From fail-safe to safe-to-fail: Sustainability and resilience in the new urban world[J]. Landscape and Urban Planning, 2011, 100(4): 341-343.

[2] Allan P, Bryant M. Resilience as a framework for urbanism and recovery[J]. Journal of Landscape Architecture, 2011, 6(2): 34-45.

[3] Amir A F, Ghapar A A, Jamal S A, et al. Sustainable tourism development: A study on community resilience for rural tourism in Malaysia[J]. Procedia-Social and Behavioral Sciences, 2015(168): 116-122.

[4] Anthopoulou T, Kaberis N, Petrou M. Aspects and experiences of crisis in rural Greece. Narratives of rural resilience[J]. Journal of Rural Studies, 2017(52): 1-11.

[5] Arnstein S R. A ladder of citizen participation[J]. Journal of the American Institute of Planners, 1969, 35(4): 216-224.

[6] Beel D E, Wallace C D, Webster G, et al. Cultural resilience: The production of rural community heritage, digital archives and the role of volunteers[J]. Journal of Rural Studies, 2017(54): 459-468.

[7] Bizikova L, Waldick R. Summary of the underlying dataset to assist in tracking resilience of rural agricultural communities[J]. Data in Brief, 2019(23): 103676.

[8] Bjørkhaug H, Richards C A. Multifunctional agriculture in policy and practice? A comparative analysis of Norway and Australia[J]. Journal of Rural Studies, 2008, 24(1): 98-111.

[9] Brohman J. New directions in tourism for third world development[J]. Annals of Tourism Research, 1996, 23(1): 48-70.

[10] Brouder P. Evolutionary economic geography and tourism studies: Extant studies and future research directions[J]. Tourism Geographies, 2014, 16(4): 540-545.

[11] Campanella T J. Urban resilience and the recovery of new Orleans[J]. Journal of the American Planning Association, 2006, 72(2): 141-146.

[12] Cash C. Towards achieving resilience at the rural-urban fringe: The case of Jamestown, South Africa[J]. Urban Forum, 2014, 25(1): 125-141.

[13] Chigbu U E. Village renewal as an instrument of rural development: Evidence from Weyarn, Germany[J]. Community Development, 2012, 43(2): 209-224.

[14] Cloke P J. An index of rurality for England and Wales[J]. Regional Studies, 1977, 11(1): 31-46.

[15] Norris F H, Stevens S P, Pfefferbaum B, et al. Community Resilience as a metaphor, theory, set of Capacities, and strategy for disaster readiness[J]. American Journal of Community Psychology, 2008, 41(1/2): 127-150.

[16] Davidoff P. Advocacy and pluralism in planning[J]. A Reader in Planning Theory, 1973, 31(4): 277-296.

[17] Desouza K C, Flanery T H. Designing, planning, and managing resilient cities: A conceptual framework[J]. Cities, 2013(35): 89-99.

[18] Djalante R, Thomalla F. Community resilience to natural hazards and climate change impacts: A review of definitions and operational frameworks[J]. Asian Journal of Environment and Disaster Management (AJEDM)-Focusing on Pro-Active Risk Reduction in Asia, 2010, 3(3): 339.

[19] Evans N, Morris C, Winter M. Conceptualizing agriculture: A critique of post-productivism as the new orthodoxy[J]. Progress in Human Geography, 2002, 26(3): 313-332.

[20] Frank K I, Reiss S A. The rural planning perspective at an opportune time[J]. Journal of Planning Literature, 2014, 29(4): 386-402.

[21] Friedman M. Martin buber and emmanuel levinas: An ethical query[J]. Philosophy Today, 2001, 45(1): 3-11.

[22] Gotham K F. Tourism from above and below: Globalization, localization and new orleans's Mardi gras[J]. International Journal of Urban and Regional Research, 2005, 29(2): 309-326.

[23] Gunderson L H. Ecological resilience: In theory and application[J]. Annual Review of Ecology and Systematics, 2000, 31(1): 425-439.

[24] Holling C S. Resilience and stability of ecological systems[J]. Annual Review of Ecology and Systematics, 1973, 4(1): 1-23.

[25] Idziak W, Majewski J, Zmyślony P. Community participation in sustainable rural tourism experience creation: a long-term appraisal and lessons from a thematic villages project in Poland[J]. Journal of Sustainable Tourism, 2015, 23(8/9): 1341-1362.

[26] Innes J E. Information in communicative planning[J]. Journal of the American Planning Association, 1998, 64(1): 52-63.

[27] Jabareen Y. Planning the resilient City: Concepts and strategies for coping with climate change and environmental risk[J]. Cities, 2013(31): 220-229.

[28] Jurjonas M, Seekamp E. Rural coastal community resilience: Assessing a framework in eastern North Carolina[J]. Ocean and Coastal Management, 2018(162): 137-150.

[29] Khatibi S A, Golkarian A, Mosaedi A, et al. Assessment of resilience to drought of rural communities in Iran[J]. Journal of Social Service Research, 2019, 45(2): 151-165.

[30] Lane B. What is rural tourism? [J]. Journal of Sustainable Tourism, 1994, 2(1/2): 7-21.

[31] Lapan C, Barbieri C. The role of agritourism in heritage preservation[J]. Current Issues in Tourism, 2014, 17(8): 666-673.

[32] Lee M. Geodesign scenarios[J]. Landscape and Urban Planning, 2016(156): 9-11.

[33] Lobo R, Goldman G, Jolly D, et al. Agritourism benefits agriculture in San Diego County[J]. California Agriculture, 1999, 53(6): 20-24.

[34] Manten A A. Fifty years of rural landscape planning in the Netherlands[J]. Landscape Planning, 1975(2): 197-217.

[35] Marsden T. The condition of rural sustainability [J]. Condition of Rural Sustainability, 2004, 69(2): 313-316.

[36] Masten A S, Best K M, Garmezy N. Resilience and development: Contributions from the study of children who overcome adversity [J]. Development and Psychopathology, 1990, 2(4): 425-444.

[37] Meerow S, Newell J P, Stults M. Defining urban resilience: A review[J]. Landscape and Urban Planning, 2016(147): 38-49.

[38] Nelson D R, Adger W N, Brown K. Adaptation to environmental change: Contributions of a resilience framework[J]. Annual Review of Environment and Resourse, 2007, 32(1): 395-419.

[39] Norris F H, Stevens S P, Pfefferbaum B, et al. Community resilience as a metaphor, theory, set of capacities, and strategy for disaster readiness[J]. American Journal of Community Psychology, 2008, 41(1/2): 127-150.

[40] Robinson G M, Carson D A. Resilient communities: Transitions, pathways and resourcefulness[J]. The Geographical Journal, 2016, 182(2): 114-122.

[41] Salvia R, Quaranta G. Place-based rural development and resilience: A lesson from a small community[J]. Sustainability, 2017, 9(6): 889.

[42] Sánchez-Zamora P, Gallardo-Cobos R. Diversity, disparity and territorial resilience in the context of the economic crisis: An analysis of rural areas in southern Spain[J]. Sustainability, 2019, 11(6): 1743.

[43] Satterthwaite D. The political underpinnings of cities' accumulated resilience to climate change[J]. Environment and Urbanization, 2013, 25(2): 381-391.

[44] Sharifi A. A critical review of selected tools for assessing community resilience[J]. Ecological Indicators, 2016(69): 629-647.

[45] Van der Ploeg J D, Saccomandi V. On the impact of endogenous development in

agriculture[J]. Beyond Modernization,1995(6):10-27.

[46] Visman E. Knowledge is power:unlocking the potential of science and technology to enhance community resilience through knowledge exchange[J]. Network Paper,2014(1):32.

[47] Walker B,Salt D. Resilience thinking:sustaining ecosystems and people in a changing world[J]. Northeastern Naturalist,2006(3):43.

[48] Wilson G A. The spatiality of multifunctional agriculture:A human geography perspective[J]. Geoforum,2009,40(2):269-280.

[49] Wilson G A,Hu Z P,Rahman S. Community resilience in rural China:The case of Hu Village,Sichuan Province[J]. Journal of Rural Studies,2018(60):130-140.

[50] Wilson G A. From productivism to post-productivism … and back again? Exploring the (un) changed natural and mental landscapes of European agriculture [J]. Transactions of the Institute of British Geographers,2010,26(1):77-102.

[51] Zegras C,Sussman J,Conklin C,等.应用于区域交通战略规划中的情景规划[J].国外城市规划,2006(6):101-111.

[52] Hermaputi Roosmayri Lovina,华晨,朱云辰,等.乡村弹性视角评估分析:以宁波市徐福村乡村发展为例[J].建筑与文化,2017(7):101-103.

[53] 保继刚,林敏慧.历史村镇的旅游商业化控制研究[J].地理学报,2014,69(2):268-277.

[54] 边如晨.侗族民居建造体系的当代演化初探[J].住区,2018(6):128-135.

[55] 蔡宜旦,汪慧.助推"返乡创业潮"的政策思考:浙江省青年农民工返乡创业意向调查研究[J].青年探索,2010(4):59-64.

[56] 陈江.家庭经营为基础、统分结合的农村基本经营制度的反思与重构[J].西华师范大学学报(哲学社会科学版),2016(4):89-94.

[57] 陈科,朱竞翔,吴程辉.轻量建筑系统的技术探索与价值拓展:朱竞翔团队访谈[J].新建筑,2017(2):9-14.

[58] 陈铭,郭键,伍超.国内基于情景规划法的城市规划研究综述[J].华中建筑,2013(6):20-22.

[59] 陈锡文.把握农村经济结构、农业经营形式和农村社会形态变迁的脉搏[J].开放时代,2012(3):112-115.

[60] 程颖.我国分散型村庄中乡贤参与乡村治理研究:以湖北省李家岗湾乡贤理事会为例[J].科技经济导刊,2018,26(24):177-178.

[61] 仇保兴.基于复杂适应系统理论的韧性城市设计方法及原则[J].城市发展研究,2018,25(10):1-3.

[62] 仇保兴.中国历史文化名镇(村)的保护和利用策略[J].城乡建设,2004(1):6-9.

[63] 崔春晓,邹松岐,张志新.农业产业链国内外研究综述[J].世界农业,2013(1):105-108.

[64] 戴锏,孙澄.基于情景分析的存量规划方法研究:以波士顿"大都市未来"计划为例[J].

城市建筑,2015(25):118-121.
[65] 戴帅,陆化普,程颖.上下结合的乡村规划模式研究[J].规划师,2010,26(1):16-20.
[66] 戴伟,孙一民,韩·梅尔,等.走向韧性规划:基于国际视野的三角洲规划研究[J].国际城市规划,2018,33(3):83-91.
[67] 窦瑞琪,龚恺.三个阶段,三种策略:乡村自建房与协力造屋的案例比较与经验借鉴[J].西部人居环境学刊,2016,31(4):49-57.
[68] 杜文武,张建林,陶聪.弹性理念,乡村重塑中的风景园林思考[J].中国园林,2014,30(10):102-106.
[69] 杜鹰.小农生产与农业现代化[J].中国农村经济,2018(10):2-6.
[70] 段威,项曦.同源异构:萧山农村乡土住宅的空间类型研究[J].住区,2014(3):63-70.
[71] 樊星,吕斌,小泉秀樹.日本社区营造中的魅力再生产:以东京谷中地区为例[J].国际城市规划,2017,32(3):122-129.
[72] 范建红,莫悠,朱雪梅,等.时空压缩视角下城市蔓延特征及治理述评[J].城市发展研究,2018,25(10):118-124.
[73] 付岩岩.欧盟共同农业政策的演变及启示[J].世界农业,2013(9):54-57.
[74] 傅建辉.从集体福利到社会保障:论人民公社与家庭经营时期的农村合作医疗制度[J].广西社会科学,2005(2):167-169.
[75] 高慧智,张京祥,罗震东.复兴还是异化?消费文化驱动下的大都市边缘乡村空间转型:对高淳国际慢城大山村的实证观察[J].国际城市规划,2014,29(1):68-73.
[76] 高宁,胡迅.基于多功能农业理论的都市农业公园规划设计:以莫干山红枫农业公园为例[J].南方建筑,2012(5):82-86.
[77] 高诗雨,万伟刚,江激宇,等.农产品加工业发展对农民收入影响实证研究:以安徽省为例[J].辽宁工业大学学报(社会科学版),2019,21(2):28-32.
[78] 葛丹东,华晨.适应农村发展诉求的村庄规划新体系与模式建构[J].城市规划学刊,2009(6):60-67.
[79] 谷永芬,吴倩.我国农业产业链升级路径选择[J].江西社会科学,2011,31(8):88-93.
[80] 顾燕燕,孙攀,郑军德.韧性乡村对乡村建设的意义探究[J].绿色科技,2019(4):205-208.
[81] 郭焕成,韩非.中国乡村旅游发展综述[J].地理科学进展,2010,29(12):1597-1605.
[82] 郭巍,侯晓蕾.从土地整理到综合规划 荷兰乡村景观整治规划及其启示[J].风景园林,2016(9):115-120.
[83] 何兴华.中国村镇规划:1979—1998[J].城市与区域规划研究,2011(2):44-64.
[84] 贺雪峰,印子."小农经济"与农业现代化的路径选择:兼评农业现代化激进主义[J].政治经济学评论,2015,6(2):45-65.
[85] 贺雪峰.当前三农领域的两种主张[J].经济导刊,2014(8):71-73.
[86] 贺雪峰.关于"中国式小农经济"的几点认识[J].南京农业大学学报(社会科学版),2013,13(6):1-6.

［87］贺雪峰.农业现代化首先应是小农的现代化[J].中国农村科技,2015(6):21.

［88］贺勇,孙炜玮,马灵燕.乡村建造,作为一种观念与方法[J].建筑学报,2011(4):19-22.

［89］贺勇.源于土地与日常生活的诗意建造 蔡宅豆腐工坊与横樟油茶工坊[J].时代建筑,2019(1):60-69.

［90］赫磊,宋彦,戴慎志.城市规划应对不确定性问题的范式研究[J].城市规划,2012,36(7):15-22.

［91］胡小平,范传棋,高洪洋.改革开放40年中国粮食价格调控的回顾与展望[J].四川师范大学学报(社会科学版),2018,45(6):23-29.

［92］华黎,黄天驹,李国发,等.高黎贡手工造纸博物馆[J].城市环境设计,2011(Z3):292-305.

［93］黄蕙昭.我们不只需要更开放的城市规划,更需要一种新的城市伦理[J].公关世界,2017(5):78-83.

［94］黄立华.日本新农村建设及其对我国的启示[J].长春大学学报,2007,17(1):21-25.

［95］黄文杰.法国政府的农业政策及其作用[J].欧洲研究,1988,6(3):27-31,35.

［96］黄晓军,黄馨.弹性城市及其规划框架初探[J].城市规划,2015,39(2):50-56.

［97］黄祖辉,扶玉枝,徐旭初.农民专业合作社的效率及其影响因素分析[J].中国农村经济,2011(7):4-13.

［98］黄祖辉.发展农民专业合作社,创新农业产业化经营模式[J].湖南农业大学学报(社会科学版),2013,14(4):8-9.

［99］黄祖辉.准确把握中国乡村振兴战略[J].中国农村经济,2018(4):2-12.

［100］姜涛.关于当前规划理论中"范式转变"的争论与共识[J].国际城市规划,2008,23(2):88-99.

［101］蒋茜.农村人民公社之兴与农业合作化[J].经济与社会发展,2008,6(5):95-98.

［102］兰海强,孟彦菊,张炯.2030年城镇化率的预测:基于四种方法的比较[J].统计与决策,2014(16):66-70.

［103］兰虹,冯涛.路径依赖的作用:家庭联产承包责任制的建立与演进[J].当代经济科学,2002,24(2):8-17,28.

［104］黎柔含,褚冬竹.美国乡村设计导则介述[J].新建筑,2018(2):69-73.

［105］李伯华,曾荣倩,刘沛林,等.基于CAS理论的传统村落人居环境演化研究:以张谷英村为例[J].地理研究,2018,37(10):1982-1996.

［106］李风华.中国农村工业的起源:基于制度的视角[J].湖南师范大学社会科学学报,2014,43(4):25-33.

［107］李敢,余钧.空间重塑与村庄转型互动机制何以构建[J].城市规划,2019,43(2):67-73.

［108］李锦山.略论汉代地主庄园经济[J].农业考古,1991(3):108-124.

［109］李京生,张昕欣,刘天竹.组织多元主体介入乡村建设的规划实践[J].时代建筑,2019

(1):14-19.

[110] 李亮,但文红,黄娟.民族村落文化景观遗产保护评价研究：以雷山县控拜村为例[J].黔南民族师范学院学报,2014,34(1):12-18.

[111] 李明烨,汤爽爽.法国乡村复兴过程中文化战略的创新经验与启示[J].国际城市规划,2018,33(6):118-126.

[112] 李明烨,王红扬.论不同类型法国乡村的复兴路径与策略[J].乡村规划建设,2017(1):79-95.

[113] 李强,唐壮.城市农民工与城市中的非正规就业[J].社会学研究,2002,17(6):13-25.

[114] 李腾飞,周鹏升,汪超.美国现代农业产业体系的发展趋势及其政策启示[J].世界农业,2018(7):4-11,222.

[115] 李彤玥.基于"暴露—敏感—适应"的城市脆弱性空间研究：以兰州市为例[J].经济地理,2017,37(3):86-95.

[116] 李彤玥.基于弹性理念的城市总体规划研究初探[J].现代城市研究,2017,32(9):8-17.

[117] 李彤玥.韧性城市研究新进展[J].国际城市规划,2017,32(5):15-25.

[118] 李旺君,王雷.城乡建设用地增减挂钩的利弊分析[J].国土资源情报,2009(4):34-37.

[119] 李文兵,张宏梅.古村落游客感知价值概念模型与实证研究：以张谷英村为例[J].旅游科学,2010,24(2):55-63.

[120] 李郇,洪国志,黄亮雄.中国土地财政增长之谜：分税制改革、土地财政增长的策略性[J].经济学(季刊),2013,12(3):1141-1160.

[121] 梁俊国,张建辉.系统的涨落、协同与进化[J].山西高等学校社会科学学报,1995,7(3):30-33.

[122] 林永新.乡村治理视角下半城镇化地区的农村工业化：基于珠三角、苏南、温州的比较研究[J].城市规划学刊,2015(3):101-110.

[123] 刘彬,陈忠暖.权力、资本与空间：历史街区改造背景下的城市消费空间生产：以成都远洋太古里为例[J].国际城市规划,2018,33(1):75-80.

[124] 刘丹.弹性城市与规划研究进展解析[J].城市规划,2018,42(5):114-122.

[125] 刘堃,仝德,金珊,等.韧性规划·区间控制·动态组织：深圳市弹性规划经验总结与方法提炼[J].规划师,2012,28(5):36-41.

[126] 刘武兵,李婷.欧盟共同农业政策改革：2014—2020[J].世界农业,2015(6):65-69.

[127] 龙花楼,刘彦随,邹健.中国东部沿海地区乡村发展类型及其乡村性评价[J].地理学报,2009,64(4):426-434.

[128] 卢文.关于乡镇企业"离农倾向"的探讨[J].农业经济,2000,21(2):26-29.

[129] 陆远,王志萍.传统与现代之间：乡镇企业兴衰与中国农村社会变迁：以苏州吴江区七都镇为例[J].浙江学刊,2019(1):42-49.

[130] 逯百慧,王红扬,冯建喜.哈维"资本三级循环"理论视角下的大都市近郊区乡村转型：以南京市江宁区为例[J].城市发展研究,2015,22(12):43-50.

[131] 吕冰洋,台航.从财政包干到分税制:发挥两个积极性[J].财贸经济,2018,39(10):17-29.

[132] 么振亚,周飞跃.我国社区支持农业文献综述[J].中国集体经济,2015(31):78-79.

[133] 孟凡浩.大屋檐下的小世界 东梓关村民活动中心[J].室内设计与装修,2019(2):114-117.

[134] 穆钧,周铁钢,蒋蔚,等.现代夯土建造技术在乡建中的本土化研究与示范[J].建筑学报,2016(6):87-91.

[135] 倪凯旋.基于景观格局指数的乡村生态规划方法[J].规划师,2013,29(9):118-123.

[136] 彭翀,郭祖源,彭仲仁.国外社区韧性的理论与实践进展[J].国际城市规划,2017,32(4):60-66.

[137] 彭翀,袁敏航,顾朝林,等.区域弹性的理论与实践研究进展[J].城市规划学刊,2015(1):84-92.

[138] 彭松.非线性方法:传统村落空间形态研究的新思路[J].四川建筑,2004,24(2):22-23,25.

[139] 浦欣成,王竹,高林,等.乡村聚落平面形态的方向性序量研究[J].建筑学报,2013(5):111-115.

[140] 钱学森,于景元,戴汝为.一个科学新领域:开放的复杂巨系统及其方法论[J].自然杂志,1990,12(1):3-10.

[141] 钱圆铜.话语权力及主体位置:基于福柯理论的分析[J].西南农业大学学报(社会科学版),2011,9(10):116-118.

[142] 钱云.存量规划时代城市规划师的角色与技能:两个海外案例的启示[J].国际城市规划,2016,31(4):79-83.

[143] 潜莎娅,黄杉,华晨.基于多元主体参与的美丽乡村更新模式研究:以浙江省乐清市下山头村为例[J].城市规划,2016,40(4):85-92.

[144] 乔路,李京生.论乡村规划中的村民意愿[J].城市规划学刊,2015(2):72-76.

[145] 乔鑫,李京生.英美地区田园郊区运动简史及其启示[J].上海城市规划,2018(2):70-75.

[146] 秦晖.共同体·社会·大共同体:评滕尼斯《共同体与社会》[J].书屋,2000(2):57-59.

[147] 邵亦文,徐江.城市韧性:基于国际文献综述的概念解析[J].国际城市规划,2015,30(2):48-54.

[148] 宋博,陈晨.情景规划方法的理论探源、行动框架及其应用意义:探索超越"工具理性"的战略规划决策平台[J].城市规划学刊,2013(5):69-79.

[149] 宋林飞."民工潮"的形成、趋势与对策[J].中国社会科学,1995(4):78-91.

[150] 宋彦,李超骕.美国规划师的角色与社会职责[J].规划师,2014,30(9):5-10.

[151] 苏东海.国际生态博物馆运动述略及中国的实践[J].中国博物馆,2001(2):2-7.

[152] 孙莹,张尚武.我国乡村规划研究评述与展望[J].城市规划学刊,2017(4):74-80.

[153] 汤爽爽,冯建喜.法国快速城市化时期的乡村政策演变与乡村功能拓展[J].国际城市规划,2017,32(4):104-110.

[154] 唐任伍,郭文娟.乡村振兴演进韧性及其内在治理逻辑[J].改革,2018(8):64-72.

[155] 唐伟成,罗震东,耿磊.重启内生发展道路:乡镇企业在苏南小城镇发展演化中的作用与机制再思考[J].城市规划学刊,2013(2):95-101.

[156] 仝志辉,温铁军.资本和部门下乡与小农户经济的组织化道路:兼对专业合作社道路提出质疑[J].开放时代,2009(4):4-26.

[157] 汪辉,徐蕴雪,卢思琪,等.恢复力、弹性或韧性?:社会—生态系统及其相关研究领域中"Resilience"一词翻译之辨析[J].国际城市规划,2017,32(4):29-39.

[158] 汪前元.中国乡镇企业崛起的多维分析[J].湖北大学学报(哲学社会科学版),2002,29(4):1-8.

[159] 王彩霞.农村空心化与新生代农民培育[J].山西农业大学学报(社会科学版),2014,13(11):1143-1147.

[160] 王冬.乡村聚落的共同建造与建筑师的融入[J].时代建筑,2007(4):16-21.

[161] 王冬.乡土建筑的自我建造及其相关思考[J].新建筑,2008(4):12-19.

[162] 王红扬,吴刚.国内外经验与新农村建设的海南模式[J].城市规划,2009,33(B09):86-91.

[163] 王雷,张尧.苏南地区村民参与乡村规划的认知与意愿分析:以江苏省常熟市为例[J].城市规划,2012,36(2):66-72.

[164] 王伟强,丁国胜.中国乡村建设实践的历史演进[J].时代建筑,2015(3):28-31.

[165] 王晓俊,王建国.兰斯塔德与"绿心":荷兰西部城市群开放空间的保护与利用[J].规划师,2006(3):90-93.

[166] 王垚,马琰,范凡.基于情景规划的城市新区土地使用性质的"弹性"研究:以石嘴山环星海湖控制性详细规划为例[J].现代城市研究,2014(3):51-56.

[167] 王艺,王耀球.构建新型农业产业链[J].中国储运,2004(5):29-31.

[168] 王志刚,黄棋.内生式发展模式的演进过程:一个跨学科的研究述评[J].教学与研究,2009(3):72-76.

[169] 王竹,钱振澜.乡村人居环境有机更新理念与策略[J].西部人居环境学刊,2015,30(2):15-19.

[170] 王竹,沈昊.基于景观变化驱动力的乡村空间规划策略研究:以浙江莫干山镇劳岭村规划设计研究与实践为例[J].西部人居环境学刊,2016,31(2):6-10.

[171] 王竹,王韬.主体认知与乡村聚落的地域性表达[J].西部人居环境学刊,2014,29(3):8-13.

[172] 王竹,项越,吴盈颖.共识、困境与策略:长三角地区低碳乡村营建探索[J].新建筑,2016(4):33-39.

[173] 王竹,傅嘉言,钱振澜,等.走近"乡建真实" 从建造本体走向营建本体[J].时代建筑,2019(1):6-13.

[174] 王竹,钱振澜."韶山试验" 构建经济社会发展导向的乡村人居环境营建方法[J].时代建筑,2015(3):50-54.

[175] 王竹,徐丹华,钱振澜,等.乡村产业与空间的适应性营建策略研究:以遂昌县上下坪村为例[J].南方建筑,2019(1):100-106.

[176] 王竹,徐丹华,钱振澜.基于精准助农的"小微田园综合体":概念、模式与实践[J].西部人居环境学刊,2019,34(3):89-96.

[177] 王竹,徐丹华,王丹,等.客家围村式村落的动态式有机更新:以广东英德楼仔村为例[J].南方建筑,2017(1):10-15.

[178] 魏秦,王竹,张海燕.绿色窑居气候界面的形态模型菜单研究[J].建筑学报,2012(10):22-25.

[179] 温铁军,朱守银.政府资本原始积累与土地"农转非"[J].管理世界,1996(5):161-169.

[180] 吴浩田,翟国方.韧性城市规划理论与方法及其在我国的应用:以合肥市市政设施韧性提升规划为例[J].上海城市规划,2016(1):19-25.

[181] 吴良镛.北京旧城居住区的整治途径:城市细胞的有机更新与"新四合院"的探索[J].建筑学报,1989(7):11-18.

[182] 吴玲,王晓为,梁学庆.人民公社阶段的农地产权制度变迁及其绩效[J].中国农学通报,2006,22(11):480-484.

[183] 肖滨,费钧.工业型村庄改造中的村干部企业家行为及逻辑:对苏南A村近30年变迁的考察[J].学术研究,2017(2):39-48.

[184] 徐晓全.新型社会组织参与乡村治理的机制与实践[J].中国特色社会主义研究,2014,5(4):86-89.

[185] 徐祖澜.乡绅之治与国家权力:以明清时期中国乡村社会为背景[J].法学家,2010(6):111-127.

[186] 许惠娇,叶敬忠.农业的"规模"之争与"适度"之困[J].南京农业大学学报(社会科学版),2017,17(5):68-78.

[187] 许世光,魏建平,曹轶,等.珠江三角洲村庄规划公众参与的形式选择与实践[J].城市规划,2012,36(2):58-65.

[188] 颜公平.对1984年以前社队企业发展的历史考察与反思[J].当代中国史研究,2007,14(2):60-69.

[189] 颜文涛,卢江林.乡村社区复兴的两种模式:韧性视角下的启示与思考[J].国际城市规划,2017,32(4):22-28.

[190] 杨建宏.《吕氏乡约》与宋代民间社会控制[J].湖南师范大学社会科学学报,2005,34(5):126-129.

[191] 杨槿,陈雯.我国乡村社区营造的规划师等第三方主体的行为策略:以江苏省句容市茅山陈庄为例[J].现代城市研究,2017,32(1):18-22.

[192] 杨京平.全球生态村运动述评[J].生态经济,2000(4):46-48.

[193] 杨凯健,黄耀志.乡村空间肌理的保护与延续[J].小城镇建设,2011(3):65-69.

[194] 杨文才."文革"前"知青"上山下乡的起因与作用[J].广西社会科学,2002(5):221-223.
[195] 杨雪锋.资本下乡:为农增利还是与农争利?:基于浙江嵊州S村调查[J].公共行政评论,2017,10(2):67-84.
[196] 杨正光,王智勇,张毅.旅游精准扶贫背景下的村庄"内涵式"再生规划策略[J].规划师,2018,34(12):33-38.
[197] 叶丹,冯革群.非正规聚落的弹性机制分析:以城中村为例[J].宁波大学学报(理工版),2012,25(4):120-126.
[198] 叶露,黄一如.设计再下乡:改革开放初期乡建考察(1978—1994)[J].建筑学报,2016(11):10-15.
[199] 叶茂,兰鸥,柯文武.传统农业与现代化:传统农业与小农经济研究述评(上)[J].中国经济史研究,1993(3):107-122.
[200] 叶齐茂.美国乡村建设见闻录[J].国际城市规划,2007,22(3):95-100.
[201] 于立,那鲲鹏.英国农村发展政策及乡村规划与管理[J].中国土地科学,2011,25(12):75-80.
[202] 俞孔坚,乔青,李迪华,等.基于景观安全格局分析的生态用地研究:以北京市东三乡为例[J].应用生态学报,2009,20(8):1932-1939.
[203] 袁宁,黄纳,张龙,等.基于层次分析法的古村落旅游资源评价:以世界遗产地西递、宏村为例[J].资源开发与市场,2012,28(2):179-181.
[204] 袁荃,夏琼.福柯权力观探析[J].浙江外国语学院学报,2011(3):13-20.
[205] 岳俞余,高璟.基于社会生态系统视角的乡村聚落韧性评价:以河南省汤阴县为例[J].小城镇建设,2019,37(1):5-14.
[206] 翟俊.协同共生:从市政的灰色基础设施、生态的绿色基础设施到一体化的景观基础设施[J].规划师,2012,28(9):71-74.
[207] 张驰,张京祥,陈眉舞.荷兰乡村地区规划演变历程与启示[J].国际城市规划,2016,31(1):81-86.
[208] 张改清.农民工返乡创业:意愿、行为与效应的代际差异比较[J].统计与决策,2011(18):94-97.
[209] 张惠璇,刘青,李贵才."刚性·弹性·韧性":深圳市创新型产业的空间规划演进与思考[J].国际城市规划,2017,32(3):130-136.
[210] 张健.传统社会绅士的乡村治理[J].安徽农业科学,2009,37(5):2272-2274.
[211] 张丽娜.乡绅·基层重构·公共事业与近代宁波水治理研究[J].浙江档案,2018(9):51-54.
[212] 张鹏飞,张冬平.改革开放以来中国土地托管政策演变[J].农业展望,2018,14(12):34-40.
[213] 张庭伟.从"向权力讲授真理"到"参与决策权力":当前美国规划理论界的一个动向:"联络性规划"[J].城市规划,1999,23(6):33-36.

[214] 张文伟.论二战后日本小农体制与农业现代化[J].上饶师范学院学报,2001,21(2):48-53.

[215] 张晓青,杨靖,多英学.国外农业合作社发展模式比较及经验启示[J].黑龙江畜牧兽医,2018(22):34-37.

[216] 张一兵.从构序到祛序:话语中暴力结构的解构:福柯《话语的秩序》解读[J].江海学刊,2015(4):50-59.

[217] 张宇,范悦,吴捷.乡村聚落空间演化与旅游开发的关联机制研究[J].新建筑,2019(1):106-109.

[218] 张子琪,徐丹华,王竹.浙北工业型村落的自组织与他组织协同更新策略探究[J].华中建筑,2018,36(1):6-10.

[219] 赵衡宇,胡晓鸣.基于邻里社会资本重构的城市住区空间探讨[J].建筑学报,2009(8):90-93.

[220] 赵民,陈晨,黄勇,等.基于政治意愿的发展情景和情景规划:以常州西翼地区发展战略研究为例[J].国际城市规划,2014,29(2):89-97.

[221] 赵文宁.1950—2010:战后欧洲乡村发展理论与规划策略回顾[J].小城镇建设,2019,37(3):5-11.

[222] 赵祥云,赵晓峰.资本下乡真的能促进"三农"发展吗?[J].西北农林科技大学学报(社会科学版),2016,16(4):17-22.

[223] 赵紫伶,于立,陆琦.英国乡村建筑及村落环境保护研究:科茨沃尔德案例探讨[J].建筑学报,2018(7):113-118.

[224] 支文军,王斌,王轶群.建筑师陪伴式介入乡村建设傅山村30年乡村实践的思考[J].时代建筑,2019(1):34-45.

[225] 钟祥浩,刘淑珍.中国山地分类研究[J].山地学报,2014,32(2):129-140.

[226] 周晨虹.英国城市复兴中社区赋权的"政策悖论"及其借鉴[J].城市发展研究,2014,21(10):92-97.

[227] 周大鸣,廖越.我们如何认识中国乡村社会结构的变化:以"原子化"概念为中心的讨论[J].广西师范学院学报(哲学社会科学版),2018,39(4):74-81.

[228] 周铁军,黄一滔,王雪松.西南地区历史文化村镇保护评价体系研究[J].城市规划学刊,2011(6):109-116.

[229] 周武忠.新乡村主义论[J].南京社会科学,2008(7):123-131.

[230] 周艳妮,尹海伟.国外绿色基础设施规划的理论与实践[J].城市发展研究,2010,17(8):87-93.

[231] 周应恒,胡凌啸,严斌剑.农业经营主体和经营规模演化的国际经验分析[J].中国农村经济,2015(9):80-95.

[232] 朱晓明,高增元,何巍.物质文化遗产与非物质文化遗产实践合作研究:以浙中三个节日场所为立足点[J].同济大学学报(社会科学版),2011,22(1):35-43.

B. 专著

[1] Bramwell B, Lane B. Rural tourism and sustainable rural development[M]. UK: Channel View Publications, 1994.

[2] Glass R L. London: Aspects of Change [M]. London, UK: MacGibbon & Kee, 1964.

[3] Harrison B. Lean and mean: The changing landscape of corporate power in the age of flexibility[M]. New York: Guilford Press, 1997.

[4] Harvey D. The limits to capital[M]. Oxford: Blackwell, 1982.

[5] Gunderson L H, Holling C S. Panarchy: understanding transformations in human and natural systems[M]. Washington DC: Island Press, 2002.

[6] Lefebvre H. The production of space[M]. Oxford: Blackwell, 1991.

[7] Meyer H, Broesi R, Burg L, et al. A Retrospective analysis of the delta: mapping the system's evolution [M] //New perspectives on urbanizing deltas — a complex adaptive systems approach to planning and design. MUST Publisher, 2015: 61-90.

[8] Meyer H, Nijhuis S. Urbanizing deltas in transition[M] //Urbanizing deltas in transition. Amsterdam: Techne Press, 2014: 7-9.

[9] Oliver P. Encyclopedia of Vernacular Architecture of the World[M]. Cambridge: Cambridge University Press, 1998.

[10] Pine B J, Gilmore J H. The experience economy[M]. Boston: Harvard Business Press, 2011.

[11] Rapoport A. House form and culture[M]. Englewood: Prentice Hall, 1969.

[12] Sennett R. The open City[M]//In the Post-Urban World. New York: Routledge, 2017: 97-106.

[13] Wildavsky A B. Searching for safety [M]. New Brunswick, NJ: Transaction Publishers, 1988.

[14] 盖尔. 人性化的城市[M]. 欧阳文, 徐哲文, 译. 北京: 中国建筑工业出版社, 2010.

[15] 鲁道夫斯基. 没有建筑师的建筑[M]. 高军, 译. 天津: 天津大学出版社, 2011.

[16] 富兰克林·H·金. 四千年农夫: 中国、朝鲜和日本的永续农业[M]. 程存旺, 石嫣, 译. 北京: 东方出版社, 2011.

[17] 霍兰. 隐秩序: 适应性造就复杂性[M]. 周晓牧, 韩晖, 译. 上海: 上海科技教育出版社, 2000.

[18] 斯科特. 社会网络分析法[M]. 刘军, 译. 重庆: 重庆大学出版社, 2007.

[19] 西村幸夫. 再造魅力故乡: 日本传统街区重生故事[M]. 王惠君, 译. 北京: 清华大学出版社, 2007.

[20] 原广司. 世界聚落的教示 100[M]. 于天祎, 刘淑梅, 马千里, 等译. 北京: 中国建筑工业出版社, 2003.

[21] 包亚明. 现代性与空间的生产[M]. 上海: 上海教育出版社, 2003.

[22] 陈志华.古镇碛口[M].北京：中国建筑工业出版社,2004.
[23] 陈忠,金炜,章琪.复杂性的探索：系统科学与人文[M].合肥：安徽教育出版社,2002.
[24] 东南大学建筑系.徽州古建筑丛书：瞻淇[M].南京：东南大学出版社,1996.
[25] 段进,季松,王海宁.城镇空间解析：太湖流域古镇空间结构与形态[M].北京：中国建筑工业出版社,2002.
[26] 费孝通.乡土中国·乡土重建[M].北京：群言出版社,2016.
[27] 葛金芳.中国近世农村经济制度史论[M].北京：商务印书馆,2013.
[28] 黄宗智.长江三角洲小农家庭与乡村发展[M].北京：中华书局,2000.
[29] 李京生.乡村规划原理[M].北京：中国建筑工业出版社,2018.
[30] 李立.乡村聚落：形态、类型与演变：以江南地区为例[M].南京：东南大学出版社,2007.
[31] 李秋香,罗德胤,陈志华,等.浙江民居[M].北京：清华大学出版社,2010.
[32] 刘春成.城市隐秩序：复杂适应系统理论的城市应用[M].北京：社会科学文献出版社,2017.
[33] 刘守英.土地制度与中国发展[M].北京：中国人民大学出版社,2018.
[34] 楼庆西.乡土建筑装饰艺术[M].北京：中国建筑工业出版社,2006.
[35] 王昀.传统聚落结构中的空间概念[M].北京：中国建筑工业出版社,2009.
[36] 邬建国.景观生态学：格局、过程、尺度与等级[M].北京：高等教育出版社.2000.
[37] 吴彤.自组织方法论研究[M].北京：清华大学出版社,2001.
[38] 杨贵庆.农村社区：规划标准与图样研究[M].北京：中国建筑工业出版社,2012.
[39] 袁镜身,冯华,张修志.当代中国的乡村建设[M].北京：中国社会科学出版社,1987.
[40] 张京祥.西方城市规划思想史纲[M].南京：东南大学出版社,2005.
[41] 赵冈,陈钟毅.中国土地制度史[M].北京：新星出版社,2006.
[42] 赵冈.中国传统农村的地权分配[M].北京：新星出版社,2006.

C. 学位论文

[1] 柴舟跃.发达地区转型时期村庄生态化更新规划与策略研究[D].杭州：浙江大学,2016.
[2] 代娟.中国工业反哺农业问题研究[D].武汉：武汉大学,2014.
[3] 何光普.国家与乡村互动下的中国基层行政组织变迁[D].长春：吉林大学,2014.
[4] 贺龙.乡村自主建造模式的现代重构[D].天津：天津大学,2017.
[5] 胡志辉.农业税改革与中国农民的变迁[D].天津：南开大学,2014.
[6] 胡中慧.基于弹性理念的苏南乡村景观规划策略研究[D].苏州：苏州科技大学,2017.
[7] 黄丽坤.基于文化人类学视角的乡村营建策略与方法研究[D].杭州：浙江大学,2015.
[8] 雷振东.整合与重构：关中乡村聚落转型研究[D].西安：西安建筑科技大学,2005.
[9] 刘丹.弹性城市的规划理念与方法研究[D].杭州：浙江大学,2015.
[10] 刘涛洋.英格兰乡村保护运动探究[D].苏州：苏州科技大学,2017.

[11] 马福云.当代中国户籍制度变迁研究[D].北京:中国社会科学院研究生院,2001.

[12] 浦欣成.传统乡村聚落二维平面整体形态的量化方法研究[D].杭州:浙江大学,2012.

[13] 钱振澜."韶山试验":乡村人居环境有机更新方法与实践[D].杭州:浙江大学,2015.

[14] 尚哲.城镇边缘区乡村景观弹性设计[D].郑州:河南农业大学,2018.

[15] 王定军.村民自治权与行政权[D].成都:四川大学,2005.

[16] 王建华.基于气候条件的江南传统民居应变研究[D].杭州:浙江大学,2008.

[17] 王松梅.中国乡镇企业制度变迁的经济学分析[D].广州:华南师范大学,2003.

[18] 武玲.苏南水网乡村景观基础设施韧性规划策略研究[D].苏州:苏州科技大学,2018.

[19] 谢蒙.四川天府新区成都直管区乡村韧性空间重构研究[D].成都:西南交通大学,2017.

[20] 严嘉伟.基于乡土记忆的乡村公共空间营建策略研究与实践[D].杭州:浙江大学,2015.

[21] 应天煜.中国古村落旅游"公社化"开发模式及其权力关系研究[D].杭州:浙江大学,2006.

[22] 张海柱.公共政策的话语建构[D].长春:吉林大学,2014.

[23] 张子琪.基于资源与需求的浙北乡村社区老年服务体系营建[D].杭州:浙江大学,2018.

[24] 赵航.休闲农业发展的理论与实践[D].福州:福建师范大学,2012.

[25] 郑媛.旅游导向下的环莫干山乡村人居环境营建策略与实践[D].杭州:浙江大学,2016.

[26] 朱怀.基于生态安全格局视角下的浙北乡村景观营建研究[D].杭州:浙江大学,2014.

D. 网络资料

[1] Pew Resarch Center. A global middle class is more promise than reality [DB/OL]. (2015-7-8) [2018-06-07]. http://www.pewglobal.org/2015/07/08/a-global-middle-class-is-more-promise-than-reality.

[2] Rockefeller Foundation.100 resilient cities[EB/OL].(2013)[2019-04-25]. http://www.100resilientcities.org.

[3] The United States Army Corps of Engineers, Honolulu District. American Samoa Tsunami Study: Final Report[M/OL]. The United States Army Corps of Engineers, 2012 [2019-03-17]. http://americansamoarenewal.org/library/american-samoa-tsunami-study-final-report.

[4] 国家统计局.第三次全国农业普查主要数据公报(第一号)[EB/OL].(2017-12-14) [2019-06-28]. http://www.stats.gov.cn/tjsj/tjgb/nypcgb/qgnypcgb/201712/t20171214_1562740.html.

[5] 国家统计局.中华人民共和国2017年国民经济和社会发展统计公报[EB/OL].(2018-02-28) [2019-06-28]. http://www.stats.gov.cn/tjsj/zxfb/201802/t20180228_

1585631.html.

[6] 刘嵩.农村的远见：德国怀扬村"远见农场"[EB/OL].(2018-12-01)[2019-03-29]. https://www.ptsplus.tv/.

[7] 屈冬玉.以信息化加快推进小农现代化[EB/OL].(2017-06-05)[2019-04-25]. http://theory.people.com.cn/n1/2017/0605/c40531-29316890.html.

[8] 桑内特.开放城市[EB/OL].(2019-03-06)[2019-03-29]. https://zhuanlan.zhihu.com/p/58516152.

[9] 唐珂.《农业农村信息化发展前景及政策导向》的发布有什么意义？[EB/OL].(2018-04-23)[2019-06-28]. http://www.sohu.com/a/229174972_261655.

[10] 央视网.返乡下乡创业创新为乡村注入新动能[EB/OL].(2019-01-10)[2019-03-29]. http://sannong.cctv.com/2019/01/10/ARTIPKhUPEz3y0bMNy10fy3d190110.shtml.

[11] 黟县宏村镇人民政府.黟县宏村镇人民政府2019年政府工作报告[EB/OL].(2019-03-05)[2019-06-28]. http://zw.huangshan.gov.cn/OpennessContent/show/1295726.html.

[12] 中商产业研究院.2018年中国乡村旅游市场前景研究报告[EB/OL].(2018-08-03)[2019-06-28]. http://www.askci.com/news/chanye/20180803/1814191127762.shtml.

附录　社会网络分析法

（1）社会网络分析法介述

在社会网络中，行动者以点表示，行动者之间的关系用连线表示，便构成了社会网络关系拓扑图，可以直观看到社会结构的复杂程度和关系紧密度；当行动者过多时，社会网络关系拓扑图难以厘清行动者间的主次关系，则可通过关系矩阵表达，形成一系列定量指标，软件 UCINET6.0 可依据关系矩阵生成拓扑图和指标数值计算。通过各类指标的对比，可以比较不同行动者在整体网络中的价值。（附录表1，附录表2）

附录表1　社会网络关系拓扑图与关系矩阵的转换

	A	B	C	D
A	—	1	1	0
B	1	—	0	1
C	1	0	—	1
D	0	1	1	—

（来源：作者自绘）

附录表2　社会网络分析法的网络拓扑图与定量指标示例

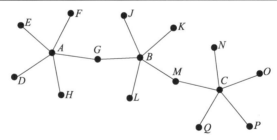

	A, C	B	M, G	J, K, L	其他行动者
网络密度	\multicolumn{5}{c}{$15/(16 \times 15/2) = 0.125$}
整体中心度	43	3	37	48	A, C
绝对点中心度	5	5	2	1	1
相对点中心度	$5/15 \approx 0.33$	$5/15 \approx 0.33$	$2/15 \approx 0.13$	$1/15 \approx 0.07$	$1/15 \approx 0.07$
绝对中间中心度	50	75	50	0	0
相对中间中心度	$50/(15 \times 14/2) \approx 0.48$	$75/(15 \times 14/2) \approx 0.71$	$50/(15 \times 14/2) \approx 0.48$	0	0

（来源：斯科特.社会网络分析法[M].刘军，译.重庆：重庆大学出版社，2007.）

① 网络密度(Density)：指行动者之间关系连接数量与他们之间可能存在最大连接数量的比值。如网络密度值为1,则说明所有成员之间都有关系；若网络密度值为0,则说明成员彼此之间毫无联系。网络密度值越大,成员的关系越紧密,社会交往就越多,成员间的交流效率越高,资源共享性越强,思想和行为越容易达成共识；网络密度值小,则结果与上述相反。即网络密度代表行动者的合作强度,具体计算公式如下：

$$D = 2L/g(g-1)$$

其中 D 为网络密度,L 为网络中关系线的数量,g 为行动者数量。

② 整体中心度(Closeness Centrality)：用于衡量某个行动者与其他行动者的联系的接近程度。两个行动者之间的关系线连接数为"距离"值,任意两者之间的最短距离为"捷径",某行动者与其他行动者以"捷径"相连的"距离"和即整体中心度的值。值越小,说明该行动者与其他行动者关系越接近,越不需依赖其他行动者中介获取消息,越具有独立能力,而其自身越是社会网络整体中的核心,越具有集中的权力。其中,值最小的行动者被定义为整体中心点。而值越高,说明该行动者是网络中的非核心成员,需要依赖他人传播消息,易受制于其他行动者。

③ 点中心度(Degree Centrality)：某一行动者与其他行动者直接相连的关系线数量,用以表达该行动者与其他行动者的合作强度,也称绝对点中心度。

为方便比较,还往往采用相对点中心度,即绝对点中心度与网络中所有关系线数量的比值,表达式如下：

$$P = L/(g-1)$$

其中 P 为相对点中心度,L 为绝对点中心度,g 为行动者数量。

某行动者的相对点中心度越高,则说明其与其他行动者联系越多,其合作能力越强,对局部社会网络的影响越大。

④ 中间中心度(Between Centrality,也称中介中心度)：用于测量某行动者在多大程度上处于其他行动者的"中间",处于中间的行动者占有两边的社会关系资源、担任"中介"的作用,因而对周围的行动者可以产生垄断的控制作用。绝对中间中心度的计算方法为任意其他两个行动者间的"捷径"通过某一行动者的个数,相对中间中心度则为绝对中间中心度与任意行动者联系个数和的比值,表达式如下：

$$B = 2N/(g-1)(g-2)$$

其中 B 为相对中间中心度,N 为绝对中间中心度,g 为行动者数量。

行动者的相对中间中心度越高,其在关系网络中的参与度越高,其他行动者必须通过其联系的依赖度越高,其越具有垄断力,系统的信息共享程度越受到牵制。

(2) 各个分析指标在乡村社会网络中的内涵

①网络密度可以用以衡量村民等多元主体间的合作强度即组织化程度；②整体中心度则能判定乡村组织的集权程度,乡村与外界沟通时哪个角色是系统的核心成员,谁最具有集中的权力,权力的集中者是单个还是多个,谁又成为乡村系统的边缘者；③点中心度表达单个村民个体与其他人的联系度,考察个体的合作能力；④中间中心度用于确定乡村群体中资源的"中介者"和"垄断者",谁承担协调多方的责任,这个角色是否能为村民利益考虑则是资

源共享的关键。(附录表3)

附录表3 社会网络分析指标与乡村系统主体特征的对应关系

社会网络分析指标	乡村系统主体特征
网络密度	组织化程度
整体中心度	社会网络的核心
点中心度	个体的合作能力、网络影响力
中间中心度	中介者和垄断者、系统的信息共享程度

(来源:作者自绘)

致 谢

本书是在我的博士学位论文《小农现代转型背景下的"韧性乡村"认知框架和营建策略》基础上修改而成。

首先感谢我的导师王竹教授对论文选题、研究思路的悉心指导。先生丰富的学识积淀、严谨的治学态度、对乡村的清晰思考、心系农民的人文关怀，开启了我对乡村的研究探索；其精准有趣的表达方式、细心详尽的修改意见、积极及时的敦促提点，为我整个写作过程指点迷津；而其在日常生活中的宽容平和、幽默智慧、为人着想，更是我为人处世、待人接物的榜样。师恩如山，感恩于心。

本书的完成得到了贺勇教授、华晨教授、李王鸣教授、浦欣成副教授、裘知副教授、傅舒兰副教授的宝贵指点，在下乡调研、课题讨论中给予了我充分的学术启发；感谢师兄钱振澜老师帮助我加强对乡村的理解；也感谢本科以来一直关心我学业的罗卿平教授、张玉瑜副教授、王卡副教授。此外，感谢荷兰代尔夫特理工大学导师组 Kees Kaan 教授和 Roberto Cavallo 副教授提供我在荷兰学习一年的机会，也感谢建筑系 Avermaete、Hein、Queena、曲蕾等老师对我研究方法以及论文写作的启发和指导。

本书的写作过程中也受到了同学、同门兄弟姐妹的鼓励，让我一直处于浓厚的学术氛围中。感谢张子琪、龚嘉佳、项越、郑媛、祝立雄等同学给我的学术建议与启发；感谢叶蕾婷、孟静亭、王焯瑶、王丹、王珂、邬轶群等同门在项目合作中的支持；感谢苗丽婷、朱程远、姚翔宇、邹宇航、竹丽凡等师弟师妹的关心；感谢参加 Phd Meeting 以及在代尔夫特理工大学的博士同学们，与他们的交流、讨论和互相鼓励让我受益匪浅。

本书的写作也离不开下乡调研过程中各个单位的帮助，感谢在浙江安吉、德清、遂昌以及陕西镇坪调研中给予我大力支持的各个部门与当地村民。

感谢华晨教授、华中科技大学李保峰教授、中国美术学院王国樑教授以及其他匿名评阅教授在论文评阅与答辩过程中所提出的宝贵意见。

最后感谢辛苦养育我的父母，谢谢他们一直以来对我无条件支持，感谢他们的付出与陪伴。

谨以此书献给爱我和关心我的朋友们。

徐丹华

二〇二〇年五月